DR. OETKER BLITZSCHNELL BACKEN VON A–Z

DR. OETKER

BLITZSCHNELL BACKEN VON A–Z

Dr. Oetker Verlag

Abkürzungen

EL	=	Esslöffel
TL	=	Teelöffel
Msp.	=	Messerspitze
Pck.	=	Packung/Päckchen
g	=	Gramm
kg	=	Kilogramm
ml	=	Milliliter
l	=	Liter
evtl.	=	eventuell
geh.	=	gehäuft
gem.	=	gemahlen
ger.	=	gerieben
gestr.	=	gestrichen
TK	=	Tiefkühlprodukt
°C	=	Grad Celsius

Kalorien-/Nährwertangaben

E	=	Eiweiß
F	=	Fett
Kh	=	Kohlenhydrate
kJ	=	Kilojoule
kcal	=	Kilokalorie
BE	=	Broteinheiten

Bei den Nährwertangaben in den Rezepten handelt es sich um auf- bzw. abgerundete ganze Werte. Lediglich die Broteinheiten werden in 0,5er-Schritten mit einer Stelle nach dem Komma angegeben.

Aufgrund von ständigen Rohstoffschwankungen und/oder Rezepturveränderungen bei Lebensmitteln, kann es zu Abweichungen kommen. Die Nährwertangaben dienen daher lediglich Ihrer Orientierung und eignen sich nur bedingt für die Berechnung eines Diätplans, zum Beispiel bei Krankheiten wie Diabetes. Bei krankheitsbedingten Diäten richten Sie sich daher bitte nach den Anweisungen Ihres Diätassistenten bzw. Ihres Arztes.

Allgemeine Hinweise

Lesen Sie bitte vor der Zubereitung – besser noch vor dem Einkauf – das Rezept einmal vollständig durch. Oft werden Arbeitsabläufe oder -zusammenhänge dann klarer.

Zutatenliste und Arbeitsschritte

Die Zutaten sind in der Reihenfolge ihrer Verarbeitung aufgeführt.
Die Arbeitsschritte sind einzeln hervorgehoben, in der Reihenfolge, in der sie von uns ausprobiert wurden.

Zubereitungszeiten

Die Zubereitungszeit ist ein Anhaltswert für die Zeit der Vorbereitung und die eigentliche Zubereitung. Sie variiert je nach Geschick und Übung.

Wartezeiten, wie Abkühl- oder Kühlzeiten, Auftauzeiten sind, sofern parallel keine weitere Tätigkeit erfolgt, nicht in der Zubereitungszeit enthalten. Die Backzeiten werden gesondert ausgewiesen.

> Damit Ihnen wirklich alles blitzschnell gelingt, beachten Sie bitte noch folgende Hinweise:
> - Stellen Sie alle Zutaten für den Kuchen, die entsprechende Backform und die benötigten Küchengeräte (z. B. Küchenwaage, Mixer mit Rührstäben oder Knethaken, Rührschüssel, Backrahmen usw.) bereit.
> - Bereiten Sie zuerst die Backform bzw. das Backblech vor. Beginnen Sie dann mit dem Abwiegen der Zutaten und schalten Sie Ihren Backofen (wie im Rezept angegeben) an.

Backofeneinstellung und Backzeiten

Die in den Rezepten angegebenen Backtemperaturen und Backzeiten sind Richtwerte, die je nach individueller Hitzeleistung Ihres Backofens über- oder unterschritten werden können. Gegen Ende der angegebenen Backzeit sollten die Gebäcke genau beobachtet werden. Machen Sie nach Beendigung der angegebenen Backzeit eine Garprobe.

Die Temperaturangaben in diesem Buch beziehen sich auf Elektrobacköfen. Die Temperatureinstellungsmöglichkeiten für Gasbacköfen variieren je nach Hersteller, sodass wir keine allgemeingültigen Angaben machen können. Bitte beachten Sie deshalb bei der Einstellung des Backofens die Gebrauchsanleitung des Herstellers. Ein Backofenthermometer eignet sich dabei gut, um die Backofentemperatur im Blick zu haben.

Einschubhöhe

Hohe und halbhohe Formen werden im Allgemeinen auf dem Rost im unteren Drittel des Backofens eingeschoben, flache Formen auf dem Rost in die mittlere Einschubleiste. Blechkuchen und Kleingebäck gelingen am besten in der Mitte des Backofens. Abweichungen sind möglich und von der Ausführung Ihres Backofens abhängig (Herstellerangaben beachten).

Vorwort

Blitzschnell backen von A-Z: Das sind einfache, schnell gerührte Teige. Nach Lust und Laune mit Früchten, Nüssen oder Schokolade verfeinert, in Form gebracht, nach Wunsch mit Butterstreuseln oder einer Knusper-Nuss-Masse versehen und ab geht's in den Backofen.

So zieht der unvergleichliche Duft von selbst gebackenem Kuchen schon bald durch Ihr Zuhause.
Jetzt noch schnell den Kaffeetisch liebevoll gedeckt und Kaffee oder Tee aufgebrüht. Dann sind die Streuselecken oder der orientalische Nuss-Honig-Kuchen auch schon fertig.

Sie haben die Qual der Wahl: Füllen Sie die Torte mit einer zart schmelzenden Creme oder toppen Sie sie doch lieber mit sahnigen Tuffs? Überziehen Sie den Kuchen mit geschmolzener Schokolade oder lieben Sie eher Früchte mit einem Tortenguss darauf?

Ebenso schnell gebacken, wie von der Hand im Mund verschwunden sind Apfel-Streusel-Törtchen, Heidelbeer-Mohn-Muffins und Nuss-Hafer-Taler.

Bei über 200 Backrezepten kann die Auswahl Ihres jeweiligen Lieblingsrezeptes etwas länger dauern als das Backen. Denn neben den süßen Backkreationen warten auch pikante Gebäcke auf Sie.

Alle Rezepte sind unkompliziert in maximal 60 Minuten zubereitet und gebacken. Die Rezepte wurden von uns getestet und Schritt für Schritt beschrieben, damit sie Ihnen garantiert blitzschnell gelingen.

Amerikanische Blitztorte I

Zarter Knuspergenuss
12 Stücke

Pro Stück: E: 5 g, F: 22 g, Kh: 27 g,
kJ: 1346, kcal: 322, BE: 2,5

Für den All-in-Teig:
>   125 g Weizenmehl
>   1 TL Dr. Oetker Backin
>   100 g Butter oder Margarine
>   (zimmerwarm)
>   75 g Zucker
> 1 Pck. Dr. Oetker Vanillin-Zucker
>   3 Eigelb (Größe M)
>   5 EL Milch (3,5 % Fett)

Für die Baisermasse:
>   3 Eiweiß (Größe M)
>   100 g Zucker

Zum Bestreuen:
>   15 g Zucker
>   ¼ TL gem. Zimt
>   50 g gehobelte Mandeln

Zum Bestreichen:
>   400 g gekühlte Schlagsahne
>   (mind. 30 % Fett)
>   2 Pck. Sahnesteif

Zubereitungszeit: 25 Minuten, ohne Abkühlzeit
Backzeit: etwa 25 Minuten

1. Den Backofen vorheizen.
Ober-/Unterhitze: etwa 200 °C
Heißluft: etwa 180 °C

2. Ein passendes Stück Backpapier für ein Backblech (30 x 40 cm) zuschneiden. Einen Tortenring auf 20 cm Durchmesser einstellen. Mithilfe des Tortenrings zwei Kreise auf das Backpapier zeichnen. Das Backblech in den Ecken fetten und mit dem Backpapier belegen.

3. Für den Teig Mehl mit Backpulver in einer Rühr-schüssel mischen. Restliche Zutaten hinzufügen und mit einem Mixer (Rührstäbe) zunächst kurz auf nied-rigster, dann auf höchster Stufe in etwa 2 Minuten zu einem glatten Teig verarbeiten.

4. Jeweils die Hälfte des Teiges auf den Kreisen glatt verstreichen. Das Backblech in den vorgeheizten Backofen schieben. Die Böden **etwa 10 Minuten vorbacken.**

5. In der Zwischenzeit für die Baisermasse Eiweiß mit einem Mixer (Rührstäbe) auf höchster Stufe steif schlagen. Den Zucker einrieseln lassen und so lange weiterschlagen, bis der Zucker sich gelöst hat. Der Schnee muss so fest sein, dass ein Messerschnitt sichtbar bleibt.

6. Das Backblech auf einen Kuchenrost stellen. Die Baisermasse in einen Spritzbeutel mit Lochtülle füllen und auf jeden vorgebackenen Boden Tuffs spritzen.

7. Zum Bestreuen Zucker mit Zimt mischen, zusam-men mit den Mandelblättchen auf die Baisermasse streuen.

8. Das Backblech bei gleicher Backofeneinstellung wieder in den heißen Backofen schieben. Die Böden **weitere etwa 15 Minuten backen.**

9. Das Backblech auf einen Kuchenrost stellen. Die Tortenböden erkalten lassen.

10. Sahne mit Sahnesteif steif schlagen und in einen Spritzbeutel mit großer Lochtülle füllen. Die Sahne auf einen Boden aufspritzen. Zweiten Boden daraufsetzen. Die Torte am besten mit einem elektrischen Messer in Stücke schneiden.

Tipps: Sie können jeweils die Hälfte der Baisermasse auf den vorgebackenen Böden mit einem Teigschaber wellenartig verstreichen, wenn Sie keinen Spritzbeutel zur Hand haben. Auch die Sahne kann dann einfach auf einem Boden verstrichen werden. Den unteren Tortenboden nach Belieben zusätzlich mit angedickten Stachelbeeren belegen. Dazu 250 ml Stachelbeersaft mit 30 g Zucker und 1 Päckchen Tortenguss (klar) andicken. 390 g gut abgetropfte Stachelbeeren (aus dem Glas) unterheben. Die Stachelbeermasse abküh-len lassen und auf dem unteren Tortenboden verteilen.

Amerikanischer Schokoladenkuchen I

Raffiniert – für Gäste
20 Stücke

Pro Stück: E: 4 g, F: 24 g, Kh: 39 g, kJ: 1606, kcal: 384, BE: 3,5

Für den All-in-Teig:

300 g	Weizenmehl
80 g	gesiebtes Kakaopulver
3 gestr. TL	Dr. Oetker Backin
200 g	Zucker
2 Pck.	Dr. Oetker Vanillin-Zucker
1 Prise	Salz
4	Eier (Größe M)
200 ml	Speiseöl, z. B. Sonnenblumenöl
200 ml	Wasser
75 g	Schokotröpfchen

Zum Bestreuen:

75 g Schokotröpfchen

Für den Belag:

200 g	Butter (zimmerwarm)
250 g	gesiebter Puderzucker
125 ml	Cranberry-Saft (zimmerwarm)
evtl. etwas	rote Speisefarbe

Zubereitungszeit: 20 Minuten, ohne Abkühl- und Kühlzeit
Backzeit: etwa 25 Minuten

1. Den Backofen vorheizen.
Ober-/Unterhitze: etwa 200 °C
Heißluft: etwa 180 °C

2. Für den Teig Mehl mit Kakao und Backpulver in einer Rührschüssel mischen. Zucker, Vanillin-Zucker, Salz, Eier, Speiseöl, Wasser und Schokotröpfchen hinzufügen.

3. Die Zutaten mit einem Mixer (Rührstäbe) zunächst kurz auf niedrigster, dann auf höchster Stufe in etwa 2 Minuten zu einem glatten Teig verarbeiten.

4. Den Teig auf ein Backblech (30 x 40 cm, gefettet) geben und glatt streichen. Schokotröpfchen darauf verteilen. Das Backblech in den vorgeheizten Backofen schieben. Kuchen **etwa 25 Minuten backen.**

5. Das Backblech auf einen Kuchenrost stellen. Den Kuchen erkalten lassen.

6. Für den Belag die Butter in einer Rührschüssel mit einem Mixer (Rührstäbe) kurz cremig aufschlagen. Nacheinander Puderzucker, Cranberry-Saft und nach Belieben etwas rote Speisefarbe kurz unterrühren. Die Creme auf den Kuchen geben und glatt streichen. Ein Muster mit einer Gabel oder einem Tortengarnierkamm in die Creme ziehen. Kuchen mindestens 15 Minuten in den Kühlschrank stellen.

Tipp: Sie können den Teig auch mit Mayonnaise zubereiten. Verwenden Sie dann allerdings nur 3 Eier (Größe M) und anstelle des Speiseöls 250 g Mayonnaise (80 % Öl, aus dem Glas).

Apfel-Heidelbeer-Kuchen I

Für Kinder

12 Stücke

Pro Stück: E: 7 g, F: 4 g, Kh: 31 g,
kJ: 795, kcal: 190, BE: 2,5

Für den Hefeteig:

200 g	Weizenmehl
1 Pck.	Hefeteig Garant
50 g	Zucker
1 Pck.	Dr. Oetker Vanillin-Zucker
100 g	Magerquark
1	Ei (Größe M)
25 g	Butter oder
	Margarine

Für den Belag:

2	Eier (Größe M)
50 g	Zucker
½ Pck.	Dr. Oetker Finesse
	Geriebene Zitronenschale
150 g	Magerquark
2	Äpfel (etwa 350 g)
100 g	abgetropfte Heidelbeeren
	(aus dem Glas) oder
	3–4 TL Heidelbeerkonfitüre
100 g	TK-Himbeeren

Zum Aprikotieren:

2 EL	Aprikosenkonfitüre
1 EL	Wasser

Zubereitungszeit: 20 Minuten, ohne Abkühlzeit
Backzeit: etwa 40 Minuten

1. Für den Hefeteig Mehl mit Hefeteig Garant in einer Rührschüssel vermischen. Zucker, Vanillin-Zucker, Quark, Ei und Butter oder Margarine hinzufügen.

2. Die Zutaten mit einem Mixer (Knethaken) zunächst auf niedrigster und dann auf höchster Stufe in etwa 2 Minuten zu einem Teig verarbeiten.

3. Teig leicht mit Mehl bestäuben, aus der Schüssel nehmen und auf einer leicht bemehlten Arbeitsfläche kurz durchkneten. Den Teig mit leicht bemehlten Hän-

den in eine Springform (Ø 26 cm, Boden gefettet) geben und einen 2–3 cm hohen Rand hochdrücken.

4. Den Backofen vorheizen.
Ober-/Unterhitze: etwa 180 °C
Heißluft: etwa 160 °C

5. Für den Belag Eier, Zucker, Zitronenschale und Quark mit einem Mixer (Rührstäbe) geschmeidig rühren. Die Masse auf dem Teig verteilen.

6. Die Äpfel schälen, vierteln, entkernen, in Spalten schneiden und kranzförmig auf die Masse legen. Die abgetropften Heidelbeeren und gefrorenen Himbeeren zwischen den Apfelspalten verteilen. Die Form auf dem Rost in den vorgeheizten Backofen schieben. Den Kuchen **etwa 40 Minuten backen.**

7. Zum Aprikotieren Konfitüre mit Wasser in einem kleinen Topf unter Rühren aufkochen lassen. Den Kuchen sofort nach dem Backen damit bestreichen. Den Kuchen auf einem Kuchenrost erkalten lassen, dann aus der Form lösen.

Apfel-Knusper-Tarte I
Fruchtig
12 Stücke

Pro Stück: E: 2 g, F: 11 g, Kh: 35 g,
kJ: 1064, kcal: 254, BE: 3,0

Für den Streuselteig:
>   200 g Weizenmehl
>   50 g Zucker
>   1 Pck. Dr. Oetker Vanillin-Zucker
>   150 g Butter oder Margarine
>   (zimmerwarm)

Für den Belag:
>   50 g Eierplätzchen
>   500 g Äpfel
>   50 g Rosinen
>   1 EL Zucker

Für den Guss:
>   4 EL Apfelgelee
>   50 ml Apfelsaft

Zubereitungszeit: 20 Minuten, ohne Abkühlzeit
Backzeit: 25–30 Minuten

1. Für den Teig das Mehl in eine Rührschüssel geben. Zucker, Vanillin-Zucker, Butter oder Margarine hinzufügen. Zutaten mit einem Mixer (Rührstäbe) zunächst auf niedrigster, dann auf höchster Stufe zu Streuseln verarbeiten.

2. Zwei Esslöffel von den Streuseln abnehmen und beiseitestellen. Die restlichen Streusel in einer Tarteform (Ø 26 cm, gefettet) oder auf dem Boden einer Springform (Ø 26 cm, gefettet) verteilen und zu einem Boden andrücken.

3. Für den Belag die Eierplätzchen in einen Gefrierbeutel geben, diesen verschließen. Die Plätzchen mit einer Teigrolle zerkleinern. Die Hälfte der Plätzchenbrösel auf den Streuselboden streuen.

4. Den Backofen vorheizen.
Ober-/Unterhitze: etwa 200 °C
Heißluft: etwa 180 °C

5. Äpfel abspülen, abtrocknen, schälen und vierteln. Das Kerngehäuse entfernen. Die Äpfel in feine Spalten schneiden und ringförmig auf den Boden legen. Die Rosinen, die restlichen Streusel, die restlichen Plätzchenbrösel und den Zucker nacheinander auf die Äpfel streuen.

6. Die Form auf dem Rost in den vorgeheizten Backofen schieben. Die Tarte **25–30 Minuten backen.**

7. Für den Guss das Apfelgelee mit dem Apfelsaft aufkochen und direkt nach dem Backen mithilfe eines Esslöffels auf den Belag geben. Die Tarte in der Form auf einem Kuchenrost abkühlen lassen und in Stücke schneiden.

Tipps: Die Tarte schmeckt lauwarm und kalt sehr gut. Sie können statt Äpfel auch Mangospalten oder Quittenbällchen (aus der Dose) verwenden.

Apfelkuchen, aprikotiert I
Einfach
20 Stücke

Pro Stück: E: 4 g, F: 6 g, Kh: 32 g,
kJ: 855, kcal: 204, BE: 2,5

Für den Hefeteig:
- 375 g Weizenmehl
- 1 Pck. Hefeteig Garant
- 125 ml Milch (3,5 % Fett)
- 50 g Butter oder Margarine (zimmerwarm)
- 50 g Zucker
- 1 Pck. Dr. Oetker Vanillin-Zucker
- 1 Prise Salz
- 1 Ei (Größe M)

Für den Belag:
- 1 ½ kg Äpfel, z. B. Elstar
- 3 EL Zitronensaft
- 100 g gestiftelte Mandeln
- 100 g Rosinen

Zum Aprikotieren:
- 4 EL Aprikosenkonfitüre
- 1 EL Wasser

Zubereitungszeit: 30 Minuten, ohne Abkühlzeit
Backzeit: etwa 30 Minuten

1. Für den Teig Mehl mit Hefeteig Garant in einer Rührschüssel mischen. Restliche Zutaten dazugeben und mit einem Mixer (Knethaken) erst auf niedrigster, dann auf höchster Stufe in etwa 2 Minuten zu einem glatten Teig verarbeiten. Den Teig mit etwas Mehl bestäuben und nochmals kurz durchkneten, auf einem Backblech (30 x 40 cm, gefettet, bemehlt) ausrollen.

2. Äpfel schälen, vierteln, entkernen, in dicke Spalten schneiden und mit dem Zitronensaft mischen. Apfelspalten dachziegelartig auf den Teig legen. Mandeln und Rosinen daraufstreuen, zugedeckt etwa 10 Minuten ruhen lassen.

3. In der Zwischenzeit den Backofen vorheizen.
Ober-/Unterhitze: etwa 200 °C
Heißluft: etwa 180 °C

4. Das Backblech in den vorgeheizten Backofen schieben. Den Kuchen **etwa 30 Minuten backen.** Das Backblech auf einen Kuchenrost stellen. Zum Aprikotieren Konfitüre und Wasser in einem kleinen Topf unter Rühren aufkochen. Den heißen Kuchen damit bestreichen und den Kuchen erkalten lassen.

Apfelkuchen mit Quarkguss I

Klassisch
20 Stücke

Pro Stück: E: 6 g, F: 6 g, Kh: 32 g,
kJ: 888, kcal: 212, BE: 2,5

Für den Hefeteig:

375 g	Weizenmehl
1 Pck.	Hefeteig Garant
50 g	Zucker
175 ml	Milch (3,5 % Fett)
75 g	Butter oder Margarine (zimmerwarm)
2 EL	Apfelgelee
100 g	Rosinen
1 kg	säuerliche Äpfel, z. B. Cox Orange

Für die Quarkmasse:

500 g	Speisequark (20 % Fett)
2	Eier (Größe M)
60 g	Zucker
1 Pck.	Dr. Oetker Vanillin-Zucker
1 Pck.	Dr. Oetker Finesse Geriebene Zitronenschale

Zubereitungszeit: 30 Minuten, ohne Abkühlzeit
Backzeit: etwa 30 Minuten

1. Für den Teig Mehl mit Hofeteig Garant in einer Rührschüssel mischen. Zucker, Milch und Butter oder Margarine hinzufügen, mit einem Mixer (Knethaken) etwa 2 Minuten zu einem glatten Teig verarbeiten.

2. Den Teig mit etwas Mehl bestäuben und nochmals kurz durchkneten, auf einem Backblech (30 x 40 cm, gefettet, bemehlt) ausrollen. Apfelgelee in einem Topf leicht erwärmen und auf dem Teig verstreichen.

3. Die Rosinen mit heißem Wasser übergießen. Äpfel schälen, vierteln, entkernen, in dünne Spalten schneiden und schuppenartig auf den Teig legen. Rosinen abtropfen lassen und auf den Äpfeln verteilen.

4. Für die Quarkmasse den Quark mit Eiern, Zucker, Vanillin-Zucker und Zitronenschale mit einem Mixer (Rührstäbe) geschmeidig rühren. Quarkmasse auf die Apfelschicht streichen. Kuchen noch etwa 5 Minuten ruhen lassen.

5. In der Zwischenzeit den Backofen vorheizen.
Ober-/Unterhitze: etwa 200 °C
Heißluft: etwa 180 °C

6. Backblech in den vorgeheizten Backofen schieben. Den Kuchen **etwa 30 Minuten backen.** Das Backblech auf einen Kuchenrost stellen und den Kuchen erkalten lassen.

Apfelkuchen vom Blech I
Beliebt
20 Stücke

Pro Stück: E: 4 g, F: 12 g, Kh: 31 g,
kJ: 1038, kcal: 248, BE: 2,5

Für den Belag:
1 ½ kg säuerliche, mürbe Äpfel
        z. B. Boskop
4 EL Zitronensaft
1 Pck. Dr. Oetker Bourbon-
        Vanille-Zucker

Für den Quark-Öl-Teig:
400 g Weizenmehl
1 Pck. Dr. Oetker Backin
75 g Zucker
1 Pck. Dr. Oetker Vanillin-Zucker
1 Prise Salz
200 g Magerquark
100 ml Milch (3,5 % Fett)
100 ml Speiseöl, z. B. Sonnenblumenöl

100 g Butter

Zum Bestreuen:
1–1 ½ TL gem. Zimt
75 g Zucker
50 g gehobelte Mandeln

Zubereitungszeit: 20 Minuten, ohne Abkühlzeit
Backzeit: etwa 30 Minuten

1. Für den Belag Äpfel schälen, vierteln, entkernen und in kleine Stücke schneiden. Die Apfelstücke mit Zitronensaft und Vanille-Zucker mischen.

2. Den Backofen vorheizen.
Ober-/Unterhitze: etwa 200 °C
Heißluft: etwa 180 °C

3. Für den Teig Mehl mit Backpulver in einer Rührschüssel mischen. Restliche Teigzutaten hinzufügen und mit einem Mixer (Knethaken) erst kurz auf niedrigster, dann auf höchster Stufe zu einem glatten Teig verarbeiten (nicht zu lange kneten, der Teig klebt

sonst). Den Teig auf einem Backblech (30 x 40 cm, gefettet, bemehlt) ausrollen.

4. In den Teig mit bemehlten Fingern Vertiefungen drücken. Butter in kleinen Stücken und Apfelstückchen auf dem Teig verteilen. Zimt mit Zucker mischen, auf die Äpfel streuen, dann die Mandeln daraufstreuen. Das Backblech in den vorgeheizten Backofen schieben. Den Kuchen **etwa 30 Minuten backen.**

5. Das Backblech auf einen Kuchenrost stellen. Den Kuchen erkalten lassen.

Tipp: Wenn es noch schneller gehen soll: 800 g stückiges Apfel-Kompott (z. B. aus dem Glas) in einem Sieb gründlich abtropfen lassen. Dann auf dem Teig verteilen. Da das Kompott bereits gesüßt ist, auf den zusätzlichen Zucker verzichten und den Kuchen nur nach Belieben mit 1–2 Päckchen Dr. Oetker Vanillin-Zucker und 1 Teelöffel Finesse Geriebene Zitronenschale bestreuen.

Apfelküchlein | Preiswert – fettarm
12 Stück

Pro Stück: E: 2 g, F: 2 g, Kh: 11 g,
kJ: 311, kcal: 74, BE: 1,0

>   500 g säuerliche Äpfel, z. B. Boskop
>   1–2 TL Zitronensaft

Für den Quark-Öl-Teig:
>   75 g Weizenmehl
>   2 gestr. TL Dr. Oetker Backin
>   1 Ei (Größe M)
>   2 EL Sonnenblumenöl
>   25 g Zucker
>   1 Pck. Dr. Oetker Vanillin-Zucker
>   50 g Magerquark

Zubereitungszeit: 15 Minuten
Backzeit: etwa 30 Minuten

1. Den Backofen vorheizen.
Ober-/Unterhitze: etwa 180 °C
Heißluft: etwa 160 °C

2. Die Äpfel schälen, vierteln, entkernen und grob raspeln oder in kleine Stifte schneiden, Zitronensaft unterrühren.

3. Für den Teig Mehl mit Backpulver in einer Rührschüssel mischen. Ei, Öl, Zucker, Vanillin-Zucker und Quark hinzufügen.

4. Zutaten mit einem Mixer (Knethaken) auf höchster Stufe in etwa 1 Minute verarbeiten (Achtung: der Teig ist sehr weich). Die Apfelstücke kurz unter den Teig kneten.

5. Mit zwei Esslöffeln kleine Häufchen abstechen und auf ein Backblech (gefettet, mit Backpapier belegt) setzen. Das Backblech in den vorgeheizten Backofen schieben und die Apfelküchlein **etwa 30 Minuten backen.**

Tipps: Die Apfelküchlein schmecken warm und kalt. Wenn Sie Rosinen mögen, dann können Sie zusätzlich noch 25 g Rosinen unter den Teig kneten. Auch mit Zimt oder Weihnachtsaroma abgeschmeckt, sind die Küchlein sehr lecker.

Apfelmus-Rosinen-Muffins I

Einfach – gut vorzubereiten

12 Stück

Pro Stück: E: 3 g, F: 13 g, Kh: 33 g, kJ: 1093, kcal: 261, BE: 3,0

Für den Teig:

170 g	Weizenmehl
30 g	Weichweizengrieß
3 gestr. TL	Dr. Oetker Backin
1 Prise	Salz
120 g	Zucker
1 Pck.	Dr. Oetker Vanillin-Zucker
250 g	Apfelmus (aus dem Glas)
50 ml	Buttermilch
100 ml	Speiseöl, z. B. Sonnenblumenöl
1	Ei (Größe M)
70 g	Rosinen

Für den Belag:

150 g	Schmand (Sauerrahm)
20 g	Apfelchips
	(erhältlich in Bioläden
	oder bei Obsthändlern)
1 EL	Puderzucker

Zubereitungszeit: 25 Minuten, ohne Abkühlzeit
Backzeit: etwa 30 Minuten

1. Den Backofen vorheizen.
Ober-/Unterhitze: etwa 180 °C
Heißluft: etwa 160 °C

2. Für den Teig Mehl, Weichweizengrieß, Backpulver, Salz, Zucker und Vanillin-Zucker in einer Rührschüssel mit einem Schneebesen verrühren.

3. Apfelmus mit Buttermilch, Speiseöl und Ei in einem Rührbecher mit dem Schneebesen gut verrühren. Die flüssigen Zutaten zu der Mehl-Grieß-Mischung in die Rührschüssel geben und zu einem glatten Teig verrühren. Rosinen unterrühren.

4. Den Teig in eine Muffinform (für 12 Muffins, gefettet, bemehlt) geben. Die Form auf dem Rost in den vorgeheizten Backofen schieben. Die Muffins **etwa 30 Minuten backen.**

5. Die Form auf einen Kuchenrost stellen. Muffins etwa 5 Minuten in der Form abkühlen lassen, dann aus der Form lösen und auf dem Kuchenrost erkalten lassen.

6. Für den Belag Schmand verrühren und mit einem Teelöffel als breiten Klecks auf die erkalteten Muffins geben. Apfelchips in grobe Stücke brechen und in den Schmand stecken. Muffins mit Puderzucker bestäuben und sofort servieren.

Tipps: Statt Schmand können Sie auch griechischen Sahnejoghurt (10 % Fett) verwenden. Statt Apfelchips Eierlikör auf die Schmandkleckse träufeln.

Apfel-Nuss-Kuchen **I** Beliebt
20 Stücke

Pro Stück: E: 5 g, F: 16 g, Kh: 25 g,
kJ: 1096, kcal: 262, BE: 2,0

Für den Rührteig:

1	*Bio-Zitrone*
	(unbehandelt, ungewachst)
200 g	*Butter oder Margarine*
	(zimmerwarm)
175 g	*Zucker*
2 Pck.	*Dr. Oetker Vanillin-Zucker*
1 Prise	*Salz*
3	*Eier (Größe M)*
300 g	*Dinkelmehl (Type 630)*
3 gestr. TL	*Dr. Oetker Backin*
1 gestr. TL	*gem. Zimt*
½ TL	*gem. Ingwer*
600 g	*säuerliche Äpfel,*
	z. B. Cox Orange, Elstar, Boskop
100 g	*gehobelte Haselnusskerne*

Zum Bestreuen:

100 g	*gehobelte Haselnusskerne*
20 g	*Zucker*

Zubereitungszeit: 30 Minuten, ohne Abkühlzeit
Backzeit: etwa 30 Minuten

1. Für den Rührteig Zitrone heiß abwaschen, abtrocknen und die Schale abreiben. Die Zitrone halbieren und den Saft auspressen.

2. Den Backofen vorheizen.
Ober-/Unterhitze: etwa 200 °C
Heißluft: etwa 180 °C

3. Die Butter oder Margarine mit einem Mixer (Rührstäbe) auf höchster Stufe geschmeidig rühren. Nach und nach Zucker, Vanillin-Zucker, Salz und die Zitronenschale unterrühren. So lange rühren, bis eine gebundene Masse entstanden ist. Die Eier nach und nach unterrühren (jedes Ei etwa ½ Minute).

4. Dinkelmehl mit Backpulver, Zimt und Ingwer mischen, in 2 Portionen auf mittlerer Stufe unterrühren.

5. Die Äpfel schälen und auf der Haushaltsreibe grob raspeln. Die Apfelraspel (etwa 450 g) mit 2 Esslöffeln Zitronensaft mischen und mit den Haselnusskernen kurz unter den Teig rühren. Den Teig in einem tiefen Backblech oder in einer Fettpfanne (30 x 40 cm, gefettet) gleichmäßig verteilen.

6. Zum Bestreuen zuerst Haselnusskerne, dann den Zucker auf den Teig streuen. Das Backblech in den vorgeheizten Backofen schieben. Den Kuchen **etwa 30 Minuten backen.**

7. Das Backblech auf einen Kuchenrost stellen. Den Kuchen erkalten lassen.

Tipp: Die geschälten Äpfel nicht vierteln, sondern jeweils im Ganzen raspeln, sodass von jedem Apfel nur das Kerngehäuse mit Blüte und Stiel zurückbleibt.

Apfelschnecken I
Für Kinder – beliebt
8 Stück

Pro Stück: E: 6 g, F: 15 g, Kh: 58 g,
kJ: 1677, kcal: 400, BE: 5,0

Für die Füllung:
400 g säuerliche Äpfel, z. B. Elstar
30 g Butter
50 g Zucker
1 Prise gem. Zimt
1 Pck. Dr. Oetker Finesse
Geriebene Zitronenschale

Für den Hefeteig:
375 g Weizenmehl
1 Pck. Hefeteig Garant
50 g Zucker
170 ml Milch (3,5 % Fett)
100 g Butter oder Margarine
(zimmerwarm)

2 EL Milch (3,5 % Fett)
2 EL Zucker

Zubereitungszeit: 20 Minuten, ohne Abkühlzeit
Backzeit: 20–25 Minuten

1. Für die Füllung Äpfel schälen, vierteln, die Kerngehäuse entfernen. Die Apfelviertel in etwa ½ cm große Würfel schneiden. Butter in einem kleinen Topf zerlassen. Die Apfelwürfel, Zucker, Zimt und Zitronenschale dazugeben, unterrühren und aufkochen. Die Apfelstücke bei schwacher Hitze etwa 5 Minuten dünsten, dann abkühlen lassen.

2. In der Zwischenzeit für den Hefeteig das Mehl mit Hefeteig Garant in einer Rührschüssel vermischen. Zucker, Milch und Butter oder Margarine hinzufügen. Die Zutaten mit einem Mixer (Knethaken) zunächst kurz auf niedrigster, dann auf höchster Stufe in etwa 2 Minuten zu einem Teig verarbeiten.

3. Teig leicht mit Mehl bestäuben, aus der Schüssel nehmen und auf der leicht bemehlten Arbeitsfläche nochmals kurz durchkneten. Teig zu einem Rechteck

(etwa 32 x 40 cm) ausrollen. Die Apfelmasse darauf verteilen und verstreichen, dabei an den kurzen Seiten einen etwa 2 cm breiten Rand frei lassen.

4. Den Backofen vorheizen.
Ober-/Unterhitze: etwa 200 °C
Heißluft: etwa 180 °C

5. Den Teig von der kurzen Seite her aufrollen. Die Rolle mit einem Sägemesser in 8 Scheiben schneiden. Die Teigscheiben mit etwas Abstand auf ein Backblech (mit Backpapier belegt) legen und etwa 5 Minuten ruhen lassen.

6. Die Apfelschnecken mit Milch bestreichen und mit Zucker bestreuen. Das Backblech in den vorgeheizten Backofen schieben. Die Apfelschnecken **20–25 Minuten backen.**

7. Die Apfelschnecken mit dem Backpapier auf einen Kuchenrost ziehen und erkalten lassen.

Apfel-Streusel-Törtchen | Klassisch
12 Stück

Pro Stück: E: 4 g, F: 19 g, Kh: 31 g,
kJ: 1321, kcal: 316, BE: 2,5

Für den Streuselteig:
>   225 g Weizenmehl
>   1 gestr. TL Dr. Oetker Backin
>   30 g Haferflocken
>   100 g gem. Mandeln
>   125 g Zucker
>   1 Pck. Dr. Oetker Vanillin-Zucker
>   ½ TL gem. Zimt
>   200 g Butter (zimmerwarm)

Für die Füllung:
>   360 g stückiges Apfelkompott
>   (aus dem Glas)
>   2 gestr. TL Dr. Oetker Finesse
>   Geriebene Zitronenschale

Zubereitungszeit: 20 Minuten, ohne Abkühlzeit
Backzeit: etwa 25 Minuten

1. Für den Teig Mehl mit Backpulver in einer Rührschüssel mischen. Haferflocken, Mandeln, Zucker, Vanillin-Zucker, Zimt und Butter hinzufügen. Die Zutaten mit einem Mixer (Rührstäbe) zu Streuseln verarbeiten.

2. Den Backofen vorheizen.
Ober-/Unterhitze: etwa 180 °C
Heißluft: etwa 160 °C

3. Gut die Hälfte der Teigstreusel in eine Muffinform (für 12 Muffins, gefettet) verteilen, leicht andrücken.

4. Für die Füllung Apfelkompott mit Zitronenschale verrühren. Apfelmasse mit einem Teelöffel auf dem Teig verteilen. Restliche Streusel daraufstreuen.

5. Die Form auf dem Rost in den vorgeheizten Backofen schieben. Törtchen **etwa 25 Minuten backen.**

6. Das Muffinblech auf einen Kuchenrost stellen und die Törtchen in der Form abkühlen lassen. Anschließend die Apfel-Streusel-Törtchen aus der Form lösen und auf einem Kuchenrost erkalten lassen.

Apfeltorte mit Mandelguss I

Raffiniert – fruchtig

12 Stücke

Pro Stück: E: 6 g, F: 14 g, Kh: 30 g,
kJ: 1115, kcal: 266, BE: 2,5

Für den Streuselteig:

175 g	Weizenmehl
1 gestr. TL	Dr. Oetker Backin
60 g	Zucker
1 Prise	Salz
1 Pck.	Dr. Oetker Vanillin-Zucker
1	Eigelb (Größe M)
1 EL	kaltes Wasser
90 g	Butter oder Margarine (zimmerwarm)

Für den Belag:

2 EL	gem. Mandeln
5	mittelgroße, säuerliche Äpfel (etwa 700 g)

Für den Guss:

2	Eier (Größe M)
75 g	Zucker
½ Pck.	Dr. Oetker Finesse Geriebene Zitronenschale
75 g	gem. Mandeln
3 EL	Milch (3,5 % Fett)

Zum Bestreuen:

25 g	gehobelte Mandeln
etwas	Puderzucker

Zubereitungszeit: 20 Minuten, ohne Abkühlzeit
Backzeit: etwa 35 Minuten

1. Für den Teig Mehl mit Backpulver in einer Rührschüssel mischen. Die restlichen Zutaten hinzufügen und mit einem Mixer (Rührstäbe) zunächst kurz auf niedrigster, dann auf höchster Stufe zu feinkrümeligen Streuseln verarbeiten.

2. Streuselteig in eine Springform (Ø 26 cm, Boden gefettet, mit Backpapier belegt) geben, gleichmäßig verteilen und dabei einen Rand von etwa 2 cm Höhe

formen und andrücken. Den Boden mehrmals mit einer Gabel einstechen.

3. Den Backofen vorheizen.
Ober-/Unterhitze: etwa 180 °C
Heißluft: etwa 160 °C

4. Für den Belag die Mandeln auf den Teigboden streuen. Äpfel viertel, schälen, und entkernen. Apfelviertel gleichmäßig auf dem Boden verteilen.

5. Für den Guss Eier mit einem Mixer (Rührstäbe) schaumig aufschlagen, Zucker in etwa 1 Minute nach und nach einrieseln lassen, alles noch etwa ½ Minute weiterschlagen. Zitronenschale mit Mandeln mischen, mit der Milch kurz unter die Eischaummasse rühren. Den Guss auf den Äpfeln verteilen, gehobelte Mandeln daraufstreuen.

6. Form auf dem Rost im unteren Drittel in den vorgeheizten Backofen schieben. Die Apfeltorte **etwa 35 Minuten backen.**

7. Den Kuchen in der Form auf einem Kuchenrost erkalten lassen. Zum Servieren den Kuchen aus der Form lösen und mit etwas Puderzucker bestäuben.

Tipp: Zusätzlich die Apfeltorte mit etwas steif geschlagener Schlagsahne verzieren.

Aprikosen-Cashew-Schnitten I

Mit Alkohol
24 Stücke

Pro Stück: E: 4 g, F: 15 g, Kh: 27 g,
kJ: 1137, kcal: 272, BE: 2,0

480 g	abgetropfte Aprikosenhälften (aus der Dose)
100 g	Cashewkerne

Für den Rührteig:

250 g	Butter oder Margarine (zimmerwarm)
175 g	Zucker
1 Pck.	Dr. Oetker Vanillin-Zucker
1 Prise	Salz
5	Eier (Größe M)
350 g	Weizenmehl
2 gestr. TL	Dr. Oetker Backin

Zum Beträufeln:

100 ml	Aprikosenlikör, z. B. Apricot Brandy

Für die Creme:

1 Pck.	Mousse à la Vanille (Dessertpulver)
200 g	gekühlte Schlagsahne (mind. 30 % Fett)
50 ml	Aprikosenlikör, z. B. Apricot Brandy

Zubereitungszeit: 30 Minuten, ohne Kühlzeit
Backzeit: etwa 30 Minuten

1. Aprikosenhälften in kleine Würfel schneiden. Von den Cashewkernen 24 ganze Kerne abnehmen und beiseitelegen. Restliche Cashewkerne klein hacken.

2. Den Backofen vorheizen.
Ober-/Unterhitze: etwa 180 °C
Heißluft: etwa 160 °C

3. Für den Teig Butter oder Margarine in einer Rührschüssel mit einem Mixer (Rührstäbe) auf höchster Stufe geschmeidig rühren. Nach und nach Zucker,

Vanillin-Zucker und Salz unterrühren. So lange rühren, bis eine gebundene Masse entstanden ist. Eier nach und nach unterrühren (jedes Ei etwa ½ Minute).

4. Mehl mit Backpulver mischen, in 2 Portionen kurz auf mittlerer Stufe unterrühren. Teig auf ein Backblech (30 x 40 cm, gefettet) geben und glatt streichen. Die Aprikosenwürfel darauf verteilen und mit den Cashewkernstückchen bestreuen. Das Backblech in den vorgeheizten Backofen schieben. Kuchen **etwa 30 Minuten backen.**

5. Das Backblech auf einen Kuchenrost stellen. Den heißen Kuchen sofort mit Likör beträufeln und erkalten lassen. Den Kuchen in 24 gleich große Stücke einteilen.

6. Für die Creme Mousse mit 200 g Sahne und 50 ml Likör nach Packungsanleitung zubereiten. Die Creme in einen Spritzbeutel mit Lochtülle (Ø 12 mm) geben. Auf jedes Kuchenstück eine Cremekuppel spritzen und je einen Cashewkern darauflegen. Den Kuchen mindestens 30 Minuten in den Kühlschrank stellen.

Tipp: Für Kinder können Sie die Schnitten statt mit Likör mit Aprikosensaft aus der Dose beträufeln und die Creme ebenfalls mit Saft zubereiten.

Aprikosen-Mandel-Brownies I

Für Schokoliebhaber

30 Stücke

Pro Stück: E: 3 g, F: 9 g, Kh: 16 g,
kJ: 665, kcal: 159, BE: 1,5

Für den Rührteig:

200 g	Blockschokolade
75 ml	Wasser
100 g	Butter oder Margarine
100 g	Zucker
1 Pck.	Dr. Oetker Vanillin-Zucker
1 gestr. TL	gem. Zimt
3	Eier (Größe M)
150 g	Weizenmehl
3 gestr. TL	Dr. Oetker Backin
100 g	fein gewürfelte, getrocknete Aprikosen
50 g	gehackte Mandeln

Für den Guss:

150 g	Zartbitter-Kuvertüre

Zum Garnieren:

6–7	in Stücke geschnittene, getrocknete Aprikosen
50 g	gehackte Mandeln

Zubereitungszeit: 20 Minuten, ohne Abkühlzeit
Backzeit: etwa 25 Minuten

1. Für den Teig Schokolade in kleine Stücke brechen und mit Wasser und Butter oder Margarine in einem kleinen Topf im Wasserbad bei schwacher Hitze zu einer geschmeidigen Masse verrühren.

2. Den Backofen vorheizen.
Ober-/Unterhitze: etwa 180 °C
Heißluft: etwa 160 °C

3. Die geschmolzene Schokolade in eine Rührschüssel geben und nach und nach Zucker, Vanillin-Zucker und Zimt mit einem Mixer (Rührstäbe) unterrühren. Die Eier nach und nach unterrühren (jedes Ei etwa ¹/₂ Minute).

4. Mehl mit Backpulver mischen und auf mittlerer Stufe unterrühren. Aprikosen und Mandeln unterrühren.

5. Einen Backrahmen (etwa 25 x 30 cm) auf ein Backblech (mit Backpapier belegt) stellen, den Teig einfüllen und glatt streichen. Das Backblech im unteren Drittel in den vorgeheizten Backofen schieben. Brownies **etwa 25 Minuten backen.**

6. Das Gebäck auf dem Backblech auf einem Rost erkalten lassen.

7. Für den Guss Kuvertüre in kleine Stücke hacken. Zwei Drittel davon in einem Topf im Wasserbad bei schwacher Hitze unter Rühren schmelzen. Den Topf aus dem Wasserbad nehmen und die restliche Kuvertüre darin unter Rühren schmelzen. Die Brownieplatte mit der Kuvertüre überziehen.

8. Den noch feuchten Guss mit Aprikosenstücken und Mandeln garnieren. Guss fest werden lassen. Die Brownieplatte in etwa 5 cm große Würfel schneiden.

Aprikosen-Mohn-Kuchen I
Raffiniert
12 Stücke

Pro Stück: E: 6 g, F: 12 g, Kh: 33 g,
kJ: 1112, kcal: 266, BE: 2,5

Für den Streuselteig:
175 g	Weizenmehl
1 gestr. TL	Dr. Oetker Backin
60 g	Zucker
1 Prise	Salz
1	Eigelb (Größe M)
1 EL	kaltes Wasser
90 g	Butter oder Margarine (zimmerwarm)

Für den Belag:
30 g	Butter
150 g	Magerquark
1	Ei (Größe M)
250 g	Mohn-Back (backfertige Mohnfüllung)
½ Pck.	Dr. Oetker Finesse Geriebene Zitronenschale
480 g	abgetropfte Aprikosenhälften (aus der Dose)

Außerdem:
2 EL	Aprikosenkonfitüre

Zubereitungszeit: 20 Minuten, ohne Abkühlzeit
Backzeit: etwa 35 Minuten

1. Für den Teig Mehl und Backpulver in einer Rührschüssel mischen. Zucker und Salz untermischen. Anschließend Eigelb, Wasser und Butter oder Margarine hinzufügen.

2. Die Zutaten mit einem Mixer (Rührstäbe) zunächst kurz auf niedrigster, dann auf höchster Stufe zu feinen Streuseln verarbeiten.

3. Die Streusel in eine Springform (Ø 26 cm, mit Backpapier belegt) geben und mit einem Löffel leicht andrücken, dabei einen kleinen Rand formen. Die Form in den Kühlschrank stellen.

4. In der Zwischenzeit für den Belag Butter zerlassen, mit Quark, Ei, Mohn-Back und Zitronenschale verrühren. 100 g der Aprikosen in feine Würfel schneiden. Die Aprikosenwürfel unter die Mohnmasse heben.

5. Den Backofen vorheizen.
Ober-/Unterhitze: etwa 200 °C
Heißluft: etwa 180 °C

6. Die Aprikosen-Mohn-Masse auf den Teig streichen. Restliche Aprikosen in Spalten schneiden und darauf verteilen. Die Springform auf den Rost im unteren Drittel in den vorgeheizten Backofen schieben. Den Kuchen **etwa 35 Minuten backen.**

7. Die Form auf einen Kuchenrost stellen. Die Konfitüre durch ein feines Sieb streichen, die Früchte damit aprikotieren. Den Kuchen in der Form erkalten lassen.

Aprikosen-Rotwein-Tarte I

Mit Alkohol

12 Stücke

Pro Stück: E: 4 g, F: 9 g, Kh: 33 g,
kJ: 1001, kcal: 239, BE: 3,0

480 g	abgetropfte Aprikosenhälften (aus der Dose)
2 EL	brauner Zucker

Für den All-in-Teig:

150 g	Weizenmehl
2 gestr. TL	Dr. Oetker Backin
70 g	gehackte Mandeln
100 g	brauner Zucker
1 Pck.	Dr. Oetker Bourbon-Vanille-Zucker
2	Eier (Größe M)
5 EL	Sonnenblumenöl
100 ml	Rotwein (oder Kirschsaft)
3 EL	Schokoraspel
70 g	Rosinen

Zubereitungszeit: 15 Minuten, ohne Abkühlzeit
Backzeit: etwa 35 Minuten

1. Aprikosenhälften in Spalten schneiden. Den Boden einer Tarte- oder Springform (Ø 28 cm, gefettet, Boden mit Backpapier belegt) mit braunem Zucker bestreuen. Die Aprikosenspalten darauf verteilen.

2. Den Backofen vorheizen.
Ober-/Unterhitze: etwa 180 °C
Heißluft: etwa 160 °C

3. Für den Teig Mehl mit Backpulver in einer Rührschüssel mischen. Mandeln, Zucker, Vanille-Zucker, Eier, Öl und Rotwein (oder Kirschsaft) hinzufügen und mit einem Mixer (Rührstäbe) zunächst kurz auf niedrigster, dann auf höchster Stufe in etwa 2 Minuten zu einem glatten Teig verarbeiten. Schokoraspel und Rosinen kurz unterrühren.

4. Den Teig in die Form auf die Aprikosenspalten geben und vorsichtig glatt streichen. Die Form auf dem Rost in den vorgeheizten Backofen schieben. Die Tarte **etwa 35 Minuten backen.**

5. Die Form auf einen Kuchenrost stellen. Die Tarte etwas abkühlen lassen, dann auf einen mit Backpapier belegten Kuchenrost stürzen. Mitgebackenes Backpapier abziehen. Die Tarte erkalten lassen.

Baiser-Wolken-Torte | Erfrischend
12 Stücke

Pro Stück: E: 9 g, F: 16 g, Kh: 31 g,
kJ: 1331, kcal: 318, BE: 2,5

Für den Biskuitteig:

2	Eier (Größe M)
75 g	Zucker
1 Pck.	Dr. Oetker Vanillin-Zucker
1 Prise	Salz
75 g	Weizenmehl
1 gestr. TL	Dr. Oetker Backin

Für die Creme:

250 g	Mascarpone (ital. Frischkäse)
250 g	gekühlte Schlagsahne (mind. 30 % Fett)
1 Pck.	Sahnesteif
1 Pck.	Dr. Oetker Finesse Geriebene Zitronenschale
2–3 EL	Zitronensaft
75 g	gesiebter Puderzucker
500 g	Magerquark

Außerdem:

2 EL	Himbeerkonfitüre
300 g	vorbereitete Himbeeren
75 g	Baiserschalen
evtl. 1 TL	Kakaopulver

Zubereitungszeit: 30 Minuten, ohne Abkühlzeit
Backzeit: etwa 25 Minuten

1. Den Backofen vorheizen.
Ober-/Unterhitze: etwa 180 °C
Heißluft: etwa 160 °C

2. Für den Teig Eier in einer Rührschüssel mit einem Mixer (Rührstäbe) auf höchster Stufe in etwa 1 Minute schaumig schlagen. Zucker mit Vanillin-Zucker und Salz mischen, in etwa 1 Minute unter Rühren einstreuen, dann noch etwa 2 Minuten schlagen.

3. Mehl mit Backpulver mischen, auf die Eiercreme geben und kurz auf niedrigster Stufe unterrühren. Den Teig in eine Springform (Ø 26 cm, Boden gefettet,

mit Backpapier belegt) geben und glatt streichen. Die Form auf dem Rost im unteren Drittel in den vorgeheizten Backofen schieben. Den Biskuitboden **etwa 25 Minuten backen.**

4. Den Boden aus der Form lösen, auf einen mit Backpapier belegten Kuchenrost stürzen und erkalten lassen. Mitgebackenes Backpapier abziehen. Boden auf eine Tortenplatte legen. Einen Tortenring darumstellen.

5. Für die Creme den Mascarpone mit Sahne und Sahnesteif in einem Rührbecher kurz steif schlagen. Zitronenschale, -saft und Puderzucker unterrühren. Den Quark ebenfalls in 2 Portionen unterrühren.

6. Den Biskuitboden mit der glatt gerührten Konfitüre bestreichen. Die Hälfte der Mascarponecreme daraufgeben und glatt streichen. Himbeeren darauf verteilen. Restliche Creme vorsichtig auf die Himbeeren geben und verstreichen. Die Torte bis zum Servieren in den Kühlschrank stellen.

7. Vor dem Servieren Baiser in einen großen Gefrierbeutel geben und grob zerdrücken. Tortenring lösen und entfernen. Die Torte mit dem Baiser umhüllen und evtl. hauchdünn mit Kakao bestäuben.

Bananen-Rum-Muffins | Mit Alkohol

12 Stück

Pro Stück: E: 3 g, F: 10 g, Kh: 27 g,
kJ: 912, kcal: 218, BE: 2,5

Für den Teig:

170 g	Weizenmehl
30 g	Weichweizengrieß
3 gestr. TL	Dr. Oetker Backin
1 Prise	Salz
120 g	brauner Zucker
1 Pck.	Dr. Oetker Vanillin-Zucker
2	reife Bananen (etwa 300 g)
100 g	Schlagsahne
50 ml	brauner Rum (40 Vol.-%)
70 ml	Speiseöl, z. B. Sonnenblumenöl
1	Ei (Größe M)

Außerdem:

12 Papierbackförmchen

Zubereitungszeit: 25 Minuten, ohne Abkühlzeit
Backzeit: etwa 25 Minuten

1. Den Backofen vorheizen.
Ober-/Unterhitze: etwa 180 °C
Heißluft: etwa 160 °C

2. Für den Teig Mehl, Weichweizengrieß, Backpulver, Salz, Zucker und Vanillin-Zucker in einer Rührschüssel mit einem Schneebesen verrühren.

3. Bananen schälen, mit einer Gabel zu einem Brei zerdrücken. Bananenbrei, Sahne, Rum, Speiseöl und Ei in einem Rührbecher mit dem Schneebesen verrühren. Die flüssigen Zutaten zu der Mehl-Grieß-Mischung in die Rührschüssel geben und zu einem glatten Teig verrühren.

4. Den Teig in eine Muffinform (für 12 Muffins, mit Papierbackförmchen ausgelegt) geben. Die Form auf dem Rost in den vorgeheizten Backofen schieben. Muffins **etwa 25 Minuten backen.**

5. Die Form auf einen Kuchenrost stellen. Muffins etwa 5 Minuten in der Form abkühlen lassen, dann aus der Form lösen und auf dem Kuchenrost erkalten lassen.

Tipps: Statt Rum können Sie auch Weinbrand verwenden. Wer auf Alkohol verzichten möchte, kann den Rum durch Buttermilch ersetzen. Die Muffins nach Belieben mit Puderzucker bestäuben oder, wenn die Muffins noch warm sind, kleine Schokobananen oder Schokostücke darauflegen. Sie kleben fest, wenn die Muffins erkaltet sind.

Bananentaschen | Einfach
9 Stück

Pro Stück: E: 7 g, F: 13 g, Kh: 47 g,
kJ: 1427, kcal: 341, BE: 4,0

Für den Quark-Öl-Teig:
> 300 g Weizenmehl
> 1 Pck. Dr. Oetker Backin
> 75 g Zucker
> 1 Pck. Dr. Oetker Vanillin-Zucker
> 1 Prise Salz
> 125 g Magerquark
> 100 ml Milch (3,5 % Fett)
> 100 ml Speiseöl, z. B. Sonnenblumenöl

Für die Füllung:
> 3 Bananen
> 2 EL Aprikosenkonfitüre
> 2 EL Zitronensaft

Zum Bestreichen und Bestreuen:
> 1 Ei
> 1 EL gehobelte Mandeln
> 1–2 TL Hagelzucker

Zubereitungszeit: 20 Minuten, ohne Abkühlzeit
Backzeit: etwa 15 Minuten

1. Den Backofen vorheizen.
Ober-/Unterhitze: etwa 180 °C
Heißluft: etwa 160 °C

2. Für den Teig Mehl mit Backpulver in einer Rührschüssel mischen. Die restlichen Zutaten für den Teig hinzufügen und alles mit einem Mixer (Knethaken) erst kurz auf niedrigster, dann auf höchster Stufe zu einem glatten Teig verarbeiten (nicht zu lange kneten, Teig klebt sonst).

3. Anschließend den Teig auf einer leicht bemehlten Arbeitsfläche zu einer Rolle formen. Den Teig zu einem großen Quadrat (etwa 36 x 36 cm) ausrollen und in 9 Quadrate (etwa 12 x 12 cm) schneiden.

4. Für die Füllung die Bananen schälen und jeweils in 3 gleich große Stücke schneiden. Aprikosenkonfitüre mit Zitronensaft vermischen. Jedes Teigstück mithilfe eines Backpinsels damit bestreichen (Ränder frei lassen), jeweils ein Bananenstück darauflegen und ebenfalls damit bestreichen.

5. Das Ei verschlagen und die Teigränder damit bestreichen. Jeweils 2 gegenüberliegende Ecken über das Bananenstück legen und die Ränder fest drücken.

6. Die Teigtaschen auf ein Backblech (mit Backpapier belegt) legen, mit dem restlichen Ei bestreichen und mit Mandeln und Hagelzucker bestreuen. Das Backblech in den vorgeheizten Backofen schieben. Die Bananentaschen **etwa 15 Minuten backen.**

7. Die Bananentaschen mit dem Backpapier auf einen Kuchenrost ziehen und erkalten lassen.

Tipps: Die Bananentaschen warm mit Vanilleeis oder Vanillesauce servieren. Anstelle der Aprikosenkonfitüre können Sie auch Ananaskonfitüre verwenden.

Becherkuchen „Florentiner Art" I
Beliebt
20 Stücke

Pro Stück: E: 7 g, F: 22 g, Kh: 28 g,
kJ: 1408, kcal: 336, BE: 2,5

Zum Vorbereiten:
1 Becher Schlagsahne (200 g)

Für den Belag:
½ Pck. Butter (125 g)
½ Becher Zucker (100 g)
2 Pck. gehobelte Mandeln (je 200 g)

Für den All-in-Teig:
2 Becher Weizenmehl (Type 405, je 150 g)
3 gestr. TL Dr. Oetker Backin
1 Becher Zucker (200 g)
1 Pck. Dr. Oetker Vanillin-Zucker
1 Röhrchen Dr. Oetker Butter-Vanille-Aroma
4 Eier (Größe M)

Zum Verzieren:
50 g Zartbitter-Schokolade
(etwa 50 % Kakaoanteil)
½ TL Speiseöl, z. B. Sonnenblumenöl

Zubereitungszeit: 35 Minuten, ohne Abkühlzeit
Backzeit: etwa 20 Minuten

1. Zum Vorbereiten Sahne in eine Rührschüssel gießen. Becher auswaschen, abtrocknen und zum Abmessen der Zutaten verwenden.

2. Für den Belag Butter und Zucker in einem kleinen Topf bei mittlerer Hitze schmelzen lassen. Mandeln unterrühren und einmal aufkochen lassen. Die Mandelmasse etwas abkühlen lassen.

3. Den Backofen vorheizen.
Ober-/Unterhitze: etwa 200 °C
Heißluft: etwa 180 °C

4. Für den Teig Mehl mit Backpulver mischen, in die Rührschüssel mit der Sahne geben und mit einem

Schneebesen vorsichtig an der Oberfläche verrühren. Zucker, Vanillin-Zucker, Aroma und Eier dazugeben. Die Zutaten mit dem Schneebesen gut verrühren, bis ein glatter Teig entstanden ist.

5. Den Teig auf ein Backblech (etwa 30 x 40 cm, mit Backpapier belegt) geben und glatt streichen. Die Mandelmasse mit Esslöffel und Gabel vorsichtig auf dem Teig verteilen.

6. Das Backblech in den vorgeheizten Backofen schieben. Den Kuchen **etwa 20 Minuten backen.**

7. Das Backblech auf einen Kuchenrost stellen. Den Kuchen erkalten lassen.

8. Zum Verzieren Schokolade in kleine Stücke brechen, mit dem Speiseöl in einem kleinen Topf im Wasserbad bei schwacher Hitze unter Rühren schmelzen.

9. Die Schokolade in einen kleinen Gefrierbeutel füllen. Den Beutel verschließen und eine kleine Ecke abschneiden. Schokolade auf den Kuchen sprenkeln.

Tipp: Die geschmolzene Schokolade einfach mit einem Teelöffel auf dem Kuchen verteilen.

Beerenmuffins
mit Pumpernickel I
Raffiniert – einfach
12 Stück

Pro Stück: E: 5 g, F: 12 g, Kh: 25 g,
kJ: 950, kcal: 227, BE: 2,0

Für den Teig:

120 g *Pumpernickel*
150 g *Weizenmehl*
3 gestr. TL *Dr. Oetker Backin*
1 Prise *Salz*
120 g *brauner Zucker*
70 ml *Milch (3,5 % Fett)*
100 ml *Speiseöl,*
z. B. *Sonnenblumenöl*
2 *Eier (Größe M)*
150 g *gemischte TK-Beeren*

Für den Belag:

200 g *Frischkäse mit Joghurt*
(13 % Fett)
2–3 TL *Puderzucker*
½ Pck. *Dr. Oetker Finesse*
Orangenschalen-Aroma

Außerdem:

12 *Papierbackförmchen*

Zubereitungszeit: 25 Minuten, ohne Abkühlzeit
Backzeit: etwa 30 Minuten

1. Den Backofen vorheizen.
Ober-/Unterhitze: etwa 180 °C
Heißluft: etwa 160 °C

2. Für den Teig Pumpernickel mit den Händen sehr
fein zerbröseln.

3. Mehl mit Backpulver, Salz und Zucker in einer
Rührschüssel mit einem Schneebesen verrühren.

4. Milch, Speiseöl und Eier in einem Rührbecher mit
dem Schneebesen glatt rühren. Die flüssigen Zutaten
zu der Mehlmischung in die Rührschüssel geben und
zu einem glatten Teig verrühren. Pumpernickelbrösel

und gefrorene Beeren (sehr große Beeren zerkleinern)
mit einem Löffel unterrühren.

5. Den Teig in eine Muffinform (für 12 Muffins, mit
Papierbackförmchen ausgelegt) füllen. Die Form auf
dem Rost in den vorgeheizten Backofen schieben.
Muffins **etwa 30 Minuten backen.**

6. Die Form auf einen Kuchenrost stellen. Die Muffins
etwa 5 Minuten in der Form stehen lassen, dann aus
der Form nehmen und auf dem Kuchenrost erkalten
lassen.

7. Für den Belag Frischkäse mit Puderzucker verrühren. Mit einem Löffel je einen Klecks auf die Muffins
geben und mit Orangenschalen-Aroma bestreuen.
Muffins sofort servieren.

Beeren-Streusel-Kuchen I

Für Gäste
20 Stücke

Pro Stück: E: 4 g, F: 9 g, Kh: 36 g,
kJ: 1038, kcal: 248, BE: 3,0

Für den Hefeteig:

375 g	*Weizenmehl*
1 Pck.	*Hefeteig Garant*
175 ml	*Milch (3,5 % Fett)*
50 g	*Butter oder Margarine (zimmerwarm)*
50 g	*Zucker*
1 Pck.	*Dr. Oetker Vanillin-Zucker*
1 Prise	*Salz*
1	*Ei (Größe M)*
3 EL	*Semmelbrösel*
750 g	*Beeren-Mix, z. B. Brombeeren und Himbeeren (frisch oder TK)*

Für die Streusel:

200 g	*Weizenmehl*
150 g	*Zucker*
1 Pck.	*Dr. Oetker Vanillin-Zucker*
1 gestr. TL	*gem. Zimt*
125 g	*Butter oder Margarine (zimmerwarm)*
2 EL	*kaltes Wasser*

Zubereitungszeit: 30 Minuten, ohne Abkühlzeit
Backzeit: etwa 30 Minuten

1. Für den Teig das Mehl mit Hefeteig Garant in einer Rührschüssel mischen. Übrige Teigzutaten dazugeben und mit einem Mixer (Knethaken) erst auf niedrigster, dann auf höchster Stufe in etwa 2 Minuten zu einem glatten Teig verarbeiten.

2. Den Teig auf einem Backblech (30 x 40 cm, gefettet, bemehlt) ausrollen. Semmelbrösel daraufstreuen.

3. Frische Beeren verlesen, kurz abspülen, gut abtropfen lassen und entstielen. Die Beeren (TK-Früchte unaufgetaut) auf dem Teig verteilen, leicht eindrücken. Kuchen zugedeckt etwa 10 Minuten ruhen lassen.

4. Inzwischen den Backofen vorheizen.
Ober-/Unterhitze: etwa 200 °C
Heißluft: etwa 180 °C

5. Für die Streusel Mehl in eine Rührschüssel geben. Zucker, Vanillin-Zucker, Zimt, Butter oder Margarine und das kalte Wasser hinzufügen. Die Zutaten mit einem Mixer (Rührstäbe) zu Streuseln von gewünschter Größe verarbeiten. Die Streusel auf den Beeren verteilen.

6. Das Backblech in den vorgeheizten Backofen schieben. Den Kuchen **etwa 30 Minuten backen.**

7. Das Backblech auf einen Kuchenrost stellen. Beeren-Streusel-Kuchen erkalten lassen.

Beeren-Tassenkuchen I
Einfach (1 Tasse = etwa 150 ml)
20 Stücke

Pro Stück: E: 4 g, F: 19 g, Kh: 28 g,
kJ: 1280, kcal: 306, BE: 2,5

Für den All-in-Teig:
    2 Tassen *Weizenmehl (je 100 g)*
    3 gestr. TL *Dr. Oetker Backin*
    1 Pck. *Dr. Oetker Pudding-Pulver*
            Vanille-Geschmack
    1 Tasse *Zucker (150 g)*
    4 Eier *(Größe M)*
    1 Tasse *Speiseöl, z. B. Sonnenblumenöl*
            (150 ml)
    7–8 EL *Wasser*

Für den Belag:
    750 g *Beeren, z. B. Himbeeren,*
           Erdbeeren, Johannisbeeren
    1 Becher *Beerenjoghurt (Waldfrucht oder*
             Himbeere, 200–250 g)
    3 Becher *gekühlte Schlagsahne*
             (mind. 30 % Fett, je 200 g)
    1 EL *Zucker*
    2 Pck. *Sahnesteif*

Für den Guss:
    375 ml *roter Saft oder Nektar, z. B.*
            Kirschsaft, Johannisbeernektar
    1 Pck. *Galetta Vanille-Geschmack*
            (Puddingpulver ohne Kochen)

Zubereitungszeit: 25 Minuten, ohne Abkühlzeit
Backzeit: 20–25 Minuten

1. Den Backofen vorheizen.
Ober-/Unterhitze: etwa 180 °C
Heißluft: etwa 160 °C

2. Für den Teig die Zutaten mit einer Tasse (150 ml Inhalt) abmessen. Mehl mit Backpulver und Pudding-Pulver in einer Rührschüssel mischen. Restliche Zutaten dazugeben und mit einem Mixer (Rührstäbe) erst kurz auf niedrigster, dann auf höchster Stufe in etwa 2 Minuten zu einem glatten Teig verrühren. Den Teig auf ein Backblech (30 x 40 cm, gefettet, bemehlt) geben und verstreichen.

3. Das Backblech in den vorgeheizten Backofen schieben. Den Boden **20–25 Minuten backen.**

4. Das Backblech auf einen Kuchenrost stellen und den Gebäckboden darauf erkalten lassen.

5. Für den Belag die Beeren evtl. verlesen, kurz abspülen, gut abtropfen lassen und entstielen. Fruchtjoghurt verrühren und dünn auf dem Gebäckboden verstreichen. Die Beeren gleichmäßig auf dem Kuchen verteilen. Die Sahne mit Zucker und Sahnesteif steif schlagen, auf den Beeren verteilen und verstreichen.

6. Für den Guss den Saft oder Nektar mit dem Puddingpulver nach Packungsanleitung verrühren. Den Guss gleichmäßig auf der Sahnefläche verteilen und mit einer Teigkarte oder einem Löffel verstreichen. Den Kuchen bis zum Servieren in den Kühlschrank stellen.

Beerentörtchen | Klassisch

12 Stück

Pro Stück: E: 3 g, F: 8 g, Kh: 29 g,
kJ: 841, kcal: 201, BE: 2,5

Für den Knetteig:

        200 g *Weizenmehl*
1 gestr. TL *Dr. Oetker Backin*
         75 g *Zucker*
    1 Pck. *Dr. Oetker Vanillin-Zucker*
    1 Prise *Salz*
    1 Pck. *Dr. Oetker Finesse*
           Geriebene Zitronenschale
     2 EL *Wasser*
   100 g *Butter oder Margarine*

Für den Belag:

500–750 g *Beeren, z. B. Erdbeeren,*
           Himbeeren, Heidelbeeren
  1–2 TL *Sahnesteif*

Für den Guss:

    1 Pck. *ungezuckerter Tortenguss, rot*
     40 g *Zucker*
  250 ml *Wasser oder Fruchtsaft*

Zum Bestreuen:

    1 EL *gehackte Pistazienkerne*

Zubereitungszeit: 30 Minuten, ohne Abkühlzeit
Backzeit: 10–15 Minuten

1. Für den Teig Mehl mit Backpulver in einer Rühr-schüssel mischen. Zucker, Vanillin-Zucker, Salz, Zitro-nenschale, Wasser und Butter oder Margarine hinzu-fügen. Die Zutaten mit einem Mixer (Knethaken) zu-nächst kurz auf niedrigster, dann auf höchster Stufe gut durcharbeiten.

2. Anschließend auf einer leicht bemehlten Arbeits-fläche zu einem Teig verkneten. Sollte er kleben, ihn in Folie gewickelt eine Zeit lang in den Kühlschrank legen.

3. Den Backofen vorheizen.
Ober-/Unterhitze: etwa 180 °C
Heißluft: etwa 160 °C

4. Den Teig auf der bemehlten Arbeitsfläche etwa 3 mm dick ausrollen und mit einer runden Ausstech-form Platten (Ø etwa 12 cm) ausstechen. Die Teigplat-ten in Tartelette-Förmchen (Ø 8–10 cm) mit glattem Rand (gut gefettet) legen, dabei den Rand etwas an-drücken. Den Teigboden mehrmals mit einer Gabel einstechen.

5. Die Förmchen auf ein Backblech setzen. Das Back-blech in den vorgeheizten Backofen schieben. Die Tarteletts **10–15 Minuten backen.**

6. Die Törtchen auf einen mit Backpapier belegten Kuchenrost stürzen und erkalten lassen.

7. Für den Belag Beeren evtl. verlesen, kurz abspülen, gut abtropfen lassen und entstielen. Die Törtchen gleichmäßig mit Sahnesteif bestreuen. Die Beeren gleichmäßig auf den Törtchen verteilen.

8. Für den Guss aus Tortengusspulver, Zucker und Wasser oder Fruchtsaft nach Packungsanleitung einen Guss zubereiten und auf den Beeren verteilen. Nach Belieben die Törtchen mit gehackten Pistazienkernen bestreuen. Guss fest werden lassen.

Beerige Knuspertarte I

Mit Alkohol
12 Stücke

Pro Stück: E: 4 g, F: 14 g, Kh: 29 g,
kJ: 1109, kcal: 265, BE: 2,5

Für den Knetteig:

      150 g Weizenmehl
       50 g Kokosraspel
       50 g Zucker
     1 Pck. Dr. Oetker Bourbon-
              Vanille-Zucker
      100 g Butter oder Margarine
       50 ml Sherry oder Wasser

Für den Belag:

      750 g gemischtes Beerenobst,
              z. B. Himbeeren, Brombeeren,
              Johannisbeeren und Heidel-
              beeren
      500 g Sahnepudding
              (aus dem Kühlregal)
     1 Pck. ungezuckerter Tortenguss, klar
      200 ml Wasser
       50 ml Sherry oder Apfelsaft
       30 g Zucker

Zubereitungszeit: 30 Minuten, ohne Abkühlzeit
Backzeit: etwa 20 Minuten

1. Den Backofen vorheizen.
Ober-/Unterhitze: etwa 200 °C
Heißluft: etwa 180 °C

2. Für den Teig Mehl in eine Rührschüssel geben.
Restliche Zutaten hinzufügen und mit einem Mixer
(Knethaken) zunächst kurz auf niedrigster, dann auf
höchster Stufe gut durcharbeiten. Anschließend auf
einer leicht bemehlten Arbeitsfläche kurz zu einem
Teig verkneten.

3. Den Teig auf einer leicht bemehlten Arbeitsfläche
zu einer Platte (Ø etwa 30 cm) ausrollen und eine
Tarteform (Ø 26 cm, gefettet) damit auslegen. Den
Teig am Rand gut andrücken. Den Teigboden mehrmals mit einer Gabel einstechen. Die Form auf dem

Rost in den vorgeheizten Backofen schieben. Den
Tarteboden **etwa 20 Minuten backen.**

4. Die Tarte in der Form auf einen Kuchenrost stellen
und erkalten lassen.

5. Für den Belag Beeren evtl. verlesen, kurz abspülen, gut abtropfen lassen und entstielen. Pudding im
Becher kurz durchrühren und auf dem Boden verstreichen. Die Beeren leicht bergartig darauf verteilen.

6. Aus Tortengusspulver, Wasser, Sherry oder Apfelsaft
und Zucker nach Packungsanleitung einen Guss zubereiten, auf den Früchten verteilen und fest werden
lassen.

Tipps: Die Knuspertarte schmeckt frisch am besten,
der Boden kann allerdings 1–2 Tage vorher gebacken
werden. Anstelle der Kokosraspel schmecken auch
gemahlene Haselnusskerne oder Mandeln. Sie können
den Pudding auch selbst aus 1 Päckchen Pudding-
Pulver Vanille- oder Sahne-Geschmack, 400 g Sahne
und 50 g Zucker nach Packungsanleitung zubereiten.

Birnenmuffins mit Kardamom I
Fruchtig-pikant
12 Stück

Pro Stück: E: 3 g, F: 8 g, Kh: 26 g,
kJ: 782, kcal: 187, BE: 2,0

Für den Teig:

100 g	Weizenmehl
50 g	nicht abgezogene, gem. Mandeln
20 g	gesiebtes Kakaopulver
½ TL	gem. Kardamom
2 gestr. TL	Dr. Oetker Backin
1 Prise	Salz
90 g	Zucker
175 g	Schlagsahne
1	Ei (Größe M)
460 g	abgetropfte Birnenhälften (aus der Dose)

Zum Bestreichen:

70 g Apfel- oder Quittengelee

Außerdem:

12 Papierbackförmchen

Zubereitungszeit: 20 Minuten, ohne Abkühlzeit
Backzeit: etwa 30 Minuten

1. Den Backofen vorheizen.
Ober-/Unterhitze: etwa 180 °C
Heißluft: etwa 160 °C

2. Für den Teig Mehl, Mandeln, Kakao, Kardamom, Backpulver, Salz und Zucker in einer Rührschüssel mit einem Schneebesen verrühren.

3. Schlagsahne und Ei in einem Rührbecher mit dem Schneebesen glatt rühren. Die flüssigen Zutaten zu der Mehl-Kakao-Mischung in die Rührschüssel geben und zu einem glatten Teig verrühren.

4. Sechs Birnenhälften quer in Scheiben schneiden. Restliche Birnenhälften in sehr kleine Würfel schneiden. Birnenwürfel mit einem Löffel unter den Teig heben.

5. Den Teig in eine Muffinform (für 12 Muffins, mit Papierbackförmchen ausgelegt) geben. Die Birnenscheiben darauf verteilen. Die Form auf dem Rost in den vorgeheizten Backofen schieben. Muffins **etwa 30 Minuten backen.**

6. Die Form auf einen Kuchenrost stellen. Muffins etwa 5 Minuten in der Form abkühlen lassen, dann aus der Form heben und auf dem Kuchenrost erkalten lassen.

7. Zum Bestreichen Gelee in einem kleinen Topf unter Rühren aufkochen. Die Muffins damit bestreichen und trocknen lassen.

Tipp: Die Muffins können auch anstelle von Kardamom mit gemahlenem Zimt oder Lebkuchengewürz zubereitet werden.

Biskuitrolle | Beliebt – einfach
16 Stücke

Pro Stück: E: 3 g, F: 2 g, Kh: 27 g,
kJ: 582, kcal: 139, BE: 2,0

Für den Biskuitteig:

　　　　5　Eier (Größe M)
　　　　1　Eigelb (Größe M)
　　　75 g　Zucker
　1 Pck.　Dr. Oetker Vanillin-Zucker
　　　90 g　Weizenmehl
　　½ TL　Dr. Oetker Backin

　etwa 375 g　Konfitüre
　　　　30 g　Puderzucker

Zubereitungszeit: 30 Minuten, ohne Abkühlzeit
Backzeit: etwa 15 Minuten

1. Den Backofen vorheizen.
Ober-/Unterhitze: etwa 200 °C

2. Ein Backblech (30 x 40 cm) fetten, mit Backpapier belegen, dabei das Backpapier an der schrägen Seite des Backbleches so zu einer Falte knicken, dass ein Rand entsteht.

3. Für den Teig Eier und Eigelb in einer Rührschüssel mit einem Mixer (Rührstäbe) auf höchster Stufe in etwa 1 Minute schaumig schlagen. Den Zucker mit Vanillin-Zucker mischen, in etwa 1 Minute unter Rühren einstreuen und die Masse weitere etwa 2 Minuten schlagen. Mehl mit Backpulver mischen und kurz auf niedrigster Stufe unterrühren.

4. Den Teig auf das vorbereitete Backblech geben und verstreichen. Das Backblech in den vorgeheizten Backofen schieben. Die Biskuitplatte **etwa 15 Minuten backen.**

5. Den Biskuit sofort nach dem Backen vom Rand lösen, auf ein mit Zucker bestreutes Backpapier stürzen und mit dem Backpapier erkalten lassen.

6. Die Konfitüre pürieren oder durch ein Sieb streichen. Mitgebackenes Backpapier vorsichtig abziehen. Biskuitplatte gleichmäßig mit Konfitüre bestreichen und von der längeren Seite aus aufrollen. Die Rolle mit Puderzucker bestäuben und servieren.

Blätterteigteilchen **|** Beliebt
10 Stück

Pro Stück: E: 8 g, F: 13 g, Kh: 22 g,
kJ: 997, kcal: 238, BE: 2,0

450 g TK-Blätterteig
(10 quadratische Platten)

Für die Füllung:
1 Ei (Größe M)
250 g Magerquark
50 g Zucker

1 EL Milch (3,5 % Fett)
40 g gehobelte Mandeln

Zubereitungszeit: 20 Minuten,
ohne Auftau- und Abkühlzeit
Backzeit: 15–20 Minuten

1. Blätterteigplatten nebeneinander nach Packungsanleitung auftauen lassen.

2. Den Backofen vorheizen.
Ober-/Unterhitze: etwa 200 °C
Heißluft: etwa 180 °C

3. Für die Füllung Ei verschlagen. Die Hälfte davon
mit Quark und Zucker verrühren. Je 1–2 Teelöffel
der Quarkmasse in die Mitte jedes Teigquadrates
geben. Die Teigränder mit Wasser bestreichen und
so zusammenklappen, dass Dreiecke entstehen. Die
Teigränder mit einer Gabel gut zusammendrücken.
Die Teigdreiecke auf ein Backblech (mit Backpapier
belegt) legen.

4. Restliches verschlagenes Ei mit Milch verrühren.
Die Teigdreiecke damit bestreichen und mit Mandeln
bestreuen.

5. Das Backblech in den vorgeheizten Backofen
schieben. Die Teilchen **15–20 Minuten backen.**

6. Die Blätterteigteilchen mit dem Backpapier vom
Backblech auf einen Kuchenrost ziehen. Blätterteigteilchen erkalten lassen.

Rezeptvariante: **Blätterteigteilchen mit Nussfüllung.** Dafür die Dreiecke mit einer Nussfüllung
anstelle der Quarkfüllung zubereiten. Dazu 200 g
gemahlene Haselnusskerne mit 80 g Zucker, 2 Eiern
(Größe M), 2 Esslöffeln Wasser und 6 Tropfen Bittermandel-Aroma gut verrühren. Die Nussmasse in die
Mitte jedes Teigquadrates geben.

Blaue-Grütze-Torte | Einfach

16 Stücke

Pro Stück: E: 3 g, F: 5 g, Kh: 23 g,
kJ: 644, kcal: 154, BE: 2,0

Für den Biskuitteig:

         3 Eier (Größe M)
   100 g Zucker
   1 Pck. Dr. Oetker Vanillin-Zucker
     80 g Weizenmehl
     25 g Speisestärke
1 gestr. TL Dr. Oetker Backin

   2 geh. EL Heidelbeerkonfitüre

Für den Belag:

   100 g Mascarpone (ital. Frischkäse)
   1 Pck. Dr. Oetker Vanillin-Zucker
   100 g Magerquark
   300 g verlesene Heidelbeeren
   2 Pck. ungezuckerter Tortenguss, klar
   350 ml Apfelsaft
     50 g Zucker

Zum Verzieren:

     50 g Mascarpone (ital. Frischkäse)
     1 TL Zucker
     1 EL Milch (3,5 % Fett)

Zubereitungszeit: 30 Minuten,
ohne Abkühl- und Kühlzeit
Backzeit: etwa 25 Minuten

1. Den Backofen vorheizen.
Ober-/Unterhitze: etwa 180 °C
Heißluft: etwa 160 °C

2. Für den Biskuitteig die Eier mit einem Mixer (Rühr-stäbe) auf höchster Stufe in etwa 1 Minute schaumig schlagen. Zucker mit Vanillin-Zucker mischen, in et-wa 1 Minute einstreuen, dann noch etwa 2 Minuten schlagen.

3. Mehl mit Speisestärke und Backpulver mischen, auf die Eiercreme geben und kurz auf niedrigster Stufe unterrühren.

4. Den Teig in eine Springform (Ø 26 cm, Boden ge-fettet) geben und glatt streichen. Die Form auf dem Rost in den vorgeheizten Backofen schieben. Boden **etwa 25 Minuten backen.**

5. Den Gebäckboden aus der Form lösen, auf einen mit Backpapier belegten Kuchenrost legen und erkal-ten lassen. Dann den Gebäckboden einmal waage-recht durchschneiden. Den unteren Boden auf eine Tortenplatte legen und mit Konfitüre bestreichen. Den oberen Boden darauflegen und leicht andrücken.

6. Für den Belag Mascarpone mit Vanillin-Zucker mit einem Mixer (Rührstäbe) steif schlagen, den Quark esslöffelweise unterrühren. Die Mascarponecreme auf den Gebäckboden geben und kuppelförmig verstrei-chen, dabei einen etwa 1 cm breiten Rand frei lassen. Einen Tortenring oder den gesäuberten Springform-rand darumstellen. Die Torte zugedeckt in den Kühl-schrank stellen.

7. Heidelbeeren abspülen und gut auf Küchenpapier abtropfen lassen. Aus Tortengusspulver, Saft und Zu-cker einen Guss nach Packungsanleitung zubereiten. Die Heidelbeeren vorsichtig unterheben. Die Masse leicht abkühlen lassen, dann auf die Mascarpone-creme geben, glatt streichen. Die Torte zugedeckt mindestens 1 Stunde in den Kühlschrank stellen.

8. Vor dem Servieren den Tortenring oder Springform-rand lösen und entfernen. Zum Verzieren Mascarpone mit Zucker und Milch verrühren. Die Tortenoberfläche mit der Mascarponecreme verzieren.

Blondies mit Johannisbeeren I
Für Schokoliebhaber
20 Stücke

Pro Stück: E: 4 g, F: 14 g, Kh: 27 g,
kJ: 1064, kcal: 254, BE: 2,5

        250 g rote Johannisbeeren
        50 g weiße Schokolade

Für den All-in-Teig:
        200 g Butter
        200 g weiße Schokolade
        300 g Weizenmehl
    3 gestr. TL Dr. Oetker Backin
        150 g Zucker
            3 Eier (Größe M)
        150 g saure Sahne

Zubereitungszeit: 25 Minuten, ohne Abkühlzeit
Backzeit: etwa 20 Minuten

1. Die Johannisbeeren abspülen, gut abtropfen lassen und entstielen. Schokolade in kleine Stücke schneiden und beiseitestellen.

2. Für den Teig die Butter in einem kleinen Topf bei schwacher Hitze zerlassen. Den Topf von der Kochstelle nehmen. Weiße Schokolade in Stücke brechen, unter Rühren in der Butter schmelzen und abkühlen lassen.

3. Den Backofen vorheizen.
Ober-/Unterhitze: etwa 200 °C
Heißluft: etwa 180 °C

4. Das Mehl mit Backpulver in einer Rührschüssel mischen. Zucker, Eier und saure Sahne hinzufügen. Die Butter-Schoko-Masse glatt rühren und ebenfalls hinzugeben. Die Zutaten mit einem Mixer (Rührstäbe) zunächst kurz auf niedrigster, dann auf höchster Stufe in etwa 2 Minuten zu einem glatten Teig verarbeiten.

5. Den Teig auf ein Backblech (30 x 40 cm, gefettet) geben und glatt streichen. Johannisbeeren darauf verteilen. Das Backblech in den vorgeheizten Backofen schieben. Den Kuchen **etwa 20 Minuten backen.**

6. Das Backblech auf einen Kuchenrost stellen. Die beiseitegestellte Schokolade auf den heißen Kuchen streuen. Den Kuchen erkalten lassen.

Bröselkuchen mit Rhabarber I

Fruchtig

12 Stücke

Pro Stück: E: 3 g, F: 11 g, Kh: 28 g,
kJ: 947, kcal: 226, BE: 2,5

Für den Streuselteig:

225 g	*Weizenmehl*
100 g	*Zucker*
1 Pck.	*Dr. Oetker Finesse Geriebene Zitronenschale*
150 g	*Butter oder Margarine (zimmerwarm)*
360 g	*Rhabarberkompott (aus dem Glas)*
1	*Ei (Größe M)*
etwas	*Puderzucker*

Zubereitungszeit: 20 Minuten, ohne Abkühlzeit
Backzeit: etwa 30 Minuten

1. Den Backofen vorheizen.
Ober-/Unterhitze: etwa 180 °C
Heißluft: etwa 160 °C

2. Für den Teig Mehl in eine Rührschüssel geben. Zucker, Zitronenschale und Butter oder Margarine hinzufügen.

3. Die Zutaten mit einem Mixer (Rührstäbe) zunächst kurz auf niedrigster, dann auf höchster Stufe zu Streuseln von gewünschter Größe verarbeiten.

4. Die Hälfte der Streusel in eine Springform (Ø 26 cm, Boden gefettet) geben und zu einem Boden andrücken. Kompott darauf verteilen, dabei am Rand etwa 1 cm frei lassen.

5. Das Ei unter den restlichen Teig rühren, in einen Spritzbeutel mit Sterntülle geben. Zuerst einen Rand, dann Längs- und Querstreifen auf das Kompott spritzen, sodass ein Gitter entsteht.

6. Die Form auf dem Rost in den vorgeheizten Backofen schieben. Kuchen **etwa 30 Minuten backen.**

7. Die Form auf einen Kuchenrost stellen. Den Kuchen etwas abkühlen lassen. Dann aus der Form lösen und auf einem mit Backpapier belegten Kuchenrost erkalten lassen. Zum Schluss den Bröselkuchen mit Puderzucker bestäuben.

Brownies mit Cashewkernen I
Fürs Kuchenbuffet
20 Stücke

Pro Stück: E: 6 g, F: 24 g, Kh: 29 g,
kJ: 1484, kcal: 355, BE: 2,5

Für den Rührteig:
>   250 g Zartbitter-Schokolade
>   50 ml Milch (3,5 % Fett)
>   250 g Cashewkerne
>   (geröstet und gesalzen)
>   250 g Butter oder Margarine
>   (zimmerwarm)
>   200 g brauner Zucker
>   1 Pck. Dr. Oetker Vanillin-Zucker
>   4 Eier (Größe M)
>   200 g Weizenmehl
>   20 g gesiebtes Kakaopulver
> 1 gestr. TL Dr. Oetker Backin

Zum Bestreuen:
>   50 g weiße Schokolade
>   50 g Zartbitter-Schokolade

Zubereitungszeit: 30 Minuten, ohne Abkühlzeit
Backzeit: etwa 30 Minuten

1. Für den Teig 100 g von der Schokolade in Stücke brechen. Milch in einem kleinem Topf kurz aufkochen lassen. Den Topf von der Kochplatte nehmen.

Schokolade unter Rühren in der Milch schmelzen lassen. Restliche Schokolade (150 g) in Stücke brechen und mit den Cashewkernen portionsweise im Zerkleinerer hacken.

2. Den Backofen vorheizen.
Ober-/Unterhitze: etwa 180 °C
Heißluft: etwa 160 °C

3. Die Butter oder Margarine mit einem Mixer (Rührstäbe) auf höchster Stufe geschmeidig rühren. Nach und nach braunen Zucker und Vanillin-Zucker unterrühren. So lange rühren, bis eine gebundene Masse entstanden ist. Eier nach und nach unterrühren (jedes Ei etwa ½ Minute). Geschmolzene Schokolade glatt rühren und unterrühren.

4. Das Mehl mit Kakao und Backpulver mischen, in 2 Portionen auf mittlerer Stufe unterrühren. Gehackte Schokolade und Cashewkerne unterheben.

5. Den Teig in einem tiefen Backblech oder in einer Fettpfanne (30 x 40 cm, gefettet) verteilen. Das Backblech in den vorgeheizten Backofen schieben. Den Kuchen **etwa 30 Minuten backen.**

6. Das Backblech auf einen Kuchenrost stellen. Zum Bestreuen weiße und Zartbitter-Schokolade in dünne Streifen schneiden oder schaben und auf den lauwarmen Kuchen streuen. Den Kuchen auf dem Backblech erkalten lassen.

Brownies mit Nusskaramell I

Für Schoko- und Nussliebhaber
16 Stücke

Pro Stück: E: 6 g, F: 18 g, Kh: 35 g,
kJ: 1376, kcal: 329, BE: 3,0

Für den Nusskaramell:
150 g Cashewkerne
100 g Zucker

Für den Teig:
350 g Zartbitter-Schokolade
100 g Butter
4 Eier (Größe L)
160 g Zucker
1 Prise Salz
1 Prise gem. Zimt
150 g Weizenmehl

Zum Bestäuben:
1 EL Kakaopulver

Zubereitungszeit: 25 Minuten, ohne Abkühlzeit
Backzeit: etwa 25 Minuten

1. Einen Backrahmen auf etwa 25 x 25 cm ausziehen und auf ein Backblech stellen. Zwei Bögen Backpapier in den Rahmen legen, sodass die Ränder und der Boden bedeckt sind.

2. Cashewkerne grob hacken. Zucker gleichmäßig in eine Pfanne streuen. Bei mittlerer Hitze karamellisieren lassen. Die Cashewkerne zugeben und mit dem Karamell vermischen. Auf einem Bogen Backpapier verteilen und abkühlen lassen. Die karamellisierten Cashewkerne grob hacken.

3. Den Backofen vorheizen.
Ober-/Unterhitze: etwa 180 °C
Heißluft: etwa 160 °C

4. Für den Teig die Schokolade grob hacken und mit der Butter in einen Topf geben. Unter gelegentlichem Rühren bei schwacher Hitze schmelzen. Eier, Zucker und Salz in eine Rührschüssel geben und mit einem Mixer (Rührstäbe) schaumig schlagen.

5. Zimt, Mehl, Cashew-Karamell und geschmolzene Schokolade unter die Eiermasse ziehen.

6. Die Masse in den vorbereiteten Backrahmen füllen und glatt streichen. Brownies **etwa 25 Minuten backen.**

7. Die Brownies direkt nach dem Backen auf einen Kuchenrost stellen und abkühlen lassen. Kuchen in Quadrate schneiden und mit Kakaopulver bestäuben.

Tipps: Die Cashewkerne lassen sich austauschen. Es passen auch Pekannüsse, Walnüsse oder ganze abgezogene Mandeln. Achtung! Den Kuchen möglichst nicht länger backen als beschrieben. Er verliert sonst seine Saftigkeit und wird trocken.

Brüsseler Schnitten | Mit Alkohol

20 Stücke

Pro Stück: E: 5 g, F: 26 g, Kh: 26 g,
kJ: 1496, kcal: 357, BE: 2,0

Für den Rührteig:

8	Eiweiß (Größe M)
1 Prise	Salz
300 g	Butter oder Margarine
	(zimmerwarm)
300 g	Puderzucker
1 Pck.	Dr. Oetker Vanillin-Zucker
8	Eigelb (Größe M)
300 g	gem. Haselnusskerne
2 gestr. TL	Dr. Oetker Backin

Für den Guss:

150 g	Puderzucker
2–3 EL	Rotwein
1 Msp.	gem. Zimt
50 g	Schokoladenglasur

Zubereitungszeit: 25 Minuten, ohne Abkühlzeit
Backzeit: etwa 25 Minuten

1. Den Backofen vorheizen.
Ober-/Unterhitze: etwa 180 °C
Heißluft: etwa 160 °C

2. Für den Teig Eiweiß mit Salz so steif schlagen, dass ein Messerschnitt sichtbar bleibt.

3. In einer anderen Rührschüssel Butter oder Margarine mit einem Mixer (Rührstäbe) auf höchster Stufe geschmeidig rühren. Nach und nach Puderzucker und Vanillin-Zucker unterrühren. So lange rühren, bis eine gebundene Masse entstanden ist. Eigelb nach und nach unterrühren.

4. Haselnusskerne mit Backpulver mischen und in 2 Portionen auf mittlerer Stufe unterrühren. Eischnee unterheben.

5. Den Teig auf einem Backblech (30 x 40 cm, gefettet, bemehlt) verteilen und verstreichen. Backblech in den vorgeheizten Backofen schieben und den Kuchen **etwa 25 Minuten backen.**

6. Das Backblech auf einen Kuchenrost stellen und den Kuchen darauf erkalten lassen.

7. Für den Guss Puderzucker nach und nach mit Rotwein und Zimt verrühren, auf dem Kuchen verstreichen und zuletzt mit aufgelöster Schokoladenglasur besprenkeln.

Tipp: Gut verpackt bleibt der Kuchen mehrere Tage frisch.

Buchweizen-Beeren-Muffins ❙
Glutenfrei
12 Stück

Pro Stück: E: 2 g, F: 12 g, Kh: 35 g,
kJ: 1062, kcal: 254, BE: 3,0

300 g	*gemischte TK-Beeren*
150 g	*Buchweizenmehl*
100 g	*Maisstärke*
3 gestr. TL	*Dr. Oetker Backin*
1 Prise	*Salz*
130 g	*brauner Zucker*
½ Pck.	*Dr. Oetker Bourbon-*
	Vanille-Zucker
200 g	*saure Sahne*
1	*Ei (Größe M)*
100 ml	*Speiseöl,*
	z. B. Sonnenblumenöl

Zum Bestreuen:

30 g	*Buchweizenkörner*
30 g	*brauner Zucker*

Zubereitungszeit: 25 Minuten, ohne Abkühlzeit
Backzeit: etwa 30 Minuten

1. Von den gefrorenen Beeren sehr große Beeren aussortieren und diese etwas antauen lassen.

2. Den Backofen vorheizen.
Ober-/Unterhitze: etwa 180 °C
Heißluft: etwa 160 °C

3. Mehl, Maisstärke, Backpulver, Salz, Zucker und Vanille-Zucker in eine Rührschüssel geben, mit einem Schneebesen verrühren.

4. Saure Sahne, Ei und Speiseöl in einem Rührbecher mit dem Schneebesen verrühren. Die flüssigen Zutaten zu der Mehlmischung in die Rührschüssel geben und zu einem glatten Teig verrühren. Den Teig etwa 5 Minuten stehen lassen.

5. In der Zwischenzeit die angetauten großen Beeren grob hacken. Zum Bestreuen Buchweizenkörner und Zucker mischen.

6. Dann die Hälfte des Teiges in eine Muffinform (für 12 Muffins, gefettet, mit Buchweizenmehl bemehlt) geben und mit der Hälfte der Beeren (möglichst mit den gehackten Beeren) belegen. Den restlichen Teig daraufgeben. Restliche gefrorene Beeren darauf verteilen. Körner-Zucker-Mischung daraufstreuen.

7. Die Form auf dem Rost in den vorgeheizten Backofen schieben. Muffins **etwa 30 Minuten backen.**

8. Die Form auf einen Kuchenrost stellen. Muffins etwa 5 Minuten in der Form abkühlen lassen, dann aus der Form lösen und auf dem Kuchenrost erkalten lassen.

Tipp: Falls Sie nur Buchweizenmehl (und keine Maisstärke) verwenden möchten, nehmen Sie 250 g Buchweizenmehl, 150 g saure Sahne (statt 200 g) und geben 5 Esslöffel Buttermilch hinzu.

Butterhörnchen | Für Kinder

10–12 Stück

Pro Stück: E: 4 g, F: 11 g, Kh: 27 g,
kJ: 959, kcal: 229, BE: 2,5

Für den Hefeteig:

       375 g Weizenmehl (Type 550)
     1 Pck. Hefeteig Garant
      ½ TL Salz
        1 EL flüssiger Honig
 etwa 150 ml Wasser
        80 g Butter (zimmerwarm)

Zum Bestreichen:

        50 g Butter (zimmerwarm)
           1 Eigelb
        1 EL Wasser oder Milch

Zubereitungszeit: 20 Minuten, ohne Abkühlzeit
Backzeit: etwa 25 Minuten

1. Für den Teig Mehl mit Hefeteig Garant in einer Rührschüssel vermischen. Salz, Honig, Wasser und Butter dazugeben. Die Zutaten mit einem Mixer (Knethaken) zunächst auf niedrigster, dann auf höchster Stufe in etwa 2 Minuten zu einem glatten Teig verarbeiten.

2. Den Teig auf einer leicht bemehlten Arbeitsfläche kurz durchkneten und zu einer runden Platte (Ø etwa 40 cm) ausrollen. Teigplatte mit einem scharfen Messer in 10–12 gleich große Tortenstücke schneiden.

3. Die Dreiecke mit der zimmerwarmen Butter bestreichen und von der breiten Seite zur Spitze hin nicht zu fest aufrollen. Teigstücke zu Hörnchen formen und auf ein Backblech (mit Backpapier belegt) legen. Hörnchen zugedeckt etwa 5 Minuten ruhen lassen.

4. Inzwischen den Backofen vorheizen.
Ober-/Unterhitze: etwa 180 °C
Heißluft: etwa 160 °C

5. Eigelb mit Wasser oder Milch verschlagen und die Hörnchen damit bestreichen. Das Backblech in den vorgeheizten Backofen schieben. Die Hörnchen **etwa 25 Minuten backen.**

6. Hörnchen vom Backpapier lösen und auf einem Kuchenrost erkalten lassen.

Tipp: Probieren Sie die Hörnchen mit einer feinen Füllung: z. B. 125 g Marzipan-Rohmasse und 50 g Butter verkneten und auf den Teigstückchen verstreichen (dabei jeweils rundherum einen kleinen Rand frei lassen) und mit einrollen.

Butterkuchen | Beliebt – klassisch

20 Stücke

Pro Stück: E: 4 g, F: 10 g, Kh: 22 g,
kJ: 829, kcal: 198, BE: 2,0

Für den Hefeteig:

375 g	Weizenmehl
1 Pck.	Hefeteig Garant
50 g	Zucker
1 Pck.	Dr. Oetker Vanillin-Zucker
1 Prise	Salz
1	Ei (Größe M)
150 ml	Milch (3,5 % Fett)
50 g	Butter (zimmerwarm)

100 g	Butter
75 g	Zucker
1 Pck.	Dr. Oetker Vanillin-Zucker
100 g	gehobelte Mandeln

Zubereitungszeit: 25 Minuten, ohne Abkühlzeit
Backzeit: etwa 20 Minuten

1. Für den Teig Mehl mit Hefeteig Garant in einer Rührschüssel vermischen. Zucker, Vanillin-Zucker, Salz, Ei und Milch und Butter hinzufügen.

2. Die Zutaten mit einem Mixer (Knethaken) erst auf niedrigster, dann auf höchster Stufe in etwa 2 Minuten zu einem glatten Teig verarbeiten.

3. Den Teig leicht mit Mehl bestäuben und auf der leicht bemehlten Arbeitsfläche nochmals kurz durchkneten. Den Teig auf einem Backblech (30 x 40 cm, gefettet) ausrollen.

4. Den Backofen vorheizen.
Ober-/Unterhitze: etwa 200 °C
Heißluft: etwa 180 °C

5. In den Teig mit bemehlten Fingern oder einem Kochlöffelstiel Vertiefungen drücken. Butter in kleinen Stücken in die Vertiefungen geben.

6. Zucker und Vanillin-Zucker mischen. Nacheinander das Zuckergemisch und die Mandeln auf den Teig streuen. Das Ganze zugedeckt noch 5–10 Minuten ruhen lassen.

7. Das Backblech in den vorgeheizten Backofen schieben. Den Kuchen **etwa 20 Minuten backen.**

8. Das Backblech auf einen Kuchenrost stellen. Den Kuchen erkalten lassen.

Buttermilchbiskuits I

Zum Frühstück

16 Stück

Pro Stück: E: 2 g, F: 8 g, Kh: 20 g,
kJ: 685, kcal: 163, BE: 1,5

Für den Teig:

300 g	Weizenmehl
2 gestr. TL	Dr. Oetker Backin
50 g	feiner Zucker
¼ TL	Salz
125 g	Butterschmalz (zimmerwarm)
175 ml	Buttermilch
60 g	Sultaninen

Zubereitungszeit: 20 Minuten
Backzeit: 10–12 Minuten

1. Den Backofen vorheizen.
Ober-/Unterhitze: etwa 220 °C
Heißluft: etwa 200 °C

2. Für den Teig Mehl mit Backpulver in einer Rührschüssel mischen. Zucker und Salz untermischen. Schmalz hinzufügen und mit einem Mixer (Knethaken) verrühren.

3. Buttermilch nach und nach hinzufügen, mit einem Mixer (Knethaken) kurz zu einem glatten Teig verkneten. Sultaninen unterkneten.

4. Teig auf einer leicht bemehlten Arbeitsfläche etwa 1 ½ cm dick ausrollen. Mit einer runden Ausstechform (Ø etwa 5 ½ cm) etwa 16 Kreise ausstechen und auf ein Backblech (mit Backpapier belegt) legen.

5. Backblech in den vorgeheizten Backofen schieben. Biskuits **10–12 Minuten backen.**

6. Die Biskuits mit dem Backpapier vom Backblech auf ein Kuchenrost ziehen. Etwas abkühlen lassen.

Tipp: Die Buttermilchbiskuits schmecken lauwarm besonders gut, mit Frischkäse oder Butter und Konfitüre serviert.

Buttermilchbrötchen I

Gut vorzubereiten – zum Frühstück
12 Stück

Pro Stück: E: 7 g, F: 8 g, Kh: 38 g,
kJ: 1054, kcal: 252, BE: 3,0

600 g	Weizenmehl
1 Pck.	Dr. Oetker Backin
1 gestr. TL	Salz
2 TL	Zucker
80 g	Butter (zimmerwarm)
2	Eier (Größe M)
300 ml	Buttermilch
1	Eigelb

Zubereitungszeit: 10 Minuten, ohne Abkühlzeit
Backzeit: etwa 30 Minuten

1. Den Backofen vorheizen.
Ober-/Unterhitze: etwa 200 °C
Heißluft: etwa 180 °C

2. Für den Teig Mehl mit Backpulver, Salz und Zucker in einer Rührschüssel vermischen. Butter, Eier und 250 ml Buttermilch hinzugeben. Zutaten mit einem Mixer (Knethaken) zu einem glatten Teig verarbeiten.

3. Den Teig aus der Schüssel nehmen, auf einer leicht bemehlten Arbeitsfläche zu einer 8–10 cm dicken Rolle formen und in 12 gleich große Stücke teilen.

4. Die Teigstücke mit der Schnittfläche nach oben mit Abstand auf ein Backblech (mit Backpapier belegt) legen.

5. Restliche Buttermilch mit Eigelb verschlagen. Die Teigstücke damit bestreichen.

6. Backblech in den vorgeheizten Backofen schieben. Die Buttermilchbrötchen **etwa 30 Minuten backen.**

7. Die Brötchen mit dem Backpapier vom Backblech auf einen Kuchenrost ziehen. Die Brötchen erkalten lassen.

Tipps: Die Brötchen sind gar, wenn man an ihrer Unterseite klopft und sie sich hohl anhören. Die Buttermilchbrötchen lassen sich gut auf Vorrat backen und einfrieren.

Buttermilchkuchen | Einfach

20 Stücke

Pro Stück: E: 4 g, F: 14 g, Kh: 35 g,
kJ: 1177, kcal: 281, BE: 3,0

Für den All-in-Teig:

      300 g Weizenmehl
      1 Pck. Dr. Oetker Backin
      300 g Zucker
      1 Pck. Dr. Oetker Vanillin-Zucker
      3 Eier (Größe M)
      300 ml Buttermilch

Für den Belag:

      150 g Butter
      150 g Zucker
      200 g gehobelte Mandeln oder
               gehobelte Haselnusskerne
               oder Kokosraspel

Zubereitungszeit: 20 Minuten, ohne Abkühlzeit
Backzeit: etwa 25 Minuten

1. Den Backofen vorheizen.
Ober-/Unterhitze: etwa 180 °C
Heißluft: etwa 160 °C

2. Für den Teig Mehl mit Backpulver in einer Rühr-schüssel mischen. Die übrigen Teigzutaten hinzufügen und alles mit einem Mixer (Rührstäbe) zuerst kurz auf niedrigster, dann auf höchster Stufe in etwa 2 Minuten zu einem glatten Teig verarbeiten.

3. Den Teig auf ein Backblech (30 x 40 cm, gefettet) geben und glatt streichen. Das Backblech in den vor-geheizten Backofen schieben und den Kuchen **etwa 10 Minuten vorbacken.**

4. Für den Belag Butter mit Zucker in einem Topf zer-lassen. Mandeln oder Haselnusskerne oder Kokosras-pel unterrühren. Die Masse auf den vorgebackenen Boden geben und verteilen. Das Backblech bei glei-cher Backofeneinstellung wieder in den heißen Back-ofen schieben und den Kuchen **weitere etwa 15 Mi-nuten backen.** Kuchen auf dem Backblech auf einem Kuchenrost erkalten lassen.

Buttermilch-Streusel-Muffins |
Beliebt
12 Stück

Pro Stück: E: 5 g, F: 12 g, Kh: 31 g,
kJ: 1066, kcal: 255, BE: 2,5

Für die Streusel:
>   100 g Löffelbiskuits
>   1 gestr. EL Kakaopulver
>   2 gestr. EL brauner Zucker
>   50 g Butterschmalz (zimmerwarm)

Für den All-in-Teig:
>   100 g Weizenmehl
>   2 gestr. TL Dr. Oetker Backin
>   120 g Zucker
>   1 Pck. Dr. Oetker Vanillin-Zucker
>   100 g Hartweizengrieß
>   2 Eier (Größe M)
>   70 g Butterschmalz (zimmerwarm)
>   200 ml Buttermilch

Zubereitungszeit: 15 Minuten, ohne Abkühlzeit
Backzeit: 25–30 Minuten

1. Für die Streusel Löffelbiskuits in einen Gefrierbeutel geben, Beutel verschließen. Löffelbiskuits mit einer Teigrolle fein zerbröseln und in eine Rührschüssel geben. Kakao, Zucker und Butterschmalz hinzufügen. Die Zutaten mit einem Mixer (Rührstäbe) zu Streuseln verarbeiten.

2. Dann die Hälfte der Streusel in eine Muffinform (für 12 Muffins, gefettet) geben und vorsichtig festdrücken. Restliche Streusel bis zur Weiterverarbeitung in den Kühlschrank stellen.

3. Den Backofen vorheizen.
Ober-/Unterhitze: etwa 180 °C
Heißluft: etwa 160 °C

4. Für den Teig Mehl mit Backpulver in einer Rührschüssel mischen. Zucker, Vanillin-Zucker, Grieß und Eier hinzugeben die Zutaten mit einem Mixer (Rührstäbe) erst kurz auf niedrigster, dann auf höchster Stufe zu einem Teig verarbeiten. Buttermilch nach und nach hinzugeben und alles in etwa 2 Minuten zu einem glatten Teig verarbeiten.

5. Den Teig auf den Streuseln in der Muffinform verteilen. Restliche Streusel darauf verteilen.

6. Die Form auf dem Rost in den vorgeheizten Backofen schieben. Die Muffins **25–30 Minuten backen.**

7. Die Muffins etwa 10 Minuten in der Form stehen lassen. Muffins aus der Form lösen und auf einem Kuchenrost erkalten lassen.

Buttermuffins | Einfach
12 Stück

Pro Stück: E: 4 g, F: 17 g, Kh: 23 g,
kJ: 1107, kcal: 265, BE: 2,0

Für den Rührteig:

        3 Eiweiß (Größe M)
     125 g Butter (zimmerwarm)
     100 g brauner Zucker
   1 Pck. Dr. Oetker Vanillin-Zucker
        3 Eigelb (Größe M)
     200 g Weizenmehl
 1 gestr. TL Dr. Oetker Backin
     125 g Schlagsahne

Für den Belag:

     25 g gehobelte Mandeln
  etwa 25 g Butter

Außerdem:

    etwas Puderzucker
       12 Papierbackförmchen

Zubereitungszeit: 25 Minuten, ohne Abkühlzeit
Backzeit: etwa 25 Minuten

1. Den Backofen vorheizen.
Ober-/Unterhitze: etwa 180 °C
Heißluft: etwa 160 °C

2. Für den Teig das Eiweiß steif schlagen. Butter in einer Rührschüssel mit einem Mixer (Rührstäbe) auf höchster Stufe geschmeidig rühren. Nach und nach Zucker und Vanillin-Zucker unter Rühren hinzufügen, bis eine gebundene Masse entstanden ist. Eigelb nach und nach auf höchster Stufe unterrühren.

3. Mehl mit Backpulver mischen und abwechselnd mit der Sahne in 2 Portionen kurz auf mittlerer Stufe unterrühren. Den Eischnee mit einem Teigschaber oder Rührlöffel unterheben.

4. Den Teig in eine Muffinform (für 12 Muffins, mit Papierbackförmchen ausgelegt) füllen.

5. Für den Belag Mandeln auf den Teig streuen und Butter in Flöckchen darauf verteilen. Die Form auf dem Rost in den vorgeheizten Backofen schieben. Die Muffins **etwa 25 Minuten backen.**

6. Die Muffins in der Form auf einem Kuchenrost etwas abkühlen lassen, dann aus der Form lösen und auf einem Kuchenrost erkalten lassen.

7. Die Muffins vor dem Servieren mit Puderzucker bestäuben.

Abwandlung: Verfeinern Sie die Muffins, indem Sie 100 g gehackte Zartbitter-Schokolade oder 60 g gehackte Cranberrys unter den Teig heben.

Café-au-lait-Torte I

Gut vorzubereiten
12 Stücke

Pro Stück: E: 5 g, F: 21 g, Kh: 24 g,
kJ: 1315, kcal: 314, BE: 2,0

Für den Biskuitteig:
> 2 Eier (Größe M)
> 75 g Zucker
> 1 Prise Salz
> 75 g Weizenmehl
> ½ gestr. TL gem. Zimt
> 1 gestr. TL Dr. Oetker Backin

Für die Creme:
> 750 g Schlagsahne
> 1 Pck. Gelatine Fix
> (2 Beutel, je 15 g)
> 50 g Puderzucker
> 2–3 TL Instant-Espresso-Pulver
> 1 TL Puderzucker
> 1–2 TL heißes Wasser

Zum Garnieren:
> 75 g Amarettini
> (ital. Mandelmakronen)
> 2 EL Zartbitter-Raspelschokolade

Zubereitungszeit: 30 Minuten,
ohne Abkühl- und Kühlzeit
Backzeit: 20–25 Minuten

1. Den Backofen vorheizen.
Ober-/Unterhitze: etwa 180 °C
Heißluft: etwa 160 °C

2. Für den Teig die Eier mit einem Mixer (Rührstäbe) auf höchster Stufe in etwa 1 Minute schaumig schlagen. Zucker und Salz in etwa 1 Minute unter Rühren einstreuen, dann noch etwa 2 Minuten weiterschlagen. Mehl mit Zimt und Backpulver mischen, auf die Eiercreme geben und kurz auf niedrigster Stufe unterrühren.

3. Den Teig in eine Springform (Ø 26 cm, Boden gefettet, mit Backpapier belegt) geben und verstreichen.

Die Form auf dem Rost im unteren Drittel in den vorgeheizten Backofen schieben. Den Boden **20–25 Minuten backen.**

4. Boden aus der Form lösen, auf einen mit Backpapier belegten Kuchenrost stürzen und erkalten lassen. Das Backpapier abziehen und den Boden auf eine Kuchenplatte legen. Den gesäuberten Springformrand oder einen Tortenring darumstellen.

5. Für die Creme Sahne in eine Schüssel geben und mit einem Mixer (Rührstäbe) steif schlagen. Dabei Gelatine Fix (2 Beutel) unter ständigem Schlagen einrieseln lassen. Zuletzt kurz 50 g Puderzucker unterschlagen. Die Hälfte der Creme auf dem Biskuitboden verstreichen.

6. Espresso-Pulver mit 1 Teelöffel Puderzucker mischen und mit heißem Wasser anrühren. Mischung unter die restliche Sahne ziehen. Creme auf der hellen Sahne verstreichen. Torte etwa 3 Stunden in den Kühlschrank stellen.

7. Kurz vor dem Servieren Amarettini in einen Gefrierbeutel geben, ihn verschließen und die Amarettini mit einer Teigrolle grob zerbröckeln. Amarettinibrösel über die Torte streuen. Die Torte mit Raspelschokolade garnieren. Springformrand oder Tortenring lösen.

Tipps: Der Boden ist gefriergeeignet. Wer es etwas fruchtig mag, bestreicht den Biskuitboden zuerst mit 2–3 Esslöffeln Kirschkonfitüre oder belegt ihn mit 350 g abgetropften Kirschen (aus dem Glas).

Cappuccino-Tupfen-Torte I

Für Gäste

12 Stücke

Pro Stück: E: 4 g, F: 22 g, Kh: 28 g,
kJ: 1374, kcal: 328, BE: 2,5

Für den All-in-Teig:

100 g	Weizenmehl
25 g	Speisestärke
3 gestr. TL	Dr. Oetker Backin
125 g	Zucker
1 Pck.	Dr. Oetker Vanillin-Zucker
1 Prise	Salz
125 g	Butter oder Margarine (zimmerwarm)
3	Eier (Größe M)
1 Pck.	Dr. Oetker Finesse Orangenschalen-Aroma

Für den Belag:

400 g	gekühlte Schlagsahne (mind. 30 % Fett)
2 Pck.	Sahnesteif
2 Pck.	Dr. Oetker Vanillin-Zucker
20 g	Instant-Cappuccino-Pulver
175 g	abgetropfte Mandarinen (aus der Dose)

Zum Garnieren und Bestäuben:

30 g	Zartbitter-Schokolade
etwas	Kakaopulver

Zubereitungszeit: 30 Minuten,
ohne Abkühl- und Kühlzeit
Backzeit: etwa 30 Minuten

1. Den Backofen vorheizen.
Ober-/Unterhitze: etwa 170 °C
Heißluft: etwa 150 °C

2. Für den Teig das Weizenmehl mit Speisestärke und Backpulver in einer Rührschüssel mischen. Die restlichen Zutaten hinzufügen und alles mit einem Mixer (Rührstäbe) zunächst kurz auf niedrigster, dann auf höchster Stufe in etwa 2 Minuten zu einem glatten Teig verarbeiten.

3. Den Teig in eine Springform (Ø 26 cm, Boden gefettet, mit Backpapier belegt) füllen und glatt streichen. Die Form auf dem Rost in den vorgeheizten Backofen schieben. Den Boden **etwa 30 Minuten backen.**

4. Den Boden aus der Form lösen, auf einen mit Backpapier belegten Kuchenrost stürzen und erkalten lassen. Anschließend das mitgebackene Backpapier abziehen.

5. Für den Belag die Sahne zunächst etwa 1 Minute schlagen. Sahnesteif mit Vanillin-Zucker und Cappuccino-Pulver mischen, dazugeben und die Sahne steif schlagen.

6. Die Cappuccino-Sahne in einen Spritzbeutel mit einer großen Lochtülle füllen und Tupfen kreisförmig dicht auf den Boden spritzen. Die Mandarinen darauf verteilen und die Torte etwa 30 Minuten in den Kühlschrank stellen.

7. Inzwischen die Schokolade in Stücke brechen und in einem kleinen Topf im Wasserbad unter Rühren schmelzen. Die Schokolade in einen kleinen Gefrierbeutel füllen und eine kleine Ecke abschneiden. Die Torte mit der Schokolade verzieren (oder die Schokolade mit einem Teelöffel auf die Torte sprenkeln).

8. Die Torte kurz vor dem Servieren mit Kakaopulver bestäuben.

Tipp: Den Boden nach Belieben mit etwas in heißem Wasser angerührtem Cappuccino-Pulver tränken.

Cheesecake | Beliebt

20 Stücke

Pro Stück: E: 9 g, F: 19 g, Kh: 25 g,
kJ: 1288, kcal: 308, BE: 2,0

Für den Teig:

        350 g Butterkekse
        100 g Zartbitter-Schokolade
        150 g Butter

Für den Belag:

        500 g Doppelrahm-Frischkäse
        500 g Magerquark
        150 g Zucker
        1 Pck. Dr. Oetker Vanillin-Zucker
        ½ Pck. Dr. Oetker Finesse
                Geriebene Zitronenschale
        1 Pck. Dr. Oetker Pudding-Pulver
                Sahne-Geschmack
        4 Eier (Größe M)

Zubereitungszeit: 20 Minuten, ohne Abkühlzeit
Backzeit: etwa 35 Minuten

1. Für den Teig Butterkekse in einen Gefrierbeutel geben. Den Beutel fest verschließen. Butterkekse mit einer Teigrolle fein zerbröseln und in eine Rührschüssel geben. Schokolade in Stücke brechen, mit der Butter in einem kleinen Topf bei schwacher Hitze unter Rühren schmelzen. Die Schokoladenbutter zu den Keksbröseln geben und gut verrühren.

2. Den Backofen vorheizen.
Ober-/Unterhitze: etwa 200 °C
Heißluft: etwa 180 °C

3. Einen Backrahmen auf ein Backblech (30 x 40 cm, leicht gefettet, mit Backpapier belegt) stellen. Die Bröselmasse gleichmäßig auf das Backblech geben und mit einem Esslöffel zu einem flachen Boden andrücken.

4. Für den Belag den Frischkäse mit Quark, Zucker, Vanillin-Zucker, Zitronenschale, Pudding-Pulver und Eiern mit einem Mixer (Rührstäbe) gut verschlagen.

5. Die Frischkäsemasse auf dem Bröselboden verteilen und glatt streichen.

6. Das Backblech in den vorgeheizten Backofen schieben. Kuchen **etwa 35 Minuten backen.**

7. Das Backblech auf einen Kuchenrost stellen. Den Kuchen erkalten lassen. Den Backrahmen lösen und entfernen.

Tipp: Nach Belieben den Kuchen mit etwas geschmolzener Schokolade oder roter Konfitüre, z. B. Kirsch oder Erdbeere, verzieren.

Cheesy-Schoko-Muffins

Für Kinder
12 Stück

Pro Stück: E: 5 g, F: 14 g, Kh: 30 g,
kJ: 1114, kcal: 266, BE: 2,5

Zum Vorbereiten für den Teig:
    100 g *Blockschokolade*
     50 g *Butter*

Für die Käsecreme:
    200 g *Doppelrahm-Frischkäse*
    1 TL *Dr. Oetker Finesse*
           Orangenschalen-Aroma
     60 g *Zucker*
      1 *Ei (Größe M)*

Für den Teig:
      2 *Eier (Größe M)*
    140 g *Zucker*
    1 Pck. *Dr. Oetker Vanillin-Zucker*
    120 g *Weizenmehl*
  1 gestr. TL *Dr. Oetker Backin*
    1 Prise *Salz*

Außerdem:
    12 *Papierbackförmchen*

Zubereitungszeit: 25 Minuten, ohne Abkühlzeit
Backzeit: etwa 25 Minuten

1. Zum Vorbereiten für den Teig die Blockschokolade hacken. Zwei Drittel davon mit der Butter in einem Topf im Wasserbad bei schwacher Hitze unter Rühren schmelzen. Den Topf aus dem Wasserbad nehmen und die restliche Blockschokolade darin unter Rühren schmelzen. Die Schokoladen-Butter-Masse etwas abkühlen lassen.

2. In der Zwischenzeit den Backofen vorheizen.
Ober-/Unterhitze: etwa 180 °C
Heißluft: etwa 160 °C

3. Für die Käsecreme Frischkäse, Orangenschalen-Aroma, Zucker und Ei mit einem Mixer (Rührstäbe) verrühren.

4. Für den Teig Eier, Zucker und Vanillin-Zucker in eine Rührschüssel geben und mit einem Mixer (Rührstäbe) auf höchster Stufe geschmeidig rühren. Die Schokoladen-Butter-Masse unterrühren. Mehl, Backpulver und Salz mischen. Das Mehlgemisch kurz auf mittlerer Stufe unterrühren.

5. Etwa die Hälfte des Teiges in eine Muffinform (für 12 Muffins, mit Papierbackförmchen ausgelegt) verteilen. Käsecreme und restlichen Teig abwechselnd mit einem Teelöffel darauf verteilen.

6. Die Form auf dem Rost in den vorgeheizten Backofen schieben. Muffins **etwa 25 Minuten backen.**

7. Form auf einen Kuchenrost stellen. Nach etwa 10 Minuten die Muffins aus der Form lösen und auf dem Kuchenrost erkalten lassen.

Cranberry-Kuchen | Einfach
16 Stücke

Pro Stück: E: 3 g, F: 15 g, Kh: 32 g,
kJ: 1161, kcal: 277, BE: 2,5

Für den All-in-Teig:

175 g Weizenmehl
2 gestr. TL Dr. Oetker Backin
175 g Butter oder Margarine
(zimmerwarm)
150 g Zucker
1 Pck. Dr. Oetker Vanillin-Zucker
1 Prise Salz
1 Pck. Dr. Oetker Finesse
Geriebene Zitronenschale
3 EL Milch (3,5 % Fett)
3 Eier (Größe M)
100 g Zartbitter-Raspelschokolade
100 g getrocknete Cranberrys

Für den Guss:

125 g helle Kuchenglasur
25 g getrocknete Cranberrys

Zubereitungszeit: 20 Minuten, ohne Abkühlzeit
Backzeit: etwa 35 Minuten

1. Den Backofen vorheizen.
Ober-/Unterhitze: etwa 180 °C
Heißluft: etwa 160 °C

2. Für den Teig Mehl mit Backpulver in einer Rühr-schüssel mischen. Butter oder Margarine, Zucker, Vanillin-Zucker, Salz, Zitronenschale, Milch und Eier hinzufügen, mit einem Mixer (Rührstäbe) zunächst kurz auf niedrigster, dann auf höchster Stufe in etwa 2 Minuten zu einem glatten Teig verarbeiten. Raspel-schokolade und Cranberrys kurz unterrühren.

3. Den Teig in eine Springform (Ø 26 cm, mit Back-papier belegt) geben und glatt streichen. Die Form auf dem Rost in den vorgeheizten Backofen schieben. Den Kuchen **etwa 35 Minuten backen.**

4. Die Form auf einen Kuchenrost stellen. Den Kuchen etwas abkühlen lassen, danach aus der Form lösen.

Den Kuchen auf einem mit Backpapier belegten Ku-chenrost erkalten lassen. Mitgebackenes Backpapier vorsichtig abziehen.

5. Für den Guss die Kuchenglasur nach Packungs-anleitung schmelzen. Den Guss gleichmäßig auf dem Kuchen verstreichen und in „Nasen" am Rand herun-terlaufen lassen. Die Cranberrys auf den noch feuch-ten Guss streuen. Guss fest werden lassen.

Rezeptvariante: Für einen **Cranberry-Kuchen vom Blech** (Foto siehe Seite 5) 1–2 Esslöffel Apfelsaft erwärmen und mit 125 g Soft-Cranberrys verrühren. Den Backofen auf Ober-/Unterhitze: etwa 200 °C oder Heißluft: etwa 180 °C vorheizen. Für den Teig 200 g Schlagsahne mit 300 g Weizenmehl, 3 gestrichenen Teelöffeln Backpulver, 200 g Zucker und 4 Eiern (Größe M) mit einem Mixer (Rührstäbe) zuerst kurz auf niedrigster, dann auf höchster Stufe in etwa 2 Minuten verrühren. Den Teig auf einem Backblech (30 x 40 cm, gefettet, mit Backpapier belegt) verstreichen. Cran-berrys darauf verteilen. 100 g Zartbitter-Raspelscho-kolade mit 100 g gehackten Mandeln und 3 Esslöffeln braunen Zucker mischen und ebenfalls auf den Teig streuen. Das Backblech in den vorgeheizten Backofen schieben. Den Kuchen etwa 20 Minuten backen.

Crème-fraîche-Becherkuchen I

Einfach

20 Stücke

Pro Stück: E: 5 g, F: 17 g, Kh: 29 g,
kJ: 1197, kcal: 287, BE: 2,5

Für den Belag:

1 Becher	Crème fraîche (150 g)
½ Pck.	Butter (125 g)
1 Becher	Zucker (150 g)
1 Pck.	Dr. Oetker Vanillin-Zucker

Für den Teig:

3 Becher	Weizenmehl (je 100 g)
1 Pck.	Dr. Oetker Backin
1 Becher	Zucker (150 g)
1 Pck.	Dr. Oetker Finesse Geriebene Zitronenschale
3 Eier	(Größe M)
2 Becher	Crème fraîche (je 150 g)

Zum Bestreuen:

100 g gehobelte Mandeln

Zum Besprenkeln:

50 g	Zartbitter-Kuvertüre
1 TL	Speiseöl, z. B. Sonnenblumenöl

Zubereitungszeit: 25 Minuten, ohne Abkühlzeit
Backzeit: etwa 25 Minuten

1. Für den Belag Crème fraîche in einen kleinen Topf geben, Becher auswaschen und trocknen. Butter, Zucker und Vanillin-Zucker hinzufügen und langsam erwärmen. Den Topf von der Kochstelle nehmen.

2. Den Backofen vorheizen.
Ober-/Unterhitze: etwa 200 °C
Heißluft: etwa 180 °C

3. Für den Teig Mehl mit Backpulver in einer Rührschüssel mischen. Restliche Zutaten hinzufügen und mit einem Mixer (Rührstäbe) zunächst kurz auf niedrigster, dann auf höchster Stufe in etwa 2 Minuten zu einem glatten Teig verarbeiten.

4. Den Teig in eine Fettfangschale (30 x 40 cm, gefettet) geben und glatt streichen. Die Fettfangschale in den Backofen schieben. Den Kuchen **etwa 10 Minuten vorbacken.**

5. Dann den Belag gleichmäßig auf dem Teig verteilen. Mandeln daraufstreuen. Die Fettfangschale bei gleicher Backofeneinstellung wieder in den heißen Backofen schieben und den Kuchen **weitere etwa 15 Minuten backen.**

6. Die Fettfangschale auf einen Kuchenrost stellen und den Kuchen erkalten lassen.

7. Zum Besprenkeln die Kuvertüre in kleine Stücke schneiden, mit dem Öl in einem kleinen Topf im Wasserbad bei schwacher Hitze unter Rühren schmelzen. Den erkalteten Kuchen damit besprenkeln und fest werden lassen.

Crumble-Cookies I
Knuspergenuss
12 Stück

Pro Stück: E: 3 g, F: 12 g, Kh: 23 g,
kJ: 881, kcal: 210, BE: 2,0

150 g Weizenmehl
½ TL Dr. Oetker Backin
125 g kalte Butter
100 g brauner Zucker
50 g weißer Zucker
1 Pck. Dr. Oetker Vanillin-Zucker
1 Prise Salz
1 Eigelb (Größe M)
50 g gehackte Walnüsse
50 g kernige Haferflocken
1 TL gem. Kardamom

Zubereitungszeit: 25 Minuten, ohne Abkühlzeit
Backzeit: etwa 20 Minuten

1. Den Backofen vorheizen.
Ober-/Unterhitze: etwa 180 °C
Heißluft: etwa 160 °C

2. Mehl und Backpulver in einer Rührschüssel vermischen. Die kalte Butter in kleine Stücke schneiden und dazugeben. Braunen Zucker, weißen Zucker, Vanillin-Zucker, Salz, Eigelb, Walnüsse, Haferflocken und Kardamom zufügen und mit einem Mixer (Knethaken) grob streuselig kneten.

3. Einen Ausstechring (Ø 7 cm) auf ein Backblech (mit Backpapier belegt) legen. 1–2 gehäufte Esslöffel Streuselteig hineingeben und etwas festdrücken. Den Ausstechring abheben und so das Blech mit Streuseltalern füllen. Backblech in den vorgeheizten Backofen schieben. Die Kekse **etwa 20 Minuten backen.**

4. Die gebackenen Kekse mit dem Backpapier auf Kuchenroste ziehen. Erst nach dem Erkalten vom Backpapier lösen.

Dattelkuchen mit Frischkäse I

Für Gäste
20 Stücke

Pro Stück: E: 8 g, F: 23 g, Kh: 27 g,
kJ: 1424, kcal: 340, BE: 2,0

Für den All-in-Teig:

100 g	*getrocknete, entsteinte Datteln*
150 g	*Zartbitter-Schokolade*
300 g	*Weizenmehl*
3 gestr. TL	*Dr. Oetker Backin*
2–3 TL	*Instant-Espresso-Pulver*
100 g	*brauner Zucker*
1 Pck.	*Dr. Oetker Bourbon-Vanille-Zucker*
1 Prise	*Salz*
4	*Eier (Größe M)*
175 ml	*Speiseöl, z. B. Rapsöl*
150 g	*Joghurt*

Für den Belag:

600 g	*Doppelrahm-Frischkäse*
150 g	*Joghurt*
30 g	*Puderzucker*
1 Pck.	*Sahnesteif*

Zum Bestäuben:

	etwas Kakaopulver

Zubereitungszeit: 30 Minuten,
ohne Abkühl- und Kühlzeit
Backzeit: etwa 20 Minuten

1. Den Backofen vorheizen.
Ober-/Unterhitze: etwa 200 °C
Heißluft: etwa 180 °C

2. Für den Teig die Datteln in kleine Stücke hacken. Schokolade in Stücke brechen und im Zerkleinerer grob hacken.

3. Das Mehl mit Backpulver in einer Rührschüssel mischen. Datteln, Schokolade, Espresso-Pulver, Zucker, Vanille-Zucker, Salz, Eier, Speiseöl und Joghurt hinzufügen. Die Zutaten mit einem Mixer (Rührstäbe) zunächst kurz auf niedrigster, dann auf höchster Stufe in etwa 2 Minuten zu einem glatten Teig verarbeiten.

4. Den Teig auf einem Backblech (30 x 40 cm, gefettet) verteilen und glatt streichen. Das Backblech in den vorgeheizten Backofen schieben. Den Kuchen **etwa 20 Minuten backen.**

5. Das Backblech auf einen Kuchenrost stellen. Den Kuchen erkalten lassen.

6. Für den Belag Frischkäse mit Joghurt aufschlagen. Puderzucker mit Sahnesteif mischen und unterrühren. Die Frischkäsemasse wellenartig auf den Kuchen streichen. Den Kuchen etwa 30 Minuten in den Kühlschrank stellen.

7. Dattelkuchen mit Frischkäse vor dem Servieren mit Kakao bestäuben.

Tipps: Statt des Frischkäsebelags können Sie auch einen Sahnebelag auf den Teig streichen. Dafür 500 g Schlagsahne etwa ½ Minute schlagen. 50 g Zucker mit 2 Päckchen Sahnesteif und 1 Päckchen Dr. Oetker Vanillin-Zucker mischen, einstreuen und Sahne steif schlagen. 4 Esslöffel Zitronensaft vorsichtig unterziehen. Die Masse gleichmäßig auf dem Kuchen verstreichen und mit 40 g Haselnuss-Krokant bestreuen.

Dinkel-Nuss-Brötchen ▌

Gut vorzubereiten – zum Frühstück
10 Stück

Pro Stück: E: 9 g, F: 17 g, Kh: 30 g,
kJ: 1303, kcal: 311, BE: 2,5

Für den Hefeteig:

175 g	Dinkel-Vollkornmehl
200 g	Dinkelmehl (Type 630)
1 Pck.	Hefeteig Garant
25 g	brauner Zucker
1 gestr. TL	Salz
1 Prise	gem. Kardamom
1 Prise	gem. Zimt
etwa 175 ml	Milch (3,5 % Fett)
75 g	Butter oder Margarine (zimmerwarm)
1	Ei (Größe M)
1	Eigelb (Größe M)
100 g	gehackte Haselnusskerne

Zum Bestreichen und Bestreuen:

etwas	Wasser
25 g	gehackte Haselnusskerne

Zubereitungszeit: 25 Minuten, ohne Abkühlzeit
Backzeit: etwa 25 Minuten

1. Für den Teig beide Sorten Dinkelmehl sorgfältig mit Hefeteig Garant in einer Rührschüssel mischen. Zucker, Salz und Gewürze zugeben und untermischen. Restliche Zutaten (bis auf die Nüsse) hinzufügen und mit einem Mixer (Knethaken) auf höchster Stufe in etwa 2 Minuten zu einem glatten, geschmeidigen Teig verarbeiten. Gehackte Haselnusskerne unterkneten.

2. Den Teig auf einer leicht bemehlten Arbeitsfläche nochmals gut durchkneten und in 10 Portionen teilen. Jeweils mit den Händen zu runden Teiglingen formen und auf einem Backblech (mit Backpapier belegt) verteilen. Die Teiglinge zugedeckt etwa 10 Minuten ruhen lassen.

3. In der Zwischenzeit den Backofen vorheizen.
Ober-/Unterhitze: etwa 180 °C
Heißluft: etwa 160 °C

4. Die Teigoberfläche jeweils schräg etwa 1 cm tief einschneiden (nicht drücken), mit Wasser bestreichen und mit Haselnusskernen bestreuen.

5. Das Backblech in den vorgeheizten Backofen schieben. Die Brötchen **etwa 25 Minuten backen.**

6. Die Brötchen vom Backpapier nehmen und auf einem Kuchenrost erkalten lassen.

Dinkel-Nuss-Muffins I

Für Kinder
12 Stück

Pro Stück: E: 5 g, F: 18 g, Kh: 33 g,
kJ: 1325, kcal: 317, BE: 3,0

170 g	Dinkelmehl (Type 630)
100 g	gem. Haselnusskerne
3 gestr. TL	Dr. Oetker Backin
1 Prise	Salz
130 g	Zucker
1 Pck.	Dr. Oetker Vanillin-Zucker
200 ml	Buttermilch
70 ml	Speiseöl, z. B. Sonnenblumenöl
2	Eier (Größe M)

Zum Verzieren:

200 g Nuss-Nougat-Creme

Zubereitungszeit: 20 Minuten, ohne Abkühlzeit
Backzeit: etwa 25 Minuten

1. Den Backofen vorheizen.
Ober-/Unterhitze: etwa 180 °C
Heißluft: etwa 160 °C

2. Dinkelmehl, Haselnusskerne, Backpulver, Salz, Zucker und Vanillin-Zucker in eine Rührschüssel geben und mit einem Schneebesen verrühren.

3. Buttermilch, Speiseöl und Eier in einem Rührbecher mit dem Schneebesen verrühren. Die flüssigen Zutaten zu der Nuss-Mehl-Mischung in die Rührschüssel geben und zu einem glatten Teig verrühren.

4. Den Teig in eine Muffinform (für 12 Muffins, gefettet, bemehlt) geben. Die Form auf dem Rost in den vorgeheizten Backofen schieben. Die Muffins **etwa 25 Minuten backen.**

5. Die Form auf einen Kuchenrost stellen. Muffins etwa 5 Minuten in der Form abkühlen lassen, dann vorsichtig aus der Form lösen und auf dem Kuchenrost erkalten lassen.

6. Zum Verzieren mit einem Teelöffel je einen dicken Klecks Nuss-Nougat-Creme auf die Muffins geben.

Tipps: Dinkelmehl (Type 630) ist in den meisten Supermärkten erhältlich. Nach Belieben die einzelnen Muffinförmchen vor dem Einfüllen des Teiges mit Backpapier-Quadraten auslegen (siehe Foto).

Donauwellen, schnelle I

Klassisch
20 Stücke

Pro Stück: E: 6 g, F: 28 g, Kh: 47 g,
kJ: 1969, kcal: 469, BE: 4,0

Für den All-in-Teig:

350 g Weizenmehl
3 gestr. TL Dr. Oetker Backin
30 g Kakaopulver
250 g Butter oder Margarine
(zimmerwarm)
200 g Zucker
1 Pck. Dr. Oetker Vanillin-Zucker
1 Prise Salz
6 Eier (Größe M)

370 g abgetropfte Sauerkirschen
(aus dem Glas)

Für die Tortencreme:

3 Pck. Galetta Vanille-Geschmack
(Puddingpulver ohne Kochen)
500 g gekühlte Schlagsahne
(mind. 30 % Fett)
700 ml Milch (3,5 % Fett)

Für den Guss:

250 g dunkle Kuchenglasur
1 EL Sonnenblumenöl

Zubereitungszeit: 25 Minuten, ohne Abkühlzeit
Backzeit: etwa 30 Minuten

1. Den Backofen vorheizen.
Ober-/Unterhitze: etwa 200 °C
Heißluft: etwa 180 °C

2. Für den Teig Mehl mit Backpulver und Kakaopulver in einer großen Rührschüssel mischen. Die restlichen Zutaten hinzufügen und mit einem Mixer (Rührstäbe) zunächst kurz auf niedrigster, dann auf höchster Stufe in etwa 2 Minuten zu einem glatten Teig verarbeiten.

3. Einen Backrahmen in der Größe des Backbleches auf ein Backblech (30 x 40 cm, gefettet oder mit

Backpapier belegt) stellen. Den Teig hineingeben und glatt streichen. Die Sauerkirschen auf dem Teig verteilen.

4. Das Backblech in den vorgeheizten Backofen schieben. Den Kuchenboden **etwa 30 Minuten backen.**

5. Das Backblech auf ein Kuchenrost stellen. Den Kuchenboden abkühlen lassen.

6. Für die Tortencreme Galetta nach Packungsanleitung aber mit den hier angegebenen Zutaten in einer Rührschüssel zubereiten.

7. Den erkalteten Kuchenboden gleichmäßig mit der Creme bestreichen und in den Kühlschrank stellen.

8. Für den Guss die Kuchenglasur nach Anleitung schmelzen, in eine Schüssel umfüllen und das Sonnenblumenöl gründlich unterrühren.

9. Schokoladenguss sofort vorsichtig auf der Tortencreme verstreichen und fest werden lassen. Den Backrahmen vor dem Servieren vorsichtig lösen und entfernen.

Tipp: Wenn es noch schneller gehen soll, den Kuchen nur mit 125 g geschmolzener Kuchenglasur besprenkeln.

Eclairs (Liebesknochen) I

Klassisch

12 Stück

Pro Stück: E: 3 g, F: 10 g, Kh: 12 g,
kJ: 606, kcal: 145, BE: 1,0

Für den Brandteig:

>   125 ml Wasser
>   25 g Butter oder Margarine
>   75 g Weizenmehl
>   15 g Speisestärke
>   2–3 Eier (Größe M)
>   1 Msp. Dr. Oetker Backin

Zum Aprikotieren:

>   1–2 EL Aprikosenkonfitüre

Für die Füllung:

>   200 g gekühlte Schlagsahne
>   (mind. 30 % Fett)
>   1 Pck. Sahnesteif
>   50 g Nuss-Nougat-Creme
>   (zimmerwarm)

Zubereitungszeit: 30 Minuten, ohne Abkühlzeit
Backzeit: etwa 20 Minuten

1. Den Backofen vorheizen.
Ober-/Unterhitze: etwa 200 °C
Heißluft: etwa 180 °C

2. Für den Teig Wasser mit Butter oder Margarine in einem kleinen Topf aufkochen. Topf von der Kochstelle nehmen. Mehl mit Speisestärke mischen und auf einmal in die heiße Flüssigkeit geben. Alles mit einem Kochlöffel zu einem glatten Teigkloß verrühren, dann etwa 1 Minute unter ständigem Rühren erhitzen (abbrennen) und in eine Rührschüssel geben.

3. Zwei Eier nacheinander mit einem Mixer (Knethaken) auf höchster Stufe unter den Teig arbeiten. Das letzte Ei verquirlen und nur so viel davon unter den Teig arbeiten, bis er stark glänzt und in langen Spitzen an einem Löffel hängen bleibt. Backpulver erst unter den erkalteten Teig rühren.

4. Den Teig portionsweise in einen Spritzbeutel mit großer Sterntülle füllen und 12 etwa 8 cm lange Streifen auf ein Backblech (30 x 40 cm, mit Backpapier belegt) spritzen. Das Backblech in den vorgeheizten Backofen schieben. Die Eclairs **etwa 20 Minuten backen.** Während der ersten 15 Minuten der Backzeit die Backofentür nicht öffnen, da das Gebäck sonst zusammenfällt.

5. Sofort nach dem Backen von jedem Eclair einen Deckel abschneiden. Eclairs auf einem Kuchenrost erkalten lassen.

6. Zum Aprikotieren Konfitüre durch ein Sieb streichen, unter Rühren erhitzen und die Eclairdeckel dünn damit bestreichen.

7. Für die Füllung Sahne mit Sahnesteif steif schlagen und die Nuss-Nougat-Creme esslöffelweise vorsichtig unterrühren. Die Nougat-Sahne in einen Spritzbeutel mit Sterntülle geben, in die Eclairs spritzen und die Deckel darauflegen.

Rezeptvariante: Für **Eclairs mit Himbeersahne** 125 g Götterspeise Himbeer-Geschmack (aus dem Kühlregal) in einer Schüssel verrühren, bis nur noch kleine Stücke vorhanden sind. 250 g gekühlte Schlagsahne mit 1 Päckchen Dr. Oetker Vanillin-Zucker und 2 Päckchen Sahnesteif steif schlagen. Sahne unter die Götterspeise heben und die Masse in einen Spritzbeutel mit großer Sterntülle geben. Die Eclairs wie im Rezept angegeben mit Himbeersahne füllen.

Einfaches Fladenbrot I

Klassisch

Insgesamt: E: 41 g, F: 44 g, Kh: 292 g,
kJ: 7489, kcal: 1789, BE: 24,5

Für den Teig:

          375 g Weizenmehl
          1 Pck. Hefeteig Garant
          1 TL flüssiger Honig
    1 gestr. TL Salz
          4 EL Speiseöl, z. B. Oliven- oder
                 Sonnenblumenöl
       200 ml Wasser

Zubereitungszeit: 15 Minuten, ohne Abkühlzeit
Backzeit: etwa 15 Minuten

1. Für den Teig Mehl mit Hefeteig Garant, Honig, Salz, Speiseöl und Wasser in eine Rührschüssel geben. Die Zutaten mit einem Mixer (Knethaken) zunächst kurz auf niedrigster, dann auf höchster Stufe in etwa 2 Minuten zu einem glatten Teig verarbeiten.

2. Den Teig und die Arbeitsfläche mit etwas Mehl bestäuben. Den Teig auf der Arbeitsfläche kurz zu einer Rolle verkneten und zu einem ovalen Fladen (etwa 35 x 20 cm) ausrollen.

3. Den Fladen auf ein Backblech (mit Backpapier belegt) legen. Fladen mit Wasser bestreichen, mit etwas Mehl bestäuben und mit einem scharfen Messer diagonal mehrfach leicht einritzen, sodass ein Rautenmuster entsteht. Teigfladen zugedeckt etwa 10 Minuten ruhen lassen.

4. In der Zwischenzeit den Backofen vorheizen.
Ober-/Unterhitze: etwa 220 °C
Heißluft: etwa 200 °C

5. Das Backblech in den vorgeheizten Backofen schieben. Das Brot **etwa 15 Minuten backen.**

6. Das Brot auf einem Kuchenrost erkalten lassen.

Tipps: Das Brot schmeckt frisch am besten und ist eine ideale Beilage auf Partys.

Rezeptvariante: Für ein **einfaches Vollkorn-Kastenbrot mit Körnern** den Teig wie im Rezept aus 250 g Vollkorn-Dinkelmehl oder Vollkorn-Weizenmehl, 100 g Weizenmehl, 1 Päckchen Hefeteig Garant, 1 Teelöffel flüssigem Honig, 1 gestrichenem Teelöffel Salz, 50 g gemischten Körnern (z. B. Sonnenblumenkernen, Kürbiskernen, Leinsamen), 4 Esslöffeln Speiseöl und 200 ml Wasser zubereiten. Den Teig auf der bemehlten Arbeitsfläche kurz zu einer 25 cm langen Rolle verkneten. Den Backofen vorheizen (Ober-/Unterhitze: etwa 200 °C/Heißluft: etwa 180 °C). Die Teigrolle in eine Kastenform (25 x 11 cm, gefettet, bemehlt) legen, andrücken, mit Wasser bestreichen und mit Vollkornmehl bestäuben. Den Teig zugedeckt etwa 10 Minuten ruhen lassen. Die Form im unteren Drittel auf dem Rost in den vorgeheizten Backofen schieben. Das Brot etwa 25 Minuten backen. Anschließend das Brot auf einen Kuchenrost stürzen, umdrehen und erkalten lassen.

Erdbeer-Aprikosen-Pizza I

Fruchtig – für Kinder

8 Stücke

Pro Stück: E: 5 g, F: 7 g, Kh: 40 g,
kJ: 1031, kcal: 246, BE: 3,5

Für den Teig:

200 g Weizenmehl
2 gestr. TL Dr. Oetker Backin
100 g Magerquark
50 ml Milch (3,5 % Fett)
50 ml Sonnenblumenöl
35 g Zucker
1 Pck. Dr. Oetker Vanillin-Zucker
1 Prise Salz

Für den Belag:

5 Aprikosen
150 g Erdbeerkonfitüre
250 g Erdbeeren

Zubereitungszeit: 20 Minuten, ohne Abkühlzeit
Backzeit: etwa 20 Minuten

1. Den Backofen vorheizen.
Ober-/Unterhitze: etwa 200 °C
Heißluft: etwa 180 °C

2. Für den Teig Mehl mit Backpulver in einer Rühr-schüssel mischen. Quark, Milch, Öl, Zucker, Vanillin-Zucker und Salz hinzufügen. Die Zutaten mit einem Mixer (Knethaken) auf niedrigster, dann auf höchster Stufe in etwa 1 Minute zu einem Teig verarbeiten (nicht zu lange, Teig klebt sonst).

3. Den Teig auf einem Backblech (gefettet, mit Back-papier belegt) zu einer runden Platte (Ø etwa 30 cm) ausrollen.

4. Für den Belag die Aprikosen abspülen, abtropfen lassen, halbieren, entsteinen und anschließend in Spalten schneiden.

5. Konfitüre durch ein Sieb streichen und auf dem Pizzaboden verteilen, dabei rundherum etwa 1 cm Rand frei lassen. Den Boden mit den Aprikosen be-legen. Das Backblech in den vorgeheizten Backofen schieben. Die Pizza **etwa 20 Minuten backen.**

6. Inzwischen die Erdbeeren abspülen, abtropfen lassen, entstielen und halbieren. Die Pizza vor dem Servieren mit den Erdbeerhälften belegen.

Tipps: Servieren Sie dazu steif geschlagene Sahne. Sie können auch abgetropfte Aprikosen oder Pfirsiche aus der Dose verwenden.

Erdbeer-Himbeer-Röllchen I

Fruchtig – für Gäste
10–12 Stücke

Pro Stück: E: 4 g, F: 12 g, Kh: 29 g,
kJ: 1020, kcal: 243, BE: 2,5

Für den Biskuitteig:

3 Eier (Größe M)
1 Eigelb (Größe M)
75 g Zucker
1 Pck. Dr. Oetker Vanillin-Zucker
75 g Weizenmehl
25 g Speisestärke
½ gestr. TL Dr. Oetker Backin

Für die Füllung:

125 g Götterspeise Himbeer-
Geschmack (aus dem Kühlregal)
75 g weiße Schokolade
200 g Erdbeeren
1 Pck. Sahnesteif
1 Pck. Dr. Oetker Vanillin-Zucker
1 TL Zucker
250 g gekühlte Schlagsahne
(mind. 30 % Fett)

Zum Garnieren:

1 geh. EL Erdbeerkonfitüre
25 g weiße Schokolade

Zubereitungszeit: 30 Minuten, ohne Abkühlzeit
Backzeit: 8–10 Minuten

1. Den Backofen vorheizen.
Ober-/Unterhitze: etwa 200 °C
Heißluft: etwa 180 °C

2. Für den Biskuitteig Eier und Eigelb mit einem Mixer (Rührstäbe) auf höchster Stufe in etwa 1 Minute schaumig schlagen. Zucker und Vanillin-Zucker mischen, in etwa 1 Minute einstreuen, dann noch etwa 2 Minuten weiterschlagen.

3. Mehl mit Speisestärke und Backpulver mischen, auf die Eiercreme geben und kurz auf niedrigster Stufe unterrühren. Teig auf ein Backblech (30 x 40 cm,

gefettet, mit Backpapier belegt) geben und glatt streichen.

4. Das Backblech in den vorgeheizten Backofen schieben. Biskuitplatte **8–10 Minuten backen.**

5. Den Biskuit nach dem Backen vom Rand lösen, auf ein mit Zucker bestreutes Backpapier stürzen, mitgebackenes Backpapier abziehen. Die Biskuitplatte mit dem umgedrehten Backblech bedeckt erkalten lassen.

6. Für die Füllung die Götterspeise aus dem Becher stürzen und fein hacken. Schokolade ebenfalls fein hacken. Erdbeeren abspülen, abtropfen lassen, putzen und in Scheiben schneiden, evtl. halbieren.

7. Sahnesteif mit Vanillin-Zucker und Zucker mischen. Sahne steif schlagen, dabei die Sahnesteif-Mischung einrieseln lassen. Götterspeisewürfel hinzugeben und die gehackte Schokolade unterheben.

8. Die Creme auf die erkaltete Biskuitplatte streichen und die Platte der Länge nach halbieren. Jede Hälfte mit Erdbeerscheiben belegen, von der längeren Seite aus fest aufrollen und in den Kühlschrank stellen.

9. Jede Rolle in 5–6 Röllchen schneiden. Zum Garnieren Konfitüre durch ein Sieb streichen, mit einem Löffel über die Röllchen sprenkeln und mit gehackter Schokolade bestreuen.

Erdbeer-Quark-Torte I
Fruchtig – fein cremig
14 Stücke

Pro Stück: E: 5 g, F: 8 g, Kh: 16 g,
kJ: 662, kcal: 158, BE: 1,5

Für den Biskuitteig:
2 Eier (Größe M)
2 EL Wasser
80 g Zucker
1 Pck. Dr. Oetker Bourbon-
Vanille-Zucker
50 g Weizenmehl
1 gestr. TL Dr. Oetker Backin
40 g gem. Mandeln

Für den Belag:
250 g gekühlte Schlagsahne
(mind. 30 % Fett)
1 Pck. Sahnesteif
1 Pck. Dr. Oetker Vanillin-Zucker
50 ml Milch (3,5 % Fett)
1 Pck. Quarkfein Erdbeer-Geschmack
(Dessertpulver)
250 g Magerquark

Zum Garnieren:
100 g Erdbeeren
1 TL Puderzucker

Zubereitungszeit: 25 Minuten, ohne Abkühlzeit
Backzeit: etwa 18 Minuten

1. Den Backofen vorheizen.
Ober-/Unterhitze: etwa 180 °C
Heißluft: etwa 160 °C

2. Für den Teig Eier und Wasser mit einem Mixer (Rührstäbe) auf höchster Stufe in etwa 1 Minute schaumig schlagen. Den Zucker mit Vanille-Zucker mischen, in etwa 1 Minute einstreuen, dann noch etwa 2 Minuten schlagen.

3. Mehl mit Backpulver und Mandeln mischen, auf die Eiercreme geben und kurz auf niedrigster Stufe unterrühren.

4. Teig in einer Springform (Ø 26 cm, mit Backpapier belegt) glatt streichen und die Form auf dem Rost in den vorgeheizten Backofen schieben. Den Tortenboden **etwa 18 Minuten backen.**

5. Den Tortenboden in der Form auf einem Kuchenrost erkalten lassen.

6. Den Tortenboden aus der Form lösen. Das Backpapier vorsichtig abziehen und den Boden auf eine Tortenplatte legen.

7. Für den Belag Sahne mit Sahnesteif und Vanillin-Zucker steif schlagen. Milch mit Quarkfein gut verrühren, Quark zugeben und glatt rühren. Zuletzt die steif geschlagenen Sahne unterheben.

8. Quarkcreme in einen Spritzbeutel mit Lochtülle (Ø 10 mm) füllen und dicke Tuffs dicht an dicht auf den Boden spritzen.

9. Zum Garnieren Erdbeeren abspülen, gut abtropfen lassen, entstielen, halbieren und dekorativ auf der Creme verteilen. Die Torte mit Puderzucker bestäuben und sofort servieren oder bis zum Verzehr in den Kühlschrank stellen.

Tipp: Für eine Stracciatella-Torte zusätzlich 50 g dunkle Schokoladenraspel unter den Teig heben und die Torte mit Schokoladenraspeln bestreuen.

Erdbeer-Schmand-Torte | Fruchtig
12 Stücke

Pro Stück: E: 4 g, F: 17 g, Kh: 27 g,
kJ: 1196, kcal: 286, BE: 2,5

Für den Teig:
170 g *Weizenmehl*
2 gestr. TL *Dr. Oetker Backin*
80 g *Zucker*
2 *Eier (Größe M)*
80 g *Butter oder Margarine
(zimmerwarm)*
100 ml *Buttermilch*

Für den Belag:
500 g *Schmand (Sauerrahm, 24 % Fett)*
1 Pck. *Dr. Oetker Bourbon-
Vanille-Zucker*
1 EL *Zucker*
500 g *Erdbeeren*

Für den Guss:
1 Pck. *ungezuckerter Tortenguss, klar*
250 ml *Apfel- oder Orangensaft*
1–2 EL *Zucker*

Zubereitungszeit: 30 Minuten,
ohne Abkühl- und Kühlzeit
Backzeit: etwa 25 Minuten

1. Den Backofen vorheizen.
Ober-/Unterhitze: etwa 180 °C
Heißluft: etwa 160 °C

2. Für den Teig Mehl mit Backpulver in einer Rührschüssel mischen. Restliche Zutaten hinzufügen und mit einem Mixer (Rührstäbe) zunächst kurz auf niedrigster, dann auf höchster Stufe in etwa 2 Minuten zu einem glatten Teig verarbeiten.

3. Den Teig in eine Springform (Ø 26 cm, Boden gefettet) geben und glatt streichen. Die Form auf dem Rost in den vorgeheizten Backofen schieben. Den Tortenboden **etwa 25 Minuten backen.**

4. Den Tortenboden aus der Form lösen und auf einen Kuchenrost legen, etwa 10 Minuten abkühlen lassen.

5. Für den Belag Schmand, Vanille-Zucker und Zucker verrühren. Den etwas abgekühlten Gebäckboden damit bestreichen und vollständig erkalten lassen.

6. Erdbeeren kurz abspülen, abtropfen lassen, entstielen und in Scheiben schneiden. Erdbeerscheiben dachziegelartig auf den Schmandbelag legen.

7. Für den Guss Tortengusspulver mit Saft und Zucker nach Packungsanleitung zubereiten. Den Guss von der Mitte aus auf den Erdbeerscheiben verteilen. Den Kuchen etwa 1 Stunde in den Kühlschrank stellen.

Erdbeer-Schokoladen-Rolle I

Erfrischend
16 Stücke

Pro Stück: E: 3 g, F: 10 g, Kh: 15 g,
kJ: 700, kcal: 167, BE: 1,5

Für den Biskuitteig:

>   4 Eier (Größe M)
>   1 Eigelb (Größe M)
>   80 g Zucker
> 1 Pck. Dr. Oetker Vanillin-
>   Zucker
>   80 g Weizenmehl
>   ½ TL Dr. Oetker Backin
>   10 g Kakaopulver

Für die Füllung:

> 250 g Erdbeeren
> 400 g gekühlte Schlagsahne
>   (mind. 30 % Fett)
> 2 Pck. Sahnesteif
>   40 g Puderzucker

Zum Bestäuben:

>   etwas Puderzucker

Zubereitungszeit: 40 Minuten,
ohne Abkühl- und Kühlzeit
Backzeit: etwa 10 Minuten

1. Den Backofen vorheizen.
Ober-/Unterhitze: etwa 200 °C

2. Ein Backblech (30 x 40 cm) fetten, mit Backpapier belegen, dabei das Backpapier an der schrägen Seite des Backbleches so zu einer Falte knicken, dass ein Rand entsteht.

3. Für den Teig Eier und Eigelb in einer Rührschüssel mit einem Mixer (Rührstäbe) auf höchster Stufe in etwa 1 Minute schaumig schlagen. Den Zucker mit Vanillin-Zucker mischen, in etwa 1 Minute einstreuen, dann noch etwa 2 Minuten schlagen.

4. Mehl mit Backpulver und Kakao mischen und kurz auf niedrigster Stufe unterrühren.

5. Den Teig gleichmäßig auf das vorbreitete Backblech streichen. Das Backblech in den vorgeheizten Backofen schieben. Die Biskuitplatte **etwa 10 Minuten backen.**

6. Die Biskuitplatte sofort nach dem Backen vom Rand lösen, auf ein mit Zucker bestreutes Backpapier stürzen und mit Backpapier erkalten lassen.

7. Für die Füllung Erdbeeren kurz abspülen, abtropfen lassen, entstielen und würfeln. Sahne mit Sahnesteif und Puderzucker steif schlagen. Die Erdbeerwürfel unterheben.

8. Das mitgebackene Backpapier vorsichtig von der Biskuitplatte abziehen. Biskuitplatte mit der Erdbeersahne bestreichen, von der längeren Seite aus aufrollen und mindestens 1 Stunde in den Kühlschrank stellen.

9. Vor dem Servieren die Rolle mit Puderzucker bestäuben.

Erdbeertorte mit
Mascarpone-Quark-Creme I
Erfrischend
14 Stücke

Pro Stück: E: 6 g, F: 15 g, Kh: 19 g,
kJ: 989, kcal: 236, BE: 1,5

Für den All-in-Teig:

30 g	Weizenmehl
1 gestr. TL	Dr. Oetker Backin
100 g	gem. Haselnusskerne
100 g	Zucker
3	Eier (Größe M)

Für den Belag:

500 g	Erdbeeren
250 g	Mascarpone (ital. Frischkäse)
75 g	Puderzucker
3 EL	Zitronensaft
1 Pck.	Dr. Oetker Finesse Geriebene Zitronenschale
200 g	Magerquark
100 g	gekühlte Schlagsahne (mind. 30 % Fett)
1 Pck.	Sahnesteif

Zubereitungszeit: 25 Minuten,
ohne Abkühl- und Kühlzeit
Backzeit: etwa 25 Minuten

1. Den Backofen vorheizen.
Ober-/Unterhitze: etwa 180 °C
Heißluft: etwa 160 °C

2. Für den Teig das Mehl mit Backpulver und Nüssen in einer Rührschüssel mischen. Die restlichen Zutaten hinzufügen und mit einem Mixer (Rührstäbe) zunächst kurz auf niedrigster, dann auf höchster Stufe in etwa 2 Minuten zu einem glatten Teig verarbeiten.

3. Den Teig in eine Springform (Ø 26 cm, Boden gefettet, mit Backpapier belegt) füllen und glatt streichen.

4. Form auf dem Rost in den vorgeheizten Backofen schieben. Tortenboden **etwa 25 Minuten backen.**

5. Die Form auf einen Kuchenrost stellen. Nach etwa 10 Minuten den Tortenboden vorsichtig aus der Form lösen und auf einem mit Backpapier belegten Kuchenrost erkalten lassen. Mitgebackenes Backpapier entfernen.

6. Den Tortenboden auf eine Tortenplatte legen. Einen Tortenring oder den gesäuberten Springformrand darumstellen.

7. Für den Belag Erdbeeren abspülen und abtropfen lassen. 100 g Erdbeeren zum Garnieren beiseitelegen. Restliche Erdbeeren entstielen und in kleine Stücke schneiden.

8. Mascarpone mit Puderzucker, Zitronensaft und -schale kurz mit einem Mixer (Rührstäbe) aufschlagen. Quark portionsweise gründlich unterrühren. Die Sahne mit Sahnesteif steif schlagen. Sahne unter die Mascarpone-Quark-Creme heben. Dann die Erdbeerstücke unterziehen.

9. Die Creme auf den Tortenboden geben und verstreichen. Die Torte etwa 1 Stunde in den Kühlschrank stellen.

10. Den Tortenring oder den Springformrand vorsichtig lösen und entfernen. Die beiseitegelegten Erdbeeren halbieren oder vierteln und die Torte damit garnieren.

Espresso-Ecken mit Vanillequark ▮
Raffiniert
24 Stücke

Pro Stück: E: 7 g, F: 14 g, Kh: 25 g,
kJ: 1080, kcal: 258, BE: 2,0

Für den Streuselteig:

- 300 g Weizenmehl
- 1 EL Instant-Espresso-Pulver
- 1 EL Kakaopulver
- 75 g Zucker
- 250 g Butter (zimmerwarm)

- 125 g Schokotröpfchen

Für den Belag:

- 500 g Vanillequark
  (aus dem Kühlregal)
- 500 g Magerquark
- 150 g Crème fraîche
- 1 Pck. Dr. Oetker Pudding-Pulver
  Vanille-Geschmack
- 4 Eier (Größe M)
- 75 g Zucker

- 175 g abgetropfte Mandarinen
  (aus der Dose)

Zubereitungszeit: 15 Minuten, ohne Abkühlzeit
Backzeit: etwa 40 Minuten

1. Den Backofen vorheizen.
Ober-/Unterhitze: etwa 180 °C
Heißluft: etwa 160 °C

2. Für den Teig Mehl mit Espresso-Pulver und Kakao in einer Rührschüssel mischen. Zucker und Butter hinzufügen. Die Zutaten mit einem Mixer (Rührstäbe) erst kurz auf niedrigster, dann auf höchster Stufe zu Streuseln verarbeiten.

3. Einen Backrahmen in der Größe des Backblechs auf ein Backblech (30 x 40 cm, gefettet) stellen. Die Streusel darin verteilen und mithilfe eines bemehlten Esslöffels zu einem Boden andrücken. 100 g von den Schokotropfen daraufstreuen.

4. Für den Belag alle Zutaten in eine Rührschüssel geben und mit einem Mixer (Rührstäbe) zu einer glatten Masse verrühren. Die Quarkmasse in den Backrahmen füllen und glatt streichen. Mandarinen darauf verteilen und die restlichen Schokotropfen daraufstreuen.

5. Das Backblech in den vorgeheizten Backofen schieben. Den Kuchen **etwa 40 Minuten backen.**

6. Das Backblech auf einen Kuchenrost stellen und den Kuchen erkalten lassen.

7. Kuchen zum Servieren zuerst in 12 gleich große Quadrate, dann diagonal in Dreiecke schneiden.

Everybody's darling | Für Gäste

20 Stücke

Pro Stück: E: 3 g, F: 7 g, Kh: 24 g,
kJ: 732, kcal: 175, BE: 2,0

Für den Biskuitteig:

   4 *Eier (Größe M)*
   100 g *Zucker*
   1 Pck. *Dr. Oetker Vanillin-Zucker*
   100 g *Weizenmehl*
   40 g *Speisestärke*
   20 g *gesiebtes Kakaopulver*
   1 gestr. TL *Dr. Oetker Backin*

Für den Belag:

   150 g *Aprikosenkonfitüre*
   250 g *Mascarpone (ital. Frischkäse)*
   200 g *Zitronenjoghurt*
   1 EL *Zucker*
   1,2 kg *vorbereitete, gemischte*
   Früchte, z. B. Pflaumenhälften,
   Kiwischeiben, Erdbeerhälften,
   Aprikosenspalten, Heidelbeeren,
   Johannisbeeren, Melonenkugeln

Zubereitungszeit: 40 Minuten, ohne Abkühlzeit
Backzeit: etwa 12 Minuten

1. Den Backofen vorheizen.
Ober-/Unterhitze: etwa 200 °C
Heißluft: etwa 180 °C

2. Ein Backblech (30 x 40 cm) fetten, mit Backpapier belegen, dabei das Backpapier an der schrägen Seite des Backbleches so zu einer Falte knicken, dass ein Rand entsteht.

3. Für den Teig die Eier in einer Rührschüssel mit einem Mixer (Rührstäbe) auf höchster Stufe in etwa 1 Minute schaumig schlagen. Den Zucker mit Vanillin-Zucker mischen, in etwa 1 Minute einstreuen, dann noch etwa 2 Minuten schlagen.

4. Mehl, Speisestärke, Kakao und Backpulver mischen, auf die Eiercreme geben und kurz auf niedrigster Stufe unterrühren.

5. Den Teig auf das vorbereitete Backblech geben und glatt streichen. Das Backblech in den vorgeheizten Backofen schieben. Die Biskuitplatte **etwa 12 Minuten backen.**

6. Die Biskuitplatte vom Backblechrand lösen und auf ein mit Zucker bestreutes Backpapier stürzen. Mitgebackenes Backpapier mit kaltem Wasser bestreichen, vorsichtig, aber schnell abziehen.

7. Für den Belag Konfitüre durch ein Sieb streichen, in einem kleinen Topf erwärmen. Die Biskuitplatte dünn damit bestreichen.

8. Mascarpone mit Joghurt und Zucker verrühren, auf der bestrichenen Biskuitplatte verteilen. Mit einer Gabel oder einem Tortengarnierkamm Wellen in den Belag ziehen. Den Kuchen in 24 Stücke teilen. Die Kuchenstücke vor dem Servieren mit einer Sorte der vorbereiteten Früchte belegen.

Feine Früchtestreifen mit Honig-Mandel-Kruste I

Gut vorzubereiten
30 Stück

Pro Stück: E: 4 g, F: 13 g, Kh: 20 g, kJ: 874, kcal: 209, BE: 1,5

Für den Belag:

150 g	Butter
80 g	Zucker
40 g	flüssiger Honig
100 g	Crème fraîche
125 g	getrocknete Cranberrys
125 g	getrocknete Beerenmischung
200 g	gestiftelte Mandeln

Für den Quark-Öl-Teig:

300 g	Weizenmehl
3 gestr. TL	Dr. Oetker Backin
150 g	Magerquark
100 ml	Milch (3,5 % Fett)
100 ml	Speiseöl, z. B. Sonnenblumenöl
75 g	Zucker
1 Pck.	Dr. Oetker Vanillin-Zucker
1 Prise	Salz

Zubereitungszeit: 20 Minuten, ohne Abkühlzeit
Backzeit: etwa 25 Minuten

1. Für den Belag Butter, Zucker, Honig und Crème fraîche in einem Topf unter Rühren zerlassen. Die Cranberrys, Beerenmischung und Mandeln unterrühren. Die Masse etwas abkühlen lassen.

2. Inzwischen den Backofen vorheizen.
Ober-/Unterhitze: etwa 180 °C
Heißluft: etwa 160 °C

3. Für den Teig Mehl mit Backpulver in einer Rührschüssel mischen. Quark, Milch, Öl, Zucker, Vanillin-Zucker und Salz hinzufügen. Die Zutaten mit einem Mixer (Knethaken) auf niedrigster, dann auf höchster Stufe in etwa 1 Minute zu einem glatten Teig verarbeiten (nicht zu lange kneten, der Teig klebt sonst).

4. Den Teig auf einem Backblech (30 x 40 cm, gefettet) ausrollen. Die Beeren-Mandel-Mischung daraufgeben und verstreichen. Das Backblech in den vorgeheizten Backofen schieben. Den Kuchen **etwa 25 Minuten backen.**

5. Das Backblech auf einen Kuchenrost stellen. Den Kuchen erkalten lassen und in 30 längliche Stücke schneiden.

Tipp: Die Kuchenstücke mit geschmolzener, dunkler Schokolade besprenkeln. Oder die Gebäckenden in die Schokolade tauchen, auf Backpapier legen und die Schokolade fest werden lassen.

Fladenbrot mit Ajvar I
Für die Party
2 Fladenbrote (je etwa 250 g)

Pro Brot: E: 22 g, F: 39 g, Kh: 152 g,
kJ: 4507, kcal: 1074, BE: 12,5

Für den Hefeteig:
- 375 g Weizenmehl (Type 550)
- 1 Pck. Hefeteig Garant
- 1 TL Salz
- 1 TL gerebelter Thymian
- 70 g Ajvar (Paprikamus, aus dem Glas)
- 125 ml Wasser
- 1 TL flüssiger Honig (oder ½ TL Zucker)
- 3 EL Olivenöl

Außerdem:
- 4 EL Olivenöl
- 2 TL grobes Meersalz

Zubereitungszeit: 20 Minuten, ohne Abkühlzeit
Backzeit: 15–20 Minuten

1. Das Mehl mit Hefeteig Garant in einer Rührschüssel vermischen. Restliche Zutaten hinzufügen. Die Zutaten mit einem Mixer (Knethaken) zunächst auf niedrigster, dann auf höchster Stufe in etwa 2 Minuten zu einem glatten Teig verarbeiten.

2. Den Teig halbieren und jede Hälfte auf einer leicht mit Mehl bestäubten Arbeitsfläche zu einem ovalen Fladen (etwa 15 x 20 cm) ausrollen. Fladen mit etwas Abstand nebeneinander auf ein Backblech (mit Backpapier belegt) legen. Die Fladen etwa 10 Minuten ruhen lassen.

3. In der Zwischenzeit den Backofen vorheizen.
Ober-/Unterhitze: etwa 220 °C
Heißluft: etwa 200 °C

4. Mit bemehlten Fingern oder einem Kochlöffelstiel tiefe Löcher in den Teig drücken. Den Teig mit Olivenöl bestreichen und mit Salz bestreuen. Das Backblech in den vorgeheizten Backofen schieben. Die Teigfladen **15–20 Minuten backen.**

5. Die Fladenbrote vom Backpapier nehmen und auf einem Kuchenrost erkalten lassen.

Fladenkuchen mit Gemüse und Räucherlachs I

Pikanter Snack
8 Stücke

Pro Stück: E: 10 g, F: 23 g, Kh: 30 g,
kJ: 1566, kcal: 374, BE: 2,5

Für den Belag:

1 mittelgroße Zwiebel (60 g)
1 mittelgroße Möhre (100 g)
120 g Zucchini
½ kleine Fenchelknolle (125 g)
3 EL Olivenöl
Salz, gem. Pfeffer
200 g Schmand (Sauerrahm, 24 % Fett)
150 g Räucherlachs in Scheiben

Für den Quark-Öl-Teig:

225 g Weizenmehl (Type 550)
75 g Dinkel-Vollkornmehl
2 gestr. TL Dr. Oetker Backin
½ TL Salz
150 g Magerquark
100 ml Milch (3,5 % Fett)
75 ml Speiseöl, z. B. Sonnenblumen-
oder Olivenöl

Zubereitungszeit: 25 Minuten
Backzeit: 25–30 Minuten

1. Für den Belag Zwiebel abziehen, halbieren und in feine Ringe schneiden oder hobeln. Möhre putzen, schälen, abspülen und abtropfen lassen. Die Möhre mit einem Sparschäler in lange, dünne Streifen schneiden.

2. Die Zucchini abspülen, abtrocknen und die Enden abschneiden. Zucchini der Länge nach halbieren und quer in feine Scheiben schneiden oder hobeln.

3. Fenchelknolle putzen, abspülen, trocken tupfen und in sehr feine Streifen schneiden oder hobeln. Fenchelgrün zum Garnieren beiseitelegen. Zwiebel-ringe, Möhrenstreifen, Zucchinischeiben und Fenchel-streifen mit dem Öl gründlich mischen, mit Salz und Pfeffer kräftig würzen.

4. Den Backofen vorheizen.
Ober-/Unterhitze: etwa 200 °C
Heißluft: etwa 180 °C

5. Für den Teig beide Mehlsorten mit Backpulver und Salz in einer Rührschüssel mischen. Quark, Milch und Öl hinzufügen. Die Zutaten mit einem Mixer (Knetha-ken) auf niedrigster, dann auf höchster Stufe in etwa 1 Minute zu einem Teig verarbeiten (nicht zu lange kneten, der Teig klebt sonst).

6. Teig auf einem Backblech (gefettet, mit Backpapier belegt) zu einem ovalen Fladen (etwa 28 x 35 cm) ausrollen.

7. Den Schmand mit Salz und Pfeffer abschmecken. Schmand auf den Teig streichen, dabei rundherum ei-nen etwa 2 cm breiten Rand frei lassen. Die Gemüse-mischung auf dem Schmandbelag verteilen.

8. Das Backblech in den vorgeheizten Backofen schieben. Fladenkuchen **25–30 Minuten backen.**

9. Den Fladenkuchen mit dem Backpapier vom Backblech auf einen Kuchenrost ziehen. Vor dem Servieren den Lachs auf den Fladenkuchen legen. Fenchelgrün abspülen und trocken tupfen. Den Fladenkuchen mit Fenchelgrün garnieren, heiß oder lauwarm servieren.

Fladenkuchen mit Lauch I

Herzhafter Snack

10 Stücke

Pro Stück: E: 7 g, F: 13 g, Kh: 29 g,
kJ: 1099, kcal: 263, BE: 2,5

Für den Belag:

400 g	Porree (Lauch)
2 EL	Olivenöl
½ TL	gerebelter Thymian
	Salz
	gem. Pfeffer
250 g	Schmand (Sauerrahm)
	ger. Muskatnuss
75 g	Frühstücksspeck in Scheiben (Bacon)

Für den Hefeteig:

350 g	Weizenmehl (Type 550)
1 Pck.	Hefeteig Garant
1 TL	Salz
125 ml	Wasser
1 TL	flüssiger Honig
2 EL	Olivenöl

Zubereitungszeit: 25 Minuten
Backzeit: etwa 25 Minuten

1. Für den Belag Porree putzen. Die Stangen längs halbieren, gründlich waschen und abtropfen lassen. Porree in etwa 2 cm breite Stücke schneiden.

2. Das Olivenöl in einer Pfanne erhitzen. Porree darin etwa 2 Minuten dünsten. Thymian unterrühren. Porreegemüse mit Salz und Pfeffer würzen, etwas abkühlen lassen.

3. In der Zwischenzeit für den Teig Mehl mit Hefeteig Garant in einer Rührschüssel sorgfältig vermischen. Salz, Wasser, Honig und Öl hinzufügen. Die Zutaten mit einem Mixer (Knethaken) zunächst auf niedrigster, dann auf höchster Stufe in etwa 2 Minuten zu einem glatten Teig verarbeiten.

4. Den Teig auf einer leicht bemehlten Arbeitsfläche kurz durchkneten und auf einem Backblech (gefettet,

mit Backpapier belegt) zu einem ovalen Fladen (etwa 30 x 35 cm) ausrollen.

5. Den Backofen vorheizen.
Ober-/Unterhitze: etwa 200 °C
Heißluft: etwa 180 °C

6. Den Schmand mit Pfeffer und Muskat würzen. Die Baconscheiben längs halbieren. Schmand auf den Teig streichen, dabei rundherum einen etwa 2 cm breiten Rand frei lassen. Nacheinander Porreegemüse und Bacon auf dem Schmand verteilen. Den Fladen zugedeckt etwa 5 Minuten ruhen lassen.

7. Das Backblech in den vorgeheizten Backofen schieben. Den Fladenkuchen **etwa 25 Minuten backen.**

8. Den Fladenkuchen mit dem Backpapier vom Backblech auf einen Kuchenrost ziehen. Fladenkuchen heiß oder lauwarm servieren.

Tipp: Den Fladenkuchen nach Belieben mit frischem Thymian bestreuen.

Florentiner Kuchen **|** Mit Alkohol

20 Stücke

Pro Stück: E: 4 g, F: 14 g, Kh: 28 g,
kJ: 1058, kcal: 253, BE: 2,5

Für den All-in-Teig:
>   250 g Weizenmehl
> 2 gestr. TL Dr. Oetker Backin
>   150 g Zucker
>   3 Eier (Größe M)
>   150 ml Sonnenblumenöl
>   2 EL Rum

Für den Belag:
>   150 g Schlagsahne
>   150 g Zucker
>   100 g Früchte-Mix
>   100 g gehobelte Mandeln

Zubereitungszeit: 25 Minuten, ohne Abkühlzeit
Backzeit: etwa 30 Minuten

1. Den Backofen vorheizen.
Ober-/Unterhitze: etwa 180 °C
Heißluft: etwa 160 °C

2. Für den Teig Mehl mit Backpulver in einer Rühr-schüssel mischen. Zucker, Eier, Sonnenblumenöl und Rum hinzufügen. Die Zutaten mit einem Mixer (Rührstäbe) zunächst kurz auf niedrigster, dann auf höchster Stufe in etwa 1 Minute zu einem glatten Teig verarbeiten.

3. Den Teig auf ein Backblech (30 x 40 cm, gefettet) geben und glatt streichen. Das Backblech in den vor-geheizten Backofen schieben. Den Kuchenboden **etwa 15 Minuten vorbacken.**

4. Das Backblech auf einen Kuchenrost stellen. Für den Belag Sahne und Zucker in einem kleinen Topf kurz aufkochen lassen. Früchte-Mix und Mandeln un-terrühren. Die Masse auf dem vorgebackenen Boden verteilen. Das Backblech bei gleicher Backofeneinstel-lung wieder in den heißen Backofen schieben. Kuchen **weitere etwa 15 Minuten backen.**

5. Das Backblech auf einen Kuchenrost stellen. Den Kuchen erkalten lassen und in Stücke schneiden.

Tipp: Statt Früchte-Mix können auch 100 g geho-belte Haselnusskerne und 50 g klein geschnittene Belegkirschen verwendet werden.

Formel-1-Nussecken I

Gut vorzubereiten
24 Stück

Pro Stück: E: 4 g, F: 23 g, Kh: 25 g,
kJ: 1349, kcal: 321, BE: 2,0

Für den Belag:
- 150 g Butter
- 100 g Honig
- 50 g Zucker
- 200 g gem. Haselnusskerne
- 200 g gehobelte Haselnusskerne
- 3 TL Weizenmehl

Für den Teig:
- 1 Pck. Dr. Oetker Grundmischung für Streuselteig (400 g)
- 125 g Butter oder Margarine (zimmerwarm)
- 1 Ei (Größe M)

- 3–4 EL Aprikosenkonfitüre

Zum Tauchen:
- 125 g dunkle Kuchenglasur

Zubereitungszeit: 20 Minuten, ohne Abkühlzeit
Backzeit: etwa 25 Minuten

1. Für den Belag die Butter mit Honig und Zucker in einem Topf erwärmen und so lange rühren, bis alles gelöst ist. Die Haselnusskerne und das Mehl hinzufügen, unter Rühren kurz aufkochen lassen. Die Nussmasse in ein Schüssel umfüllen und kurz abkühlen lassen.

2. In der Zwischenzeit den Backofen vorheizen.
Ober-/Unterhitze: etwa 200 °C
Heißluft: etwa 180 °C

3. Für den Teig die Grundmischung mit Butter oder Margarine und Ei nach Packungsanleitung zubereiten.

4. Die Streusel gleichmäßig auf einem Backblech (30 x 40 cm, mit Backpapier belegt) verteilen und zu einem Boden andrücken. Den Teigboden mit der Konfitüre bestreichen.

5. Die Haselnussmasse auf der Konfitüre verteilen und glatt streichen. Das Backblech in den vorgeheizten Backofen schieben. Gebäckplatte **etwa 25 Minuten backen.**

6. Das Backblech auf einen Kuchenrost stellen. Die Gebäckplatte etwas abkühlen lassen. Das Gebäck noch warm in etwa 10 cm große Quadrate und dann in Dreiecke schneiden.

7. Zum Tauchen die Kuchenglasur nach Packungsanleitung schmelzen. Die Ecken der Gebäckstücke in die Glasur eintauchen und auf einem Kuchenrost trocknen lassen.

Tipp: Sie können statt der Grundmischung die Zutaten für den Streuselteig auch selbst zusammenstellen. Dazu 250 g Weizenmehl mit 1 gestrichenen Teelöffel Backpulver, 50 g Zucker und 1 Päckchen Dr. Oetker Vanillin-Zucker in einer Rührschüssel mischen. Dann 125 g zimmerwarme Butter oder Margarine, 1 Ei (Größe M) und 1 Esslöffel kaltes Wasser zugeben und alles mit einem Mixer (Rührstäbe) zunächst kurz auf niedrigster, dann auf höchster Stufe gut durcharbeiten und zu Streuseln verarbeiten.

Franzbrötchen mit Trockenfrüchten I

Gut vorzubereiten
10 Stück

Pro Stück: E: 6 g, F: 19 g, Kh: 49 g,
kJ: 1674, kcal: 400, BE: 4,0

Für den Streuselteig:

      100 g Weizenmehl
       25 g Zucker
      1 Pck. Dr. Oetker Vanillin-Zucker
      1 Prise Salz
       70 g Butter oder Margarine
             (zimmerwarm)

Für den Hefeteig:

      275 g Weizenmehl
      1 Pck. Hefeteig Garant
      100 g Schlagsahne
       50 g Zucker
      1 Pck. Dr. Oetker Vanillin-Zucker
      1 Prise Salz
        1 Ei (Größe M)

Zum Bestreichen und Bestreuen:

        1 Eiweiß
      100 g fein gehackte Trockenfrüchte,
             z. B. getrocknete Aprikosen,
             Datteln, Zitronat
      3 EL Zucker
      1/2 TL gem. Zimt
      100 g Butter oder Margarine
             (zimmerwarm)
        1 Eigelb
      1–2 EL Wasser

Zubereitungszeit: 25 Minuten, ohne Abkühlzeit
Backzeit: etwa 20 Minuten

1. Für den Streuselteig Mehl in eine Rührschüssel geben. Zucker, Vanillin-Zucker, Salz und Butter oder Margarine hinzufügen.

2. Die Zutaten mit einem Mixer (Rührstäbe) zunächst kurz auf niedrigster, dann auf höchster Stufe zu feinen Streuseln verarbeiten.

3. Backofen vorheizen.
Ober-/Unterhitze: etwa 200 °C
Heißluft: etwa 180 °C

4. Für den Hefeteig Mehl mit Hefeteig Garant in einer Rührschüssel vermischen. Sahne, Zucker, Vanilin-Zucker, Salz und Ei dazugeben.

5. Die Zutaten mit einem Mixer (Knethaken) zunächst auf niedrigster, dann auf höchster Stufe in etwa 2 Minuten zu einem glatten Teig verarbeiten.

6. Den Hefeteig aus der Schüssel nehmen, auf eine leicht bemehlte Arbeitsfläche geben, kurz durchkneten und mit den Händen flach drücken. Streusel daraufstreuen und alles kurz, aber gründlich zu einem glatten Teig verkneten.

7. Teig auf einer leicht bemehlten Arbeitsfläche zu einem Rechteck (etwa 20 x 40 cm) ausrollen.

8. Das Teigrechteck mit verschlagenem Eiweiß bestreichen und mit den gehackten Früchten bestreuen. Zucker und Zimt mischen, daraufstreuen. Die Butter oder Margarine in kleinen Stückchen auf dem Teig verteilen.

9. Die Teigplatte von der Längsseite aus aufrollen und in etwa 4 cm breite Stücke schneiden. Die Teigstücke mit etwas Abstand auf ein Backblech (mit Backpapier belegt) setzen.

10. Mit einem bemehlten Kochlöffelstiel oder der bemehlten Handkante die Stücke zwischen den Schnittkanten in der Mitte herunterdrücken und etwas flach drücken, sodass sich die Schnittkanten stark hochwölben.

11. Das Eigelb mit etwas Wasser verquirlen, die Brötchen damit bestreichen.

12. Das Backblech in den vorgeheizten Backofen schieben. Die Franzbrötchen **etwa 20 Minuten backen.**

13. Franzbrötchen mit dem Backpapier vom Backblech auf einen Kuchenrost ziehen, erkalten lassen.

Fress-mich-dumm-Kuchen I

Gut vorzubereiten
20 Stücke

Pro Stück: E: 4 g, F: 28 g, Kh: 26 g,
kJ: 1543, kcal: 369, BE: 2,0

Für den Knetteig:

          250 g Weizenmehl
    3 gestr. TL Dr. Oetker Backin
          100 g Zucker
        1 Prise Salz
     3 Tropfen Bittermandel-Aroma
                 (aus dem Röhrchen)
            1 Ei (Größe M)
          150 g Butter oder Margarine

Für die Creme:

        ½ Pck. Dr. Oetker Pudding-Pulver
                 Vanille-Geschmack
           50 g Zucker
         250 ml Milch (3,5 % Fett)
          125 g Butter
           25 g Kokosfett

Für den Belag:

          125 g Butter
          250 g gehackte Walnusskerne
          100 g Zucker
           50 g Zartbitter-Kuvertüre oder
                 -Schokolade

Zubereitungszeit: 35 Minuten, ohne Abkühlzeit
Backzeit: 15–20 Minuten

1. Den Backofen vorheizen.
Ober-/Unterhitze: etwa 200 °C
Heißluft: etwa 180 °C

2. Für den Teig Mehl mit Backpulver in einer Rührschüssel mischen. Zucker, Salz, Aroma, Ei und Butter
oder Margarine hinzufügen. Die Zutaten mit einem
Mixer (Knethaken) zunächst kurz auf niedrigster, dann
auf höchster Stufe gut durcharbeiten.

3. Anschließend den Teig auf einer leicht bemehlten
Arbeitsfläche kurz zu einer Rolle verkneten. Den Teig
auf dem Backblech etwa ½ cm dick zu einer Platte
(etwa 30 x 30 cm) ausrollen und mehrmals mit einer
Gabel einstechen.

4. Backblech in den vorgeheizten Backofen schieben.
Den Kuchenboden **15–20 Minuten backen.**

5. Den Boden anschließend auf dem Backblech auf
einem Kuchenrost erkalten lassen.

6. Für die Creme inzwischen aus Pudding-Pulver,
Zucker und Milch nach Packungsanleitung einen
Pudding zubereiten und unter gelegentlichem Rühren
abkühlen lassen (nicht kalt stellen).

7. Butter mit Kokosfett zerlassen und etwas abkühlen
lassen. Dann das flüssige Fett zu dem Pudding geben,
gut verrühren und die Creme gleichmäßig auf dem
erkalteten Boden verstreichen.

8. Für den Belag Butter in einer Pfanne zerlassen,
Walnusskerne und Zucker darin rösten. Die Mischung
noch warm auf der Creme verteilen.

9. Kuvertüre oder Schokolade in kleine Stücke hacken, in einem kleinen Topf im Wasserbad bei schwacher Hitze unter Rühren schmelzen und mit einem
kleinen Löffel über den Kuchen sprenkeln. Den Kuchen in 20 (je etwa 7,5 x 6 cm) kleine Schnittchen
schneiden.

Tipps: Der Kuchen schmeckt richtig gut, wenn er
einen Tag zugedeckt durchziehen durfte. Der Kuchen
ist auch lecker mit Gala Karamell-Pudding-Pulver,
dann anstelle von Walnusskernen gehackte Mandeln
verwenden.

Frischkäse-Creme-Rolle I

Für Gäste
16 Stücke

Pro Stück: E: 6 g, F: 10 g, Kh: 23 g,
kJ: 844, kcal: 202, BE: 2,0

Zum Vorbereiten:
50 g Rosinen

Für den Biskuitteig:
4 Eier (Größe M)
2 EL heißes Wasser
1 Prise Salz
90 g Zucker
1 Pck. Dr. Oetker Vanillin-Zucker
100 g Weizenmehl
½ TL Dr. Oetker Backin
1 TL gem. Zimt

Für die Füllung:
125 g Apfelgelee
(aus dem Glas)
400 g Frischkäse mit Joghurt
150 g Magerquark
2–3 EL Zitronensaft
½ Pck. Dr. Oetker Finesse
Geriebene Zitronenschale
200 g gekühlte Schlagsahne
(mind. 30 % Fett)
1 Pck. Sahnesteif

Zum Bestreuen:
etwas Puderzucker

Zubereitungszeit: 25 Minuten, ohne Abkühlzeit
Backzeit: 12–14 Minuten

1. Zum Vorbereiten die Rosinen grob hacken.

2. Den Backofen vorheizen.
Ober-/Unterhitze: etwa 200 °C
Heißluft: etwa 180 °C

3. Für den Teig Eier mit Wasser und Salz mit einem Mixer (Rührstäbe) auf höchster Stufe in etwa 1 Minute schaumig schlagen. Zucker mit Vanillin-Zucker mi-schen, in etwa 1 Minute einstreuen, dann noch etwa 2 Minuten schlagen.

4. Mehl mit Backpulver und Zimt mischen, auf die Eiercreme geben und kurz auf niedrigster Stufe unterrühren.

5. Die Rosinen gleichmäßig auf einem Backblech (30 x 40 cm, gefettet, mit Backpapier belegt) vertei-len. Biskuitmasse darauf glatt verstreichen. Das Back-blech in den vorgeheizten Backofen schieben. Gebäck-platte **12–14 Minuten backen.**

6. Ein Stück Backpapier in Größe des Backblechs mit Zucker bestreuen. Gebäckplatte sofort nach dem Backen vom Backblech daraufstürzen, mitgebackenes Backpapier abziehen. Gebäckplatte mit dem umge-drehten Backblech bedeckt erkalten lassen.

7. Für die Füllung Apfelgelee durch ein feines Sieb streichen, mit Frischkäse und Quark verrühren und mit Zitronensaft und -schale abschmecken. Sahne mit Sahnesteif steif schlagen. Die Sahne unter die Frischkäsecreme heben.

8. Die Füllung auf die Gebäckplatte streichen, dabei rundherum einen etwa 2 cm breiten Rand frei lassen. Die Biskuitplatte mithilfe des Backpapiers von der lan-gen Seite aus aufrollen. Die Rolle mindestens 1 Stun-de in den Kühlschrank stellen. Die Rolle vor dem Ser-vieren mit Puderzucker bestreuen.

Tipps: Statt Apfelgelee können Sie auch Zitronen- oder Johannisbeergelee für die Füllung verwenden. Wenn Ihre Familie Rosinen nicht so gern mag, einfach 50 g gehackte Mandeln auf den Biskuitteig streuen.

Frischkäse-Klecksel-Kuchen I

Einfach

20 Stücke

Pro Stück: E: 5 g, F: 16 g, Kh: 21 g,
kJ: 1042, kcal: 249, BE: 1,5

Für den Rührteig:

200 g	Butter oder Margarine (zimmerwarm)
200 g	Zucker
1 Pck.	Dr. Oetker Vanillin-Zucker
1 Prise	Salz
3	Eier (Größe M)
150 g	Doppelrahm-Frischkäse
1 Pck.	Dr. Oetker Finesse Geriebene Zitronenschale
4 EL	Zitronensaft
250 g	Weizenmehl
3 gestr. TL	Dr. Oetker Backin
15 g	Kakaopulver
2 EL	Milch (3,5 % Fett)
100 g	gem. Haselnusskerne
40 g	gehackte Pistazienkerne

Zubereitungszeit: 30 Minuten, ohne Abkühlzeit
Backzeit: 25–30 Minuten

1. Den Backofen vorheizen.
Ober-/Unterhitze: etwa 180 °C
Heißluft: etwa 160 °C

2. Für den Teig die Butter oder Margarine mit einem Mixer (Rührstäbe) geschmeidig rühren. Nach und nach Zucker, Vanillin-Zucker und Salz unterrühren, bis eine gebundene Masse entstanden ist.

3. Die Eier nach und nach unterrühren (jedes Ei etwa ½ Minute). Dann Frischkäse, Zitronenschale und -saft unterrühren. Das Mehl und Backpulver mischen und danach in 2 Portionen auf mittlerer Stufe kurz unterrühren.

4. Dann den Teig in 3 Portionen teilen. Unter die erste Portion Kakao und Milch, unter die zweite Portion die Haselnusskerne und unter die dritte Portion die Pistazienkerne rühren.

5. Von den 3 Teigen jeweils unterschiedliche Kleckse nebeneinander auf ein Backblech (30 x 40 cm, gefettet) geben und diese mit einem in Wasser getauchten Esslöffel flach drücken.

6. Das Backblech in den vorgeheizten Backofen schieben. Den Kuchen **25–30 Minuten backen.**

7. Das Backblech auf einen Kuchenrost stellen und den Kuchen erkalten lassen.

Tipps: Nach Belieben die einzelnen Kleckse mit Pistazien oder gehackten Haselnüssen bestreuen. Es können auch drei unterschiedliche Nussarten, z.B. Walnusskerne, Haselnusskerne und abgezogene Mandeln (jeweils 100 g), je zur Hälfte gehackt und gemahlen unter den Teig gegeben werden. Dann weiter wie unter Punkt 5 beschrieben verfahren. Der Kuchen hält sich in Folie verpackt einige Tage frisch.

Fruchtig gefüllte Blätterteig-kissen | Für Gäste

5 Stück

Pro Stück: E: 10 g, F: 26 g, Kh: 39 g,
kJ: 1772, kcal: 423, BE: 3,0

> 1 Pck. frischer Blätterteig
> (aus dem Kühlregal, 275 g,
> rechteckig, etwa 40 x 25 cm)

Für die Füllung:
> 125 g Marzipan-Rohmasse
> 100 g Fruchtaufstrich Kirsche
> oder Kirschkonfitüre

Zum Bestreichen und Bestreuen:
> 1 verschlagenes Eiweiß
> 1 Eigelb
> 1 EL Milch (3,5 % Fett)
> 25 g gehobelte Mandeln

Zubereitungszeit: 10 Minuten, ohne Abkühlzeit
Backzeit: etwa 20 Minuten

1. Den Backofen vorheizen.
Ober-/Unterhitze: etwa 200 °C
Heißluft: etwa 180 °C

2. Die Blätterteigplatte mit dem Backpapier auf der Arbeitsfläche entrollen. Den Teig in 10 gleich große Rechtecke (je etwa 8 x 12 cm) schneiden.

3. Marzipan grob raspeln, mit dem Fruchtaufstrich oder der Konfitüre gut vermischen. Die Marzipan-Fruchtmasse mit einem Teelöffel jeweils in die Mitte von 5 Blätterteigrechtecken setzen.

4. Die Teigränder der belegten Blätterteigrechtecke mit dem Eiweiß bestreichen. Übrige Teigrechtecke jeweils über die Füllungen legen, die Seiten rundherum gut andrücken.

5. Die Teigkissen auf einem Backblech (mit Backpapier belegt) verteilen. Eigelb und Milch verquirlen und die Teigkissen damit bestreichen. Die Teigkissen mit Mandeln bestreuen.

6. Das Backblech in den vorgeheizten Backofen schieben. Die Teilchen **etwa 20 Minuten backen.**

7. Die Blätterteigkissen mit dem Backpapier auf einen Kuchenrost ziehen und erkalten lassen.

Tipp: Die Blätterteigkissen nach Belieben mit einem Puderzuckerguss besprenkeln. Dazu 50 g Puderzucker mit 2 Teelöffeln Wasser verrühren.

Fruchtquarkmuffins I

Für Kinder
12 Stück

Pro Stück: E: 5 g, F: 11 g, Kh: 23 g,
kJ: 874, kcal: 209, BE: 2,0

Für den All-in-Teig:
- 50 g Weizenmehl
- 50 g gem. Mandeln
- ½ TL Dr. Oetker Backin
- 75 g Zucker
- 1 Prise Salz
- 1 Ei (Größe M)
- 1 Eigelb (Größe M)
- 60 g Butter oder Margarine (zimmerwarm)

Für den Belag:
- 1 Eiweiß (Größe M)
- 400 g Fruchtquark, z. B. Aprikose
- 2 gestr. EL Zucker
- 1 gestr. EL Hartweizengrieß

Zum Garnieren:
- 3 EL rote Konfitüre, z. B. Sauerkirschkonfitüre
- etwas Vollmilch-Schokolade
- einige Minzeblätter

Zubereitungszeit: 20 Minuten, ohne Abkühlzeit
Backzeit: 20–25 Minuten

1. Den Backofen vorheizen.
Ober-/Unterhitze: etwa 200 °C
Heißluft: etwa 180 °C

2. Für den Teig Mehl mit Mandeln und Backpulver in einer Rührschüssel mischen. Restliche Zutaten hinzufügen und alles mit einem Mixer (Rührstäbe) erst kurz auf niedrigster, dann auf höchster Stufe in etwa 2 Minuten zu einem glatten Teig verarbeiten.

3. Den Teig in eine Muffinform (für 12 Muffins, gefettet und bemehlt) füllen. Die Form auf dem Rost in den vorgeheizten Backofen schieben. Die Muffins **etwa 10 Minuten vorbacken.**

4. Für den Belag das Eiweiß mit einem Mixer (Rührstäbe) auf höchster Stufe steif schlagen. Der Schnee muss so fest sein, dass ein Messerschnitt sichtbar bleibt. Quark, Zucker und Grieß dazugeben und kurz unterrühren.

5. Die Quarkmasse auf die vorgebackenen Muffins geben. Die Backofentemperatur um etwa 20 °C (auf Ober-/Unterhitze: etwa 180 °C, Heißluft: etwa 160 °C) herunterschalten.

6. Die Form wieder auf dem Rost in den heißen Backofen schieben. Die Muffins **weitere 10–15 Minuten backen.**

7. Die Muffinform auf einen Kuchenrost stellen. Die Muffins in der Form etwa 10 Minuten abkühlen lassen. Anschließend vorsichtig aus der Form lösen und auf einem Kuchenrost erkalten lassen.

8. Zum Garnieren auf jeden Muffin vor dem Servieren einen Klecks Konfitüre geben. Von der Schokolade mit einem Sparschäler einige Flocken abhobeln und auf den Muffins verteilen. Muffins mit Minzeblättchen garnieren.

Tipps: Sie können den Fruchtquark für den Belag auch selbst zubereiten. Dazu dann 400 g Mager- oder Speisequark mit 2 Esslöffeln der Konfitüre verrühren, die Sie besondern gern mögen oder die Sie gerade im Kühlschrank zu Hause zur Verfügung haben. Diese Konfitüre eignet sich dann natürlich genauso gut zum Garnieren der Muffins.

Gefüllte Vollkornmuffins I
Fruchtig
12 Stück

Pro Stück: E: 4 g, F: 14 g, Kh: 33 g,
kJ: 1143, kcal: 273, BE: 2,5

Für den Teig:

220 g	Vollkorn-Weizenmehl
3 gestr. TL	Dr. Oetker Backin
1 Prise	Salz
130 g	brauner Zucker
1 Pck.	Dr. Oetker Bourbon-Vanille-Zucker
200 ml	Buttermilch
100 ml	Speiseöl, z. B. Sonnenblumenöl
2	Eier (Größe M)

Für die Füllung:

200 g	Schmand (Sauerrahm, 24 % Fett)
150 g	Kirsch- oder Beerenkonfitüre

Zum Bestäuben:

	etwas Puderzucker

Zubereitungszeit: 25 Minuten, ohne Abkühlzeit
Backzeit: etwa 30 Minuten

1. Den Backofen vorheizen.
Ober-/Unterhitze: etwa 180 °C
Heißluft: etwa 160 °C

2. Für den Teig Mehl, Backpulver, Salz, Zucker und Vanille-Zucker in eine Rührschüssel geben und mit einem Schneebesen verrühren.

3. Buttermilch, Speiseöl und Eier in einem Rührbecher mit dem Schneebesen verrühren. Die flüssigen Zutaten zu der Mehlmischung in die Rührschüssel geben und zu einem glatten Teig verrühren.

4. Den Teig in eine Muffinform (für 12 Muffins, gefettet, bemehlt) geben. Die Form auf dem Rost in den vorgeheizten Backofen schieben und die Muffins **etwa 30 Minuten backen.**

5. Die Form auf einen Kuchenrost stellen. Muffins etwa 5 Minuten in der Form stehen lassen, dann aus der Form lösen und auf dem Kuchenrost erkalten lassen. Muffins waagerecht halbieren.

6. Für die Füllung Schmand glatt rühren. Die unteren Muffinhälften zunächst mit je 1 Esslöffel Schmand bestreichen. Anschließend 1–2 Teelöffel Konfitüre daraufgeben. Die oberen Muffinhälften daraufsetzen und mit Puderzucker bestäuben.

Tipp: Zum Füllen können Sie auch Apfelkompott oder eine andere Konfitüre, Marmelade oder Pflaumenmus verwenden.

Gemüse-Quark-Kuchen I

Herzhaft – vegetarisch

12 Stücke

Pro Stück: E: 7 g, F: 10 g, Kh: 9 g,
kJ: 639, kcal: 153, BE: 0,5

1	rote Paprikaschote (200 g)
einige	
Stängel	Koriander oder glatte Petersilie
400 g	Kräuterquark
200 g	Schlagsahne
3	Eier (Größe M)
60 g	Hartweizengrieß
140 g	abgespülter, abgetropfter Gemüsemais (aus der Dose)
140 g	abgespülte, abgetropfte Erbsen (aus der Dose)
	Salz, gem. Pfeffer
	Paprikapulver rosenscharf
etwas	vorbereiteter Koriander oder glatte Petersilie

Zubereitungszeit: 20 Minuten, ohne Abkühlzeit
Backzeit: 30–35 Minuten

1. Den Backofen vorheizen.
Ober-/Unterhitze: etwa 200 °C
Heißluft: etwa 180 °C

2. Paprikaschote halbieren, entstielen, entkernen und die weißen Scheidewände entfernen. Paprika abspülen, abtropfen lassen und in etwa ½ cm große Würfel schneiden.

3. Koriander oder Petersilie abspülen, trocken tupfen, die Blätter von den Stängeln zupfen und hacken.

4. Kräuterquark, Sahne, Eier und Grieß in eine Rührschüssel geben und mit einem Schneebesen verrühren. Mais, Erbsen und Paprikawürfel kurz unterrühren. Die Masse mit Salz, Pfeffer und Paprika würzen und in eine Tarteform (Ø 26–28 cm, gefettet) füllen.

5. Die Form auf dem Rost in den vorgeheizten Backofen schieben. Gemüse-Quark-Kuchen **30–35 Minuten backen.**

6. Die Form auf einen Kuchenrost stellen. Den Kuchen in der Form erkalten lassen, zum Servieren mit Koriander oder Petersilie garnieren.

Gestreifter Orangenkuchen I

Preiswert

16 Stücke

Pro Stück: E: 3 g, F: 11 g, Kh: 22 g,
kJ: 832, kcal: 199, BE: 2,0

Für den hellen Teig:

150 g	Weizenmehl
3 TL	Dr. Oetker Backin
150 g	Zucker
1 Pck.	Dr. Oetker Vanillin-Zucker
125 g	Butter oder Margarine
	(zimmerwarm)
2	Eier (Größe M)
75 g	gehackte Mandeln

Für den dunklen Teig:

1 EL	gesiebtes Kakaopulver
1 Pck.	Dr. Oetker Finesse
	Orangenschalen-Aroma
1–2 EL	Orangensaft
40 g	Schokotropfen

Zum Bestreichen:

3 EL	Orangenmarmelade
1 EL	Orangensaft

Zubereitungszeit: 15 Minuten, ohne Abkühlzeit
Backzeit: etwa 25 Minuten

1. Den Backofen vorheizen.
Ober-/Unterhitze: etwa 180 °C
Heißluft: etwa 160 °C

2. Für den Teig Mehl mit Backpulver in einer Rührschüssel vermischen. Zucker, Vanillin-Zucker, Butter oder Margarine und Eier hinzufügen und alles mit einem Mixer (Rührstäbe) zunächst auf niedrigster, dann auf höchster Stufe etwa 2 Minuten zu einem glatten Teig verarbeiten.

3. Mandeln unterheben. Den Teig halbieren.

4. Für den dunklen Teig unter eine Teighälfte Kakao, Orangenschale und -saft rühren. Schokotropfen unterheben. Mit einem Esslöffel abwechselnd den hellen und dunklen Teig streifenweise in eine Springform (Ø 26 cm, Boden gefettet) einfüllen.

5. Die Form auf dem Rost im unteren Drittel in den vorgeheizten Backofen schieben. Den Kuchen **etwa 25 Minuten backen.**

6. Die Form nach dem Backen auf einen Kuchenrost stellen. Kuchen etwa 10 Minuten abkühlen lassen.

7. Zum Bestreichen Orangenmarmelade mit Orangensaft in einem kleinen Topf verrühren und aufkochen lassen. Den Kuchen aus der Form lösen und auf einen mit Backpapier belegten Kuchenrost legen. Den Kuchen mit der warmen Orangenmarmelade einstreichen und erkalten lassen.

Tipps: Den Kuchen nach dem Bestreichen zusätzlich mit Orangenzesten bestreuen. Statt der Schokotropfen eignet sich auch fein gehackter Zartbitter-Schokolade.

Rezeptvariante: Für einen **gestreiften Zitronenkuchen** ersetzen Sie im dunklen Teig das Päckchen Dr. Oetker Finesse Orangenschalen-Aroma durch 1 Päckchen Finesse Geriebene Zitronenschale, tauschen den Orangensaft durch Zitronensaft und geben statt der Schokotröpfchen gehackte weiße Schokolade in den Teig. Zum Bestreichen verwenden Sie statt der Orangenmarmelade und des Orangensaftes Zitronenmarmelade und Zitronensaft.

Getränkte Orangen-Kokoscreme-Schnittchen I

Fruchtig

12 Stücke

Pro Stück: E: 4 g, F: 18 g, Kh: 25 g,
kJ: 1167, kcal: 279, BE: 2,0

Für den Biskuitteig:

3	*Eier (Größe M)*
1	*Eigelb (Größe M)*
75 g	*Zucker*
1 Pck.	*Dr. Oetker Vanillin-Zucker*
75 g	*Weizenmehl*
25 g	*Speisestärke*
½ gestr. TL	*Dr. Oetker Backin*
½ Pck.	*Dr. Oetker Finesse Orangenschalen-Aroma*

Für den Fruchtsirup:

125 g	*frisch gepresster Orangensaft (z. B. aus dem Kühlregal)*
½ Pck.	*Dr. Oetker Finesse Orangenschalen-Aroma*
40 g	*Puderzucker*

Für die Füllung:

35 g	*Kokosraspel*
200 g	*Butter (zimmerwarm)*
20 g	*Puderzucker*
300 g	*Vanille-Pudding (aus dem Kühlregal, zimmerwarm)*

Zum Bestäuben:

1–2 TL	*Puderzucker*

Zubereitungszeit: 30 Minuten, ohne Abkühlzeit
Backzeit: etwa 10 Minuten

1. Den Backofen vorheizen.
Ober-/Unterhitze: etwa 200 °C
Heißluft: etwa 180 °C

2. Für den Teig Eier und Eigelb mit einem Mixer (Rührstäbe) auf höchster Stufe in etwa 1 Minute schaumig schlagen. Den Zucker mit Vanillin-Zucker mischen, in etwa 1 Minute einstreuen, dann noch etwa 2 Minuten schlagen.

3. Mehl mit Speisestärke, Backpulver und Orangenschale mischen, auf die Eiercreme geben und kurz auf niedrigster Stufe unterrühren.

4. Den Teig auf ein Backblech (30 x 40 cm, gefettet, mit Backpapier belegt) geben und glatt streichen.

5. Das Backblech in den vorgeheizten Backofen schieben und die Biskuitplatte **etwa 10 Minuten backen.**

6. Für den Sirup Orangensaft, Orangenschalen-Aroma und Puderzucker verrühren, bis sich der Zucker ganz gelöst hat.

7. Biskuit sofort nach dem Backen mit dem Backpapier vom Backblech auf einen Kuchenrost ziehen.

8. Die Biskuitplatte mit der Sirupmischung gleichmäßig tränken und mit dem umgedrehten Backblech bedeckt erkalten lassen. Dabei darauf achten, dass das Backblech die Biskuitplatte nicht berührt und dass die Seitenränder des Bleches nicht vom Rost rutschen (so bleibt die dünne Biskuitplatte elastisch und trocknet nicht so aus).

9. Für die Füllung die Kokosraspel in einer Pfanne ohne Fett leicht anrösten, dann auf einen Teller geben. 20 g davon für die Füllung abwiegen. Die Biskuitplatte in 3 gleich große Stücke schneiden.

10. Butter und Puderzucker in einer Rührschüssel mit einem Mixer (Rührstäbe) hellcremig aufschlagen. Den Pudding esslöffelweise unterschlagen, dann die abgewogenen 20 g Kokosraspel einrühren.

11. Zwei Biskuitplatten mit der Kokoscreme dünn bestreichen, aufeinandersetzen und mit der unbestrichenen Platte bedecken. Kuchen bis zum Servieren in den Kühlschrank stellen.

12. Kuchen in 12 feine Schnittchen schneiden und vor dem Servieren mit den restlichen Kokosraspeln und Puderzucker bestäuben.

Gorgonzola-Gemüse-Pie I

Herzhafter Snack
8 Stücke

Pro Stück: E: 10 g, F: 29 g, Kh: 25 g,
kJ: 1695, kcal: 405, BE: 2,0

Für den Streuselteig:

200 g	Weizenmehl
½ TL	Salz
100 g	Butter oder Margarine (zimmerwarm)
1	Ei (Größe M)
1 EL	Wasser
50 g	Walnusskernhälften

Für die Füllung:

230 g	abgetropfte Birnenhälften (aus der Dose)
4 Stangen	Staudensellerie (etwa 200 g)
100 g	Frühlingszwiebeln
1 EL	Speiseöl, z. B. Rapsöl
2	Eier (Größe M)
200 g	Schmand (Sauerrahm) gem. Pfeffer Salz
100–150 g	Gorgonzola

Zubereitungszeit: 20 Minuten, ohne Abkühlzeit
Backzeit: etwa 30 Minuten

1. Den Backofen vorheizen.
Ober-/Unterhitze: etwa 220 °C
Heißluft: etwa 200 °C

2. Für den Streuselteig Mehl mit Salz, Butter oder Margarine, Ei und Wasser in eine Rührschüssel geben. Zutaten mit einem Mixer (Rührstäbe) zunächst kurz auf niedrigster, danach auf höchster Stufe zu feinen Streuseln verarbeiten.

3. Dann die Streusel in einer Spring- oder Tarteform (Ø 26–28 cm, gefettet, mit Backpapier belegt) verteilen, mit einem Löffelrücken zu einem Boden andrücken und einen kleinen Rand formen. Die Walnusskernhälften darauf verteilen.

4. Für die Füllung die Birnen mit Küchenpapier trocken tupfen und in breite Spalten schneiden. Birnenspalten auf dem Streuselboden verteilen.

5. Sellerie putzen, evtl. entfädeln, abspülen und abtropfen lassen. Frühlingszwiebeln putzen, abspülen, abtropfen lassen und in Scheiben schneiden. Sellerie in feine Scheiben schneiden. Öl in einer Pfanne erhitzen. Selleriescheiben darin unter Wenden etwa eine Minute anbraten. Frühlingszwiebelscheiben zugeben und alles 1 weitere Minute braten.

6. Sellerie-Zwiebel-Mischung auf den Birnen verteilen. Eier mit Schmand, Pfeffer und etwas Salz in einem hohen Rührbecher verschlagen. Schmand-Ei-Creme über die Zutaten in der Springform gießen. Gorgonzola evtl. entrinden, in feine Würfel schneiden und daraufstreuen.

7. Die Form auf dem Rost im unteren Drittel in den vorgeheizten Backofen schieben. Die Gemüse-Pie **etwa 30 Minuten backen.**

8. Die Pie vor dem Anschneiden und Servieren etwa 5 Minuten abkühlen lassen.

Tipp: Für ein besonderes Aroma die Sellerie-Zwiebel-Mischung mit 4 Esslöffeln trockenem Weißwein ablöschen und einkochen lassen. Zusätzlich 4–5 Scheiben Bacon (Frühstücksspeck) auf dem Gemüsebelag verteilen und knusprig mitbacken. Die Pie schmeckt auch mit anderen würzigen Käsesorten z. B. Munster, Bavaria blue.

Großmutters Eiweißkuchen I

Einfach – zur Eiweißverwertung
20 Stücke

Pro Stück: E: 3 g, F: 9 g, Kh: 18 g,
kJ: 700, kcal: 167, BE: 1,5

Für den Teig:

125 g *Butter (zimmerwarm)*
7 *Eiweiß (Größe M)*
1 Prise *Salz*
225 g *Zucker*
2 Pck. *Dr. Oetker Vanillin-Zucker*
100 g *Weizenmehl*
1 Msp. *Dr. Oetker Backin*
100 g *gehackte Mandeln*

Zum Besprenkeln:

50 g *Zartbitter-Schokolade*
1 TL *Sonnenblumenöl*

Zubereitungszeit: 20 Minuten, ohne Abkühlzeit
Backzeit: etwa 40 Minuten

1. Für den Teig Butter zerlassen und etwas abkühlen lassen.

2. Den Backofen vorheizen.
Ober-/Unterhitze: etwa 180 °C
Heißluft: etwa 160 °C

3. Das Eiweiß mit Salz mit einem Mixer (Rührstäbe) auf höchster Stufe sehr steif schlagen. Zucker und Vanillin-Zucker mischen, nach und nach unterrühren.

4. Mehl, Backpulver und Mandeln mischen, unter den Eischnee heben. Zum Schluss die flüssige Butter vorsichtig unterziehen.

5. Den Teig in eine Rehrückenform (gefettet, bemehlt) füllen. Die Form auf dem Rost in den vorgeheizten Backofen schieben. Den Kuchen **etwa 40 Minuten backen.**

6. Die Form auf einen mit Backpapier belegten Kuchenrost stellen. Den Kuchen etwa 10 Minuten abkühlen lassen, aus der Form auf den mit Backpapier belegten Kuchenrost stürzen und erkalten lassen.

7. Zum Besprenkeln Schokolade in Stücke schneiden, zusammen mit dem Öl in einem kleinen Topf im Wasserbad unter Rühren schmelzen. Den Kuchen mit der Schokolade besprenkeln.

Großmutters Gewürzstreusel I

Weihnachtlich

etwa 40 Stück

Pro Stück: E: 1 g, F: 3 g, Kh: 6 g,
kJ: 210, kcal: 50, BE: 0,5

200 g	Weizenmehl
1 Msp.	Dr. Oetker Backin
1 Msp.	gem. Zimt
½ TL	gem. Kardamom
½ TL	gem. Ingwer
½ TL	gem. Nelken
80 g	brauner Zucker
2 EL	kaltes Wasser
100 g	Butter oder Margarine (zimmerwarm)
40 g	gehobelte Haselnusskerne

Zubereitungszeit: 25 Minuten, ohne Abkühlzeit
Backzeit: etwa 15 Minuten je Backblech

1. Den Backofen vorheizen.
Ober-/Unterhitze: etwa 180 °C
Heißluft: etwa 160 °C

2. Das Mehl mit Backpulver und Gewürzen in einer Rührschüssel mischen. Braunen Zucker, Wasser und Butter oder Margarine hinzufügen und mit einem Mixer (Rührstäbe) zunächst kurz auf niedrigster, dann auf höchster Stufe zu Streuseln von gewünschter Größe verarbeiten (je länger man rührt, desto größer die Streusel). Zum Schluss die gehobelten Haselnusskerne kurz unterrühren.

3. Den Teig mit zwei Teelöffeln in walnussgroßen Häufchen auf zwei Backbleche (gefettet, mit Backpapier belegt) setzen. Dabei genügend Abstand zwischen den Teighäufchen lassen.

4. Die Backbleche nacheinander (bei Heißluft zusammen) in den vorgeheizten Backofen schieben. Die Gewürzstreusel **etwa 15 Minuten je Backblech backen.**

5. Die Gewürzstreusel mit dem Backpapier von den Backblechen auf Kuchenroste ziehen. Das Gebäck erkalten lassen.

Tipp: Die Gewürzstreusel halten sich etwa 2 Wochen in gut schließenden Dosen.

Haferflocken-Rosinen-Kekse I
Für Kinder
16 Stück

Pro Stück: E: 3 g, F: 15 g, Kh: 32 g,
kJ: 1157, kcal: 276, BE: 3,0

Zum Vorbereiten:
    100 g Rosinen

Für den Teig:
    250 g Butter (zimmerwarm)
    150 g brauner Zucker
    80 g weißer Zucker
    1 Pck. Dr. Oetker Bourbon-
           Vanille-Zucker
    1 gestr. TL gem. Zimt
    2 Eier (Größe M)
    180 g Weizenmehl
    ½ gestr. TL Dr. Oetker Backin
    150 g zarte Haferflocken

Zubereitungszeit: 25 Minuten, ohne Abkühlzeit
Backzeit: 13–15 Minuten je Backblech

1. Die Rosinen in eine kleine Schüssel geben und mit heißem Wasser auffüllen. Rosinen etwas einweichen lassen.

2. In der Zwischenzeit den Backofen vorheizen.
Ober-/Unterhitze: etwa 180 °C
Heißluft: etwa 160 °C

3. Die Butter in einer Rührschüssel mit einem Mixer (Rührstäbe) auf höchster Stufe in etwa 2 Minuten schaumig schlagen.

4. Beide Zuckersorten mit Vanille-Zucker und Zimt mischen. Die Zucker-Zimt-Mischung zu der Butter geben. Die Zutaten noch etwa 2 Minuten schlagen.

5. Die Eier nach und nach unterrühren. Die Rosinen gut abtropfen lassen und kurz unterrühren.

6. Mehl mit Backpulver und Haferflocken mischen. Das Mehl-Haferflocken-Gemisch in 2 Portionen auf mittlerer Stufe kurz unter die Buttermischung rühren.

7. Teig in aprikosengroßen Häufchen auf zwei Backbleche (gefettet, mit Backpapier belegt) setzen. Dabei viel Abstand zwischen den Teighäufchen lassen. Die Backbleche nacheinander (bei Heißluft zusammen) in den vorgeheizten Backofen schieben. Die Haferflocken-Rosinen-Kekse **13–15 Minuten je Backblech backen.**

8. Die Haferflocken-Rosinen-Kekse mit dem Backpapier von den Backblechen auf Kuchenroste ziehen und erkalten lassen.

Tipps: Wenn Sie es ein bisschen abwechslungsreicher mögen, tauschen Sie die Rosinen gegen getrocknete Cranberrys oder getrocknete Sauerkirschen aus. Die Kekse lassen sich etwa 3 Wochen in gut schließenden Dosen aufbewahren.

Haferflockentorte I

Einfach
16 Stücke

Pro Stück: E: 5 g, F: 23 g, Kh: 31 g,
kJ: 1492, kcal: 356, BE: 2,5

Für den Belag:

125 g Butter
100 g brauner Zucker
4 EL Schlagsahne
200 g kernige Haferflocken

Für den Rührteig:

200 g Butter oder Margarine
(zimmerwarm)
150 g brauner Zucker
1 Pck. Dr. Oetker Vanillin-Zucker
1 Prise ger. Muskatnuss
3 Eier (Größe M)
150 g Weizenmehl
2 gestr. TL Dr. Oetker Backin
80 g gem. Haselnusskerne

30 g Zartbitter-Schokolade

Zubereitungszeit: 30 Minuten, ohne Abkühlzeit
Backzeit: etwa 30 Minuten

1. Für den Belag Butter, Zucker und Sahne in einen Topf geben, zum Kochen bringen und 1–2 Minuten kochen lassen. Den Topf von der Kochstelle nehmen und die Haferflocken unterrühren.

2. Den Backofen vorheizen.
Ober-/Unterhitze: etwa 180 °C
Heißluft: etwa 160 °C

3. Für den Teig Butter oder Margarine in einer Rührschüssel mit einem Mixer (Rührstäbe) auf höchster Stufe geschmeidig rühren. Nach und nach Zucker, Vanillin-Zucker und Muskat unterrühren. So lange rühren, bis eine gebundene Masse entstanden ist.

4. Die Eier nach und nach unterrühren (jedes Ei etwa ½ Minute). Mehl mit Backpulver und Haselnusskernen mischen, in 2 Portionen kurz auf mittlerer Stufe unter-

rühren. Den Teig in eine Springform (Ø 28 cm, Boden gefettet, mit Backpapier belegt) füllen und glatt streichen. Den Haferflockenbelag darauf verteilen.

5. Die Form auf dem Rost in den vorgeheizten Backofen schieben. Die Haferflockentorte **etwa 30 Minuten backen.**

6. Die Form auf einen Kuchenrost stellen. Die Torte etwas abkühlen lassen. Dann vorsichtig aus der Form lösen, mitgebackenes Backpapier entfernen. Die Torte auf einem mit Backpapier belegten Kuchenrost erkalten lassen.

7. Schokolade in Stücke brechen und in einem kleinen Topf im heißen Wasserbad bei schwacher Hitze unter Rühren schmelzen. Schokolade in einen Gefrierbeutel füllen und eine kleine Spitze abschneiden. Die Torte mit der Schokolade verzieren. Guss fest werden lassen.

Hefekuchen mit Amarettini I

Einfach – raffiniert

20 Stücke

Pro Stück: E: 4 g, F: 10 g, Kh: 32 g,
kJ: 974, kcal: 232, BE: 2,5

Für den Hefeteig:

> 300 g Weizenmehl
> 1 Pck. Hefeteig Garant
> 50 g Zucker
> 1 Prise Salz
> 1 Ei (Größe M)
> 200 ml Milch (3,5 % Fett)
> 50 ml Speiseöl,
> z. B. Sonnenblumenöl

Für den Belag:

> 120 g Amarettini (ital.
> Mandelmakronen)
> 340 g Sauerkirschkonfitüre
> 250 g Mascarpone
> (ital. Frischkäse)
> 1 Ei (Größe M)
> 50 ml kaltes Wasser
> 20 g Zucker
> 2 EL Zitronensaft

Zubereitungszeit: 30 Minuten, ohne Abkühlzeit
Backzeit: etwa 30 Minuten

1. Für den Teig Mehl mit Hefeteig Garant in einer Rührschüssel mischen. Zucker, Salz, Ei, Milch und Speiseöl hinzufügen.

2. Die Zutaten mit einem Mixer (Knethaken) zunächst kurz auf niedrigster, dann auf höchster Stufe in etwa 2 Minuten zu einem glatten Teig verarbeiten.

3. Dann den dickflüssigen Teig auf einem Backblech (30 x 40 cm, gefettet) verteilen und glatt streichen. Den Teig mit einem zweiten Backblech zudecken und etwa 15 Minuten ruhen lassen.

4. In der Zwischenzeit den Backofen vorheizen.
Ober-/Unterhitze: etwa 200 °C
Heißluft: etwa 180 °C

5. Für den Belag Amarettini in einen Gefrierbeutel geben. Den Beutel fest verschließen. Amarettini mit einer Teigrolle grob zerbröseln.

6. Die Konfitüre glatt rühren. Mascarpone, Ei, Wasser, Zucker und Zitronensaft in eine Rührschüssel geben und mit einem Mixer (Rührstäbe) verrühren. Die Konfitüre in Klecksen auf den Teig geben. Mascarpone esslöffelweise darauf verteilen und vorsichtig glatt streichen.

7. Den Belag mit den Amarettini-Bröseln bestreuen. Das Backblech in den vorgeheizten Backofen schieben. Den Kuchen **etwa 30 Minuten backen.**

8. Das Backblech auf einen Kuchenrost stellen. Den Kuchen erkalten lassen.

Hefekuchen mit Cranberrys I

Für Kinder
20 Stücke

Pro Stück: E: 5 g, F: 5 g, Kh: 25 g,
kJ: 722, kcal: 172, BE: 2,0

Für den Hefeteig:
- 350 g *Weizenmehl*
- 1 Pck. *Hefeteig Garant*
- 50 g *Zucker*
- 1 *Ei (Größe M)*
- 200 ml *Milch (3,5 % Fett)*
- 30 g *Butter (zimmerwarm)*

Für den Belag:
- 100 g *getrocknete Cranberrys*
- 250 g *Speisequark (40 % Fett)*
- 300 g *Vanillejoghurt (3,5 % Fett)*
- 1 *Ei (Größe M)*
- 1 gestr. EL *Speisestärke*
- 30 g *gehobelte Mandeln*
- 30 g *Zucker*
- 1 Pck. *Dr. Oetker Vanillin-Zucker*

Zubereitungszeit: 20 Minuten, ohne Abkühlzeit
Backzeit: etwa 25 Minuten

1. Für den Hefeteig das Mehl in einer Rührschüssel mit Hefeteig Garant sorgfältig vermischen. Zucker, Ei, Milch und Butter hinzufügen. Die Zutaten mit einem Mixer (Knethaken) zunächst kurz auf niedrigster, dann auf höchster Stufe in etwa 2 Minuten zu einem glatten Teig verarbeiten.

2. Den Teig auf einer leicht bemehlten Arbeitsfläche nochmals kurz durchkneten und auf einem tiefen Backblech (30 x 40 cm, gefettet) ausrollen, dabei den Teig am Rand leicht andrücken. Den Teig etwa 10 Minuten ruhen lassen.

3. In der Zwischenzeit den Backofen vorheizen.
Ober-/Unterhitze: etwa 200 °C
Heißluft: etwa 180 °C

4. Für den Belag Cranberrys in kleine Stücke hacken. Quark mit Joghurt, Ei und Stärke verschlagen.

5. Mit bemehlten Fingern oder einem bemehlten Kochlöffelstiel in gleichmäßigen Abständen Löcher in die Teigplatte drücken. Die Cranberrys auf dem Teig verteilen und die Quark-Joghurt-Masse darauf verstreichen. Zuerst die Mandeln, dann den Zucker und Vanillin-Zucker daraufstreuen.

6. Das Backblech in den vorgeheizten Backofen schieben. Den Kuchen **etwa 25 Minuten backen.**

7. Das Backblech auf einen Kuchenrost stellen. Den Kuchen erkalten lassen.

Tipps: Der Kuchen schmeckt frisch am besten. Anstelle von getrockneten Cranberrys können Sie auch eine Mischung aus getrockneten Beeren verwenden.

Hefekuchen mit Nusskruste I
Einfach
20 Stücke

Pro Stück: E: 4 g, F: 14 g, Kh: 22 g,
kJ: 957, kcal: 228, BE: 2,0

Für den Hefeteig:
- 375 g Weizenmehl
- 1 Pck. Hefeteig Garant
- 50 g Zucker
- 1 Pck. Dr. Oetker Vanillin-Zucker
- 1 Prise Salz
- 1 Ei (Größe M)
- 50 g Butter (zimmerwarm)
- 200 g Schlagsahne

Für den Belag:
- 100 g gehackte Walnuss- oder Haselnusskerne
- 75 g kalte Butter
- 75 g Zucker
- 1 Pck. Dr. Oetker Vanillin-Zucker
- 50 g Schlagsahne

Zubereitungszeit: 20 Minuten, ohne Abkühlzeit
Backzeit: etwa 15 Minuten

1. Für den Teig das Mehl in einer Rührschüssel mit Hefeteig Garant sorgfältig vermischen. Die restlichen Teigzutaten hinzufügen und alles mit einem Mixer (Knethaken) zunächst kurz auf niedrigster, dann auf höchster Stufe in etwa 2 Minuten zu einem glatten Teig verarbeiten.

2. Den Backofen vorheizen.
Ober-/Unterhitze: etwa 200 °C
Heißluft: etwa 180 °C

3. Teig leicht mit Mehl bestäuben, aus der Schüssel nehmen und auf der leicht bemehlten Arbeitsfläche nochmals kurz durchkneten. Den Hefeteig auf einem Backblech (30 x 40 cm, gefettet) ausrollen.

4. Für den Belag mit einem bemehlten Kochlöffelstiel leichte Vertiefungen in den Teig drücken. Nusskerne auf dem Hefeteig verteilen. Die Butter in Flöckchen gleichmäßig daraufsetzen. Zucker mit Vanillin-Zucker mischen, daraufstreuen und zum Schluss die Sahne daufträufeln. Den Teig etwa 5 Minuten ruhen lassen.

5. Dann das Backblech in den vorgeheizten Backofen schieben. Den Kuchen **etwa 15 Minuten backen.** Das Backblech auf einen Kuchenrost stellen und den Kuchen darauf erkalten lassen.

Hefekuchen mit Schmand und Sanddorn | Raffiniert

20 Stücke

Pro Stück: E: 4 g, F: 12 g, Kh: 24 g,
kJ: 936, kcal: 224, BE: 2,0

Für den Hefeteig:

375 g	Weizenmehl (Type 550)
1 Pck.	Hefeteig Garant
200 ml	Milch (3,5 % Fett)
70 g	Zucker
1 Pck.	Dr. Oetker Vanillin-Zucker
1 Prise	Salz
100 g	Butter oder Margarine (zimmerwarm)

Für den Belag:

250 g	Schmand (Sauerrahm)
3	Eier (Größe M)
70 g	Zucker
2 EL	Zitronensaft

Außerdem:

250 g	Schmand (Sauerrahm)
3–4 EL	Sanddorn Vollfrucht (aus der Flasche mit Zucker gesüßt, erhältlich im Reformhaus)

Zubereitungszeit: 20 Minuten, ohne Abkühlzeit
Backzeit: etwa 25 Minuten

1. Für den Teig das Mehl mit Hefeteig Garant in einer Rührschüssel sorgfältig mischen. Restliche Teigzutaten hinzugeben. Die Zutaten mit einem Mixer (Knethaken) in etwa 2 Minuten zu einem glatten Teig verarbeiten. Den Hefeteig auf einer leicht bemehlten Arbeitsfläche nochmals kurz durchkneten und auf einem Backblech (30 x 40 cm, gefettet) ausrollen.

2. Für den Belag 250 g Schmand mit Eiern, Zucker und Zitronensaft verrühren, auf dem Teig verstreichen. Den Teig etwa 5 Minuten ruhen lassen.

3. In der Zwischenzeit den Backofen vorheizen.
Ober-/Unterhitze: etwa 200 °C
Heißluft: etwa 180 °C

4. Das Backblech in den vorgeheizten Backofen schieben. Den Kuchen **etwa 25 Minuten backen.**

5. Das Backblech auf einen Kuchenrost stellen. Den Schmand glatt rühren, dann sofort nach dem Backen auf den heißen Kuchen streichen. Sanddorn in breiten Abständen von links nach rechts der Länge nach in Streifen auf den Schmand träufeln. Dann mit einem Messer gitterartig Linien ziehen, dabei abwechselnd oben oder unten beginnen, sodass ein Muster entsteht. Den Kuchen erkalten lassen.

Tipp: Sanddorn kann durch die gleiche Menge verrührtes Johannisbeer- oder Himbeergelee oder durch pürierte Früchte ersetzt werden.

Heidelbeer-Mohn-Muffins | Fruchtig
12 Stück

Pro Stück: E: 4 g, F: 9 g, Kh: 34 g,
kJ: 989, kcal: 236, BE: 3,0

1	Bio-Orange (unbehandelt, ungewachst)
260 g	Weizenmehl
150 g	brauner Zucker
1 ½ TL	Dr. Oetker Backin
½ TL	Natron
1	Ei (Größe M)
80 ml	Speiseöl, z. B. Sonnenblumenöl
200 ml	Buttermilch
125 g	Mohn-Back (backfertige Mohnfüllung)
250 g	Heidelbeeren

12 Papierbackförmchen

Zubereitungszeit: 25 Minuten, ohne Abkühlzeit
Backzeit: etwa 25 Minuten

1. Den Backofen vorheizen.
Ober-/Unterhitze: etwa 180 °C
Heißluft: etwa 160 °C

2. Die Orange heiß abwaschen, abtrocknen und die Orangenschale fein abreiben. Mehl, braunen Zucker, Backpulver und Natron in eine Rührschüssel geben und vermischen. Orangenschale unterrühren.

3. In einer anderen Rührschüssel Ei, Speiseöl und Buttermilch mit einem Schneebesen verquirlen. Die Eiermilch auf die Mehlmischung gießen und mit einem Mixer (Knethaken) gut verkneten. Die Mohnzubereitung unterrühren.

4. Die Heidelbeeren abspülen und vorsichtig mit Küchenpapier trocken tupfen. Die Heidelbeeren vorsichtig unter den Teig heben.

5. Den Teig in eine Muffinform (für 12 Muffins, mit Papierbackförmchen ausgelegt) geben. Die Muffinform auf einem Rost in den vorgeheizten Backofen schieben. Die Muffins **etwa 25 Minuten backen.**

6. Die Muffinform auf einen Kuchenrost stellen. Die Muffins in der Form etwa 10 Minuten abkühlen lassen. Anschließend vorsichtig aus der Form lösen und auf einem Kuchenrost erkalten lassen.

Tipp: Die Muffins können auch mit frischen Preiselbeeren zubereitet werden.

Himbeer-Kokos-Muffins | Für Kinder
12 Stück

Pro Stück: E: 4 g, F: 17 g, Kh: 26 g,
kJ: 1165, kcal: 278, BE: 2,0

170 g Weizenmehl
100 g Kokosraspel
3 gestr. TL Dr. Oetker Backin
1 Prise Salz
120 g Zucker
1 Pck. Dr. Oetker Vanillin-Zucker
200 ml Buttermilch
70 ml Speiseöl, z. B. Sonnenblumenöl
1 Ei (Größe M)
300 g TK-Himbeeren

Für den Belag:
150 g Mascarpone (ital. Frischkäse)
1 EL Buttermilch
50 g Himbeergelee

Zubereitungszeit: 25 Minuten, ohne Abkühlzeit
Backzeit: etwa 25 Minuten

1. Den Backofen vorheizen.
Ober-/Unterhitze: etwa 180 °C
Heißluft: etwa 160 °C

2. Für den Teig Mehl, Kokosraspel, Backpulver, Salz, Zucker und Vanillin-Zucker in einer Rührschüssel mit einem Schneebesen verrühren.

3. Buttermilch, Speiseöl und Ei in einem Rührbecher mit dem Schneebesen glatt rühren. Die flüssigen Zutaten zu der Mehl-Kokosraspel-Mischung in die Rührschüssel geben und zu einem glatten Teig verrühren. Die Hälfte der gefrorenen Himbeeren mit einem Löffel unterheben, sehr große Himbeeren vorher etwas zerkleinern.

4. Den Teig in eine Muffinform (für 12 Muffins, mit Papierbackförmchen ausgelegt oder 12 Silikonbackförmchen) füllen. Die restlichen Himbeeren darauf verteilen. Die Muffinform oder Silikonbackförmchen auf dem Rost in den vorgeheizten Backofen schieben. Muffins **etwa 25 Minuten backen.**

5. Die Muffinform oder Silikonbackförmchen auf einen Kuchenrost stellen. Muffins etwa 5 Minuten stehen lassen, dann aus der Muffinform lösen und auf dem Kuchenrost erkalten lassen.

6. Für den Belag Mascarpone und Buttermilch mit dem Schneebesen glatt rühren. Himbeergelee zerteilen und unterrühren, sodass kleine Stücke erhalten bleiben. Masse auf den Muffins verteilen.

Himbeerkuchen I

Fruchtig – raffiniert

20 Stücke

Pro Stück: E: 4 g, F: 23 g, Kh: 29 g,
kJ: 1450, kcal: 346, BE: 2,5

>   300 g TK-Himbeeren

Für den Rührteig:

>   250 g Butter oder Margarine
>   (zimmerwarm)
>   200 g Zucker
>   1 Pck. Dr. Oetker Vanillin-Zucker
>   1 Prise Salz
>   1 Pck. Dr. Oetker Finesse
>   Geriebene Zitronenschale
>   4 Eier (Größe M)
>   300 g Weizenmehl
> 2 gestr. TL Dr. Oetker Backin
>   5 EL Milch (3,5 % Fett)

Für die Creme:

>   50 g Zucker
>   1 Pck. Sahnesteif
>   500 g Mascarpone
>   (ital. Frischkäse)
>   150 g Joghurt (3,5 % Fett)
>   50 g Puderzucker

Zubereitungszeit: 20 Minuten, ohne Abkühlzeit
Backzeit: etwa 20 Minuten

1. Die Himbeeren nach Packungsanleitung auftauen lassen.

2. In der Zwischenzeit den Backofen vorheizen.
Ober-/Unterhitze: etwa 200 °C
Heißluft: etwa 180 °C

3. Für den Teig Butter oder Margarine in einer Rühr-schüssel mit einem Mixer (Rührstäbe) auf höchster Stufe geschmeidig rühren.

4. Nach und nach Zucker, Vanillin-Zucker, Salz und Zitronenschale unterrühren. So lange rühren, bis eine gebundene Masse entstanden ist.

5. Die Eier nach und nach unterrühren (jedes Ei etwa ½ Minute). Mehl mit Backpulver mischen, in 2 Portionen abwechselnd mit der Milch kurz auf mittlerer Stufc unterrühren.

6. Den Teig auf ein Backblech (30 x 40 cm, gefettet) geben und glatt streichen. Das Backblech in den vor-geheizten Backofen schieben und den Kuchen **etwa 20 Minuten backen.**

7. Das Backblech auf einen Kuchenrost stellen. Den Kuchen erkalten lassen.

8. Für die Creme Zucker mit Sahnesteif mischen, auf die Himbeeren streuen und pürieren. Den Mascarpone mit Joghurt und Puderzucker aufschlagen und gleich-mäßig auf dem Kuchen verteilen. Himbeerpüree in Klecksen darauf verteilen und mit einem Löffel vor-sichtig eindrücken, sodass Wellen entstehen.

Tipps: Etwas leichter wird die Creme, wenn Sie die Hälfte des Mascarpone durch Magerquark ersetzen. Dann den Mascarpone mit Magerquark, Joghurt und Puderzucker mit 1 Päckchen Sahncsteif aufschlagen. Probieren Sie den Kuchen statt mit den TK-Himbeeren einmal mit TK-Heidelbeeren oder einer TK-Beeren-mischung aus. Bestreuen Sie den Kuchen zusätzlich mit etwa 50 g geraspelter, weißer Schokolade.

Himbeer-Nuss-Torte I

Mit Alkohol

16 Stücke

Pro Stück: E: 4 g, F: 14 g, Kh: 23 g,
kJ: 998, kcal: 238, BE: 2,0

Für den All-in-Teig:

> 75 g Weizenmehl
> 25 g Speisestärke
> 2 gestr. TL Dr. Oetker Backin
> 100 g gem. Haselnusskerne
> 2 Eier (Größe M)
> 100 g Puderzucker
> 1 Pck. Dr. Oetker Vanillin-Zucker
> 75 ml Speiseöl, z. B. Sonnenblumenöl
> 75 ml Eierlikör

Für den Belag:

> 3 Blatt weiße Gelatine
> 300 g Himbeerjoghurt (3,5 % Fett)
> 40 g Zucker
> 300 g Himbeeren
> 200 g gekühlte Schlagsahne
> (mind. 30 % Fett)

Zum Garnieren:

> 2 EL Himbeer- oder Johannis-
> beergelee
> einige vorbereitete Himbeeren

Zubereitungszeit: 30 Minuten,
ohne Abkühl- und Kühlzeit
Backzeit: etwa 20 Minuten

1. Den Backofen vorheizen.
Ober-/Unterhitze: etwa 180 °C
Heißluft: etwa 160 °C

2. Für den Teig alle Zutaten in eine Rührschüssel geben. Alles mit einem Mixer (Rührstäbe) zunächst kurz auf niedrigster, dann auf höchster Stufe in etwa 2 Minuten zu einem glatten Teig verarbeiten.

3. Den Teig in eine Springform (Ø 26 cm, Boden gefettet, mit Backpapier belegt) füllen und glatt streichen. Die Form auf dem Rost in den vorgeheizten

Backofen schieben. Den Boden **etwa 20 Minuten backen.**

4. Den Boden aus der Form lösen und auf einem Kuchenrost erkalten lassen. Anschließend den Tortenboden auf eine Tortenplatte legen und den gesäuberten Springformrand oder einen Tortenring darumstellen.

5. Für den Belag Gelatine nach Packungsanleitung einweichen. Himbeerjoghurt mit Zucker verrühren. Gelatine leicht ausdrücken und in einem kleinen Topf bei schwacher Hitze auflösen.

6. Die aufgelöste Gelatine mit etwas Joghurtmasse verrühren, dann die Mischung unter die restliche Joghurtmasse rühren.

7. Die Himbeeren verlesen, kurz abspülen und gut auf Küchenpapier abtropfen lassen. Sahne steif schlagen. Erst Sahne, dann Himbeeren unter die Joghurtmasse heben.

8. Die Creme auf den Tortenboden geben und leicht wellenförmig verstreichen. Torte etwa 2 Stunden in den Kühlschrank stellen.

9. Zum Garnieren den Springformrand oder Tortenring lösen und entfernen. Gelee erwärmen. Erst Himbeeren auf der Torte verteilen, dann Gelee.

Himbeer-Schmand-Kuchen mit Eierlikörguss I

Mit Alkohol – fruchtig
20 Stücke

Pro Stück: E: 5 g, F: 24 g, Kh: 38 g, kJ: 1746, kcal: 417, BE: 3,0

750–1000 g TK-Himbeeren
100 g Puderzucker

Für den Teig:
4 Eier (Größe M)
250 g Zucker
1 Pck. Dr. Oetker Vanillin-Zucker
125 ml Speiseöl, z. B. Sonnenblumenöl
150 ml Ginger Ale oder Mineralwasser
250 g Weizenmehl
3 gestr. TL Dr. Oetker Backin

Für den Belag:
500 g gekühlte Schlagsahne
(mind. 30 % Fett)
3 Pck. Dr. Oetker Vanillin-Zucker
3 Pck. Sahnesteif
600 g Schmand (Sauerrahm)

Für den Eierlikörguss:
400 ml Eierlikör
1 Pck. Saucenpulver Vanille-
Geschmack ohne Kochen

Zubereitungszeit: 30 Minuten,
ohne Abkühl- und Kühlzeit
Backzeit: etwa 25 Minuten

1. Die Himbeeren mit Puderzucker bestäuben und nach Packungsanleitung auftauen lassen.

2. In der Zwischenzeit den Backofen vorheizen.
Ober-/Unterhitze: etwa 180 °C
Heißluft: etwa 160 °C

3. Für den Teig die Eier, Zucker und Vanillin-Zucker in einer Rührschüssel mit einem Mixer (Rührstäbe) auf höchster Stufe in gut 1 Minute schaumig schlagen. Das Speiseöl und Ginger Ale oder Mineralwasser

unterrühren. Mehl mit Backpulver mischen, in 2 Portionen auf mittlerer Stufe unterrühren.

4. Einen Backrahmen in der Größe des Backbleches auf ein Backblech (30 x 40 cm, gefettet) setzen. Den Teig in den Backrahmen geben und glatt streichen. Das Backblech in den vorgeheizten Backofen schieben. Die Gebäckplatte **etwa 25 Minuten backen.**

5. Das Backblech auf einen Kuchenrost stellen. Die Gebäckplatte erkalten lassen.

6. Für den Belag die aufgetauten Himbeeren in einem Sieb abtropfen lassen und auf der Gebäckplatte verteilen. Sahne mit Vanillin-Zucker und Sahnesteif steif schlagen. Schmand in einer Rührschüssel verrühren, Sahne unterheben. Die Schmand-Sahne-Creme auf den Himbeeren verteilen und glatt streichen.

7. Für den Guss Eierlikör mit Saucenpulver verrühren und auf der Schmand-Sahne-Creme verteilen. Den Kuchen etwa 1 Stunde in den Kühlschrank stellen, bis der Guss fest geworden ist. Den Backrahmen mithilfe eines Messers vorsichtig lösen und entfernen.

Hügeltorte | Raffiniert

16 Stücke

Pro Stück: E: 5 g, F: 22 g, Kh: 21 g,
kJ: 1274, kcal: 304, BE: 1,5

>   50–75 g *gehobelte Mandeln*
>   1 *dunkler Biskuitboden*
>   *(vom Konditor, ungeschnitten)*

Für die Mascarpone-Zimt-Creme:

>   50 g *Zucker*
>   1 Pck. *Dr. Oetker Vanillin-Zucker*
>   1 TL *gem. Zimt*
>   500 g *Mascarpone (ital. Frischkäse)*
>   300 g *Schlagsahne (mind. 30 % Fett)*
>   2 Pck. *Sahnesteif*
>   250 g *Magerquark*

Außerdem:

>   1 Pck. *Sahnesteif*
>   360 g *Apfelkompott*

Zubereitungszeit: 30 Minuten, ohne Kühlzeit

1. Mandeln in einer großen Pfanne ohne Fett goldbraun rösten und auf einen Teller geben.

2. Boden bis auf einen etwa 2 cm breiten Rand und
Boden aushöhlen. Den Boden auf eine Tortenplatte
legen. Etwa die Hälfte des ausgehöhlten Gebäcks fein
zerbröseln (Rest evtl. für Desserts oder Rumkugeln
verwenden). Die Hälfte der Mandeln unter die Brösel
mischen und beiseitestellen.

3. Für die Creme Zucker mit Vanillin-Zucker, Zimt,
Mascarpone und Sahne in eine hohe Rührschüssel
geben. Alles mit einem Mixer (Rührstäbe) zuerst kurz
auf niedrigster Stufe glatt rühren, dann auf höchster
Stufe steif schlagen. Sahnesteif dabei einrieseln lassen. Quark portionsweise unterheben.

4. Den äußeren Biskuitrand mit etwas Mascarpone-
Zimt-Creme bestreichen. Den Boden mit Sahnesteif
bestreuen. Erst das Apfelkompott, dann die restliche
Mascarpone-Zimt-Creme kuppelförmig in den Boden
füllen.

5. Den Tortenrand mit den restlichen Mandeln garnieren. Beiseitegestellte Mandel-Brösel-Mischung kuppelförmig auf die Creme geben. Die Torte mindestens
1 Stunde in den Kühlschrank stellen.

Tipps: Wenn Sie den Boden selbst backen möchten,
so können Sie einen **dunklen Biskuitboden** nach fol-
gendem Rezept backen. Für den Teig 3 Eier (Größe M)
mit einem Mixer (Rührstäbe) auf höchster Stufe in etwa 1 Minute schaumig schlagen. 100 g Zucker mit
1 Päckchen Dr. Oetker Vanillin-Zucker mischen, in
etwa 1 Minute einstreuen, dann noch etwa 2 Minuten
schlagen. 80 g Weizenmehl mit 25 g Speisestärke,
10 g Kakaopulver und 1 gestrichenen Teelöffel Backpulver mischen, auf die Eiercreme geben und kurz auf
niedrigster Stufe unterrühren. Den Teig in eine Springform (Ø 26 cm, Boden mit Backpapier belegt) füllen,
glatt streichen und auf dem Rost in den vorgeheizten
Backofen (Ober-/Unterhitze: etwa 180 °C, Heißluft:
etwa 160 °C) schieben. Biskuitboden etwa 25 Minuten backen. Den Biskuitboden nach dem Backen aus
der Form lösen und auf einem mit Backpapier belegten Kuchenrost erkalten lassen. Den Boden dann am
besten am Vortag backen, damit er sich besser aushöhlen und zerbröseln lässt.

Ingwergebäck mit Schokolade

Fürs Kuchenbuffet

40 Stücke

Pro Stück: E: 2 g, F: 6 g, Kh: 18 g,
kJ: 582, kcal: 139, BE: 1,5

Für den Rührteig:

200 g	Rosinen
125 g	Butter oder Margarine (zimmerwarm)
200 g	Zucker
1 Pck.	Dr. Oetker Vanillin-Zucker
2 TL	gem. Ingwer
4	Eier (Größe M)
250 g	Weizenmehl
1 gestr. TL	Dr. Oetker Backin
250 g	Raspelschokolade
150 g	Zartbitter-Kuvertüre
2 TL	Speiseöl, z. B. Sonnenblumenöl
evtl. einige	Belegkirschen

Zubereitungszeit: 20 Minuten, ohne Abkühlzeit
Backzeit: 20–25 Minuten

1. Den Backofen vorheizen.
Ober-/Unterhitze: etwa 180 °C
Heißluft: etwa 160 °C

2. Für den Teig Rosinen klein hacken. Butter oder Margarine in einer Rührschüssel mit einem Mixer (Rührstäbe) auf höchster Stufe geschmeidig rühren.

3. Nach und nach Zucker, Vanillin-Zucker und Ingwer unterrühren. So lange rühren, bis eine gebundene Masse entstanden ist.

4. Eier nach und nach unterrühren (jedes Ei etwa ½ Minute). Mehl mit Backpulver mischen, in 2 Portionen auf mittlerer Stufe unterrühren. Rosinen und Raspelschokolade unterheben.

5. Den Teig auf ein Backblech (30 x 40 cm, gefettet, mit Backpapier belegt) geben und glatt streichen.

6. Das Backblech in den vorgeheizten Backofen schieben. Den Kuchen **20–25 Minuten backen.**

7. Das Backblech auf einen Kuchenrost stellen. Gebäck erkalten lassen und anschließend in etwa 4 cm große Quadrate schneiden.

8. Die Zartbitter-Kuvertüre in Stücke hacken, mit Speiseöl in einem kleinen Topf im Wasserbad bei schwacher Hitze unter Rühren schmelzen. Gebäckquadrate damit bestreichen und nach Belieben mit halbierten Belegkirschen garnieren. Den Guss fest werden lassen.

Irish-Cream-Baiser-Torte I

Raffiniert – mit Alkohol

12 Stücke

Pro Stück: E: 3 g, F: 28 g, Kh: 32 g,
kJ: 1679, kcal: 401, BE: 2,5

Für den All-in-Teig:

```
        75 g  Weizenmehl
        75 g  Speisestärke
1 gestr. TL   Dr. Oetker Backin
        50 g  Kokosraspel
       100 g  Zucker
       125 g  Butter oder Margarine
              (zimmerwarm)
         2    Eier (Größe M)
```

Zum Bestreichen:

```
       125 g  dunkle Kuchenglasur
```

Zum Beträufeln:

```
      100 ml  Irish-Cream-Likör

       400 g  gekühlte Schlagsahne
              (mind. 30 % Fett)
       2 Pck. Sahnesteif
   etwa 50 g  Fertigbaiser
              (in Tupfen gespritzt
              oder als Baiserschalen
              vom Bäcker)
```

Zubereitungszeit: 30 Minuten, ohne Abkühlzeit
Backzeit: etwa 25 Minuten

1. Den Backofen vorheizen.
Ober-/Unterhitze: etwa 200 °C
Heißluft: etwa 180 °C

2. Für den Teig Mehl mit Speisestärke und Backpulver in einer Rührschüssel mischen. Von den Kokosraspeln 1 Esslöffel zum Bestreuen beiseitestellen.

3. Restliche Kokosraspel, Zucker, Butter oder Margarine und Eier mit in die Rührschüssel geben und mit einem Mixer (Rührstäbe) zunächst kurz auf niedrigster, dann auf höchster Stufe in etwa 2 Minuten zu einem glatten Teig verarbeiten.

4. Den Teig in eine Springform (Ø 26 cm, Boden gefettet, mit Backpapier belegt) geben und glatt streichen. Die Form auf dem Rost in den vorgeheizten Backofen schieben. Den Tortenboden **etwa 25 Minuten backen.**

5. Die Form auf einen Kuchenrost stellen. Den Tortenboden sofort aus der Form lösen, Backpapier entfernen und auf einem Kuchenrost erkalten lassen.

6. Zum Bestreichen Kuchenglasur nach Packungsanleitung schmelzen. Tortenboden damit bestreichen und die Glasur fest werden lassen. Beiseitegelegte Kokosraspel in einer Pfanne ohne Fett goldbraun rösten und auf einen Teller geben.

7. Den Boden mit der Schokoladenseite nach unten auf eine Tortenplatte legen. Den Cream-Likör daraufträufeln.

8. Sahne mit Sahnesteif steif schlagen und in einen Spritzbeutel mit großer Sterntülle füllen. Große Tupfen dicht an dicht auf den getränkten Boden spritzen.

9. Die Torte kurz vor dem Servieren mit den Baisertupfen (Baiserschalen grob zerkleinern) belegen und mit den Kokosraspeln bestreuen.

Joghurtschnitten | Erfrischend
20 Stücke

Pro Stück: E: 5 g, F: 6 g, Kh: 29 g,
kJ: 799, kcal: 191, BE: 2,5

Für den Biskuitteig:

4	Eier (Größe M)
150 g	Zucker
1 Pck.	Dr. Oetker Vanillin-Zucker
150 g	Weizenmehl
1 gestr. TL	Dr. Oetker Backin

Für den Belag:

300 g	Erdbeeren (oder anderes, frisches Obst der Saison, z. B Himbeeren, Heidelbeeren usw.)
200 g	gekühlte Schlagsahne (mind. 30 % Fett)
750 g	Joghurt (3,5 % Fett)
50 ml	Zitronensaft
4 Beutel	Gelatine Fix (je 15 g)
125 g	Puderzucker
1 Pck.	Dr. Oetker Vanillin-Zucker
500 g	abgetropfter Frucht-Cocktail (aus der Dose)

Zum Bestreichen:

4 EL	Aprikosenkonfitüre

Zubereitungszeit: 30 Minuten,
ohne Abkühl- und Kühlzeit
Backzeit: etwa 10 Minuten

1. Den Backofen vorheizen.
Ober-/Unterhitze: etwa 200 °C
Heißluft: etwa 180 °C

2. Für den Teig die Eier in einer Rührschüssel mit einem Mixer (Rührstäbe) auf höchster Stufe in etwa 1 Minute schaumig schlagen.

3. Den Zucker mit Vanillin-Zucker mischen, in etwa 1 Minute einstreuen und dann noch etwa 2 Minuten schlagen. Mehl mit Backpulver mischen und kurz auf niedrigster Stufe unterrühren.

4. Den Teig auf ein Backblech (30 x 40 cm, gefettet, mit Backpapier belegt) streichen.

5. Das Backblech in den vorgeheizten Backofen schieben. Den Boden **etwa 10 Minuten backen.**

6. Das Backblech auf einen Kuchenrost stellen und den Boden darauf erkalten lassen.

7. Für den Belag Früchte verlesen, abspülen, gut abtropfen lassen, putzen und klein schneiden.

8. Sahne steif schlagen. Joghurt mit Zitronensaft in einer Rührschüssel verrühren.

9. Gelatine Fix nach und nach mit einem Mixer (Rührbesen) auf niedrigster Stufe einrühren, dann noch etwa 1 Minute weiterrühren.

10. Puderzucker und Vanillinzucker einrieseln lassen und auf niedrigster Stufe einrühren. Sahne, Frucht-Cocktail-Stücke und Obststücke unter die Joghurtmasse heben.

11. Zum Bestreichen Konfitüre glatt rühren. Den erkalteten Biskuitboden mit der Konfitüre bestreichen und einen Backrahmen darumstellen.

12. Die Joghurt-Fruchtmasse auf den Boden geben, glatt streichen und etwa 2 Stunden in den Kühlschrank stellen.

13. Vor dem Servieren den Backrahmen mit einem Messer vorsichtig lösen und entfernen. Den Kuchen in Schnitten schneiden.

Tipps: Frisch zubereitet schmecken die Schnitten am besten. Bereiten Sie die Joghurtschnitten mit 1 Päckchen Käse-Sahne-Tortencreme zu. Dafür 400 g gekühlte Schlagsahne (mind. 30 % Fett) steif schlagen. Das Cremepulver in eine Rührschüssel geben. 150 ml Zitronensaft und 2 Esslöffel Rum mit dem Cremepulver etwa 1/2 Minute mit einem Schneebesen gut verrühren. 500 g Joghurt mit dem Dekorzucker (liegt der Packung bei) unterrühren. Sahne und vorbereitete Früchte unter die Joghurtmasse heben und auf dem Biskuitboden verteilen.

Joghurttorte mit Cassis-Baiser-Sahne I

Für Gäste – mit Alkohol
14 Stücke

Pro Stück: E: 3 g, F: 16 g, Kh: 28 g,
kJ: 1134, kcal: 271, BE: 2,5

Für den All-in-Teig:

175 g	Weizenmehl
1 TL	Dr. Oetker Backin
2	Eier (Größe M)
75 ml	Sonnenblumenöl
150 g	Zucker
1 Pck.	Dr. Oetker Vanillin-Zucker
1 Prise	Salz
1 Pck.	Dr. Oetker Finesse Geriebene Zitronenschale
75 g	Joghurt (3,5 % Fett)
350 g	TK-Beeren-Mix

Für die Cassis-Baiser-Sahne:

40 g	Baiserschalen oder -tropfen (Fertigprodukt)
400 g	gekühlte Schlagsahne (mind. 30 % Fett)
2 Pck.	Sahnesteif
2–3 EL	Cassis-Likör oder -Sirup

Zubereitungszeit: 25 Minuten, ohne Abkühlzeit
Backzeit: etwa 30 Minuten

1. Den Backofen vorheizen.
Ober-/Unterhitze: etwa 180 °C
Heißluft: etwa 160 °C

2. Für den All-in-Teig Mehl mit Backpulver in einer Rührschüssel vermischen. Eier, Öl, Zucker, Vanillin-Zucker, Salz, Zitronenschale und Joghurt hinzugeben, mit einem Mixer (Rührstäbe) zunächst kurz auf niedrigster Stufe, dann auf höchster Stufe in etwa 2 Minuten zu einem glatten Teig verrühren.

3. Von den Beeren etwa 2 gehäufte Teelöffel beiseitestellen. Die restliche Beeren kurz unter den All-in-Teig heben.

4. Den Teig in eine Springform (Ø 26 cm, mit Backpapier belegt) geben und glatt streichen.

5. Die Form auf dem Rost in den vorgeheizten Backofen schieben. Den Tortenboden **etwa 30 Minuten backen.**

6. Die Form auf einen Kuchenrost stellen. Den Tortenboden etwas abkühlen lassen, dann aus der Form lösen. Den Tortenboden auf einem mit Backpapier belegten Kuchenrost erkalten lassen.

7. Das Backpapier vom Tortenboden lösen und den Tortenboden auf eine Tortenplatte setzen.

8. Für die Cassis-Baiser-Sahne kurz vor dem Anrichten die Baiserschalen in einen großen Gefrierbeutel geben. Den Beutel mit einer Hand zuhalten, Baiser mit dem Handballen der anderen Hand zerdrücken. 2 Esslöffel der Baiserbrösel beiseitestellen.

9. Sahne mit Sahnesteif steif schlagen. Die Sahne nach Belieben mit Cassis-Likör oder Cassis-Sirup abschmecken.

10. Beiseitegestellte Beeren und Baiserbrösel mit einem Teigschaber unterheben.

11. Die Sahne auf dem Boden wolkenartig verstreichen, mit den restlichen Baiserbröseln bestreuen. Die Torte sofort servieren.

Kakaokuchen | Preiswert
20 Stücke

Pro Stück: E: 2 g, F: 12 g, Kh: 20 g,
kJ: 838, kcal: 200, BE: 1,5

Für den Teig:

250 g *Butter (zimmerwarm)*
250 g *Zucker*
1 Pck. *Dr. Oetker Vanillin-Zucker*
1 Prise *Salz*
4 *Eier (Größe M)*
100 g *Weizenmehl*
50 g *Speisestärke*
40 g *Kakaopulver*
1 TL *Dr. Oetker Backin*

1 EL *Puderzucker*
1 TL *Kakaopulver*

Zubereitungszeit: 10 Minuten, ohne Abkühlzeit
Backzeit: etwa 45 Minuten

1. Den Backofen vorheizen.
Ober-/Unterhitze: etwa 180 °C
Heißluft: etwa 160 °C

2. Für den Teig die Butter in einer Rührschüssel mit einem Mixer (Rührstäbe) geschmeidig rühren. Nach und nach Zucker, Vanillin-Zucker und Salz unterrühren. So lange rühren, bis eine gebundene Masse entstanden ist.

3. Die Eier nach und nach unterrühren (jedes Ei etwa ½ Minute). Mehl mit Speisestärke, Kakao und Backpulver vermischen und in 2 Portionen auf mittlerer Stufe unterrühren.

4. Den Teig in eine Gugelhupfform (Ø 22 cm, gefettet) füllen und glatt streichen. Die Form auf dem Rost in den vorgeheizten Backofen schieben. Den Kuchen **etwa 45 Minuten backen.**

5. Den Kuchen etwa 10 Minuten in der Form stehen lassen, dann auf einen mit Backpapier belegten Kuchenrost stürzen und erkalten lassen.

6. Anschließend den Kuchen erst mit Puderzucker, dann mit Kakao bestäuben und servieren.

Tipps: Der Kuchen ist gefriergeeignet. Sie können den Kuchen auch in einer Springform mit Rohrboden (Ø 26 cm) zubereiten.

Karmelitentorte | Für Gäste

12 Stücke

Pro Stück: E: 5 g, F: 14 g, Kh: 24 g,
kJ: 1007, kcal: 241, BE: 2,0

Für den Teig:

4	*Eier (Größe M)*
150 g	*Zucker*
1 Pck.	*Dr. Oetker Vanillin-Zucker*
1 Pck.	*Dr. Oetker Finesse Geriebene Zitronenschale*
50 g	*Weizenmehl*
100 g	*gem. Mandeln*
2 EL	*Himbeergelee*

Für den Belag:

250 g	*gekühlte Schlagsahne (mind. 30 % Fett)*
1 Pck.	*Sahnesteif*
1 Pck.	*Dr. Oetker Bourbon-Vanille-Zucker*
1 geh. EL	*Kakao-Getränkepulver*

Zum Bestreuen:

25 g	*fein geschabte Zartbitter-Schokolade*

Zubereitungszeit: 25 Minuten,
ohne Abkühl- und Kühlzeit
Backzeit: etwa 25 Minuten

1. Den Backofen vorheizen.
Ober-/Unterhitze: etwa 180 °C
Heißluft: etwa 160 °C

2. Für den Teig Eier mit einem Mixer (Rührstäbe) auf höchster Stufe in etwa 1 Minute schaumig schlagen. Zucker, Vanillin-Zucker und Zitronenschale mischen, in etwa 1 Minute einstreuen, dann noch etwa 2 Minuten schlagen.

3. Mehl mit den Mandeln mischen, auf die Eiercreme geben und kurz auf niedrigster Stufe unterrühren. Den Teig in eine Springform (Ø 26 cm, Boden gefettet, mit Backpapier belegt) füllen und glatt streichen.

4. Die Form auf dem Rost in den vorgeheizten Backofen schieben. Den Tortenboden **etwa 25 Minuten backen.**

5. Den Boden aus der Form lösen, auf einen mit Backpapier belegten Kuchenrost stürzen, mitgebackenes Backpapier abziehen und den Boden erkalten lassen.

6. Den abgekühlten Boden mit Himbeergelee bestreichen.

7. Für den Belag die Sahne etwa ½ Minute schlagen, Sahnesteif mit Vanille-Zucker mischen, einstreuen, die Sahne steif schlagen. Die Hälfte der Sahne mit einem Löffel so auf dem Boden verteilen, dass Zwischenräume entstehen. Die andere Hälfte der Sahne mit Kakao-Getränkepulver verrühren, die Zwischenräume damit füllen.

8. Die Torte am Rand mit der Schokolade bestreuen. Den Kuchen etwa 1 Stunde in den Kühlschrank stellen.

Käsekuchen, einmal anders I

Preiswert
20 Stücke

Pro Stück: E: 7 g, F: 14 g, Kh: 29 g,
kJ: 1150, kcal: 275, BE: 2,5

Für den Hefeteig:

        375 g Weizenmehl
    1 Pck. Hefeteig Garant
         75 g Zucker
    1 Prise Salz
        100 g Butter oder Margarine
                (zimmerwarm)
            1 Ei (Größe M)
        100 g Schlagsahne
        100 ml Milch (3,5 % Fett)

Für die Füllung:

        3 EL Pfirsichsaft (aus der Dose)
        250 g abgetropfte Pfirsichhälften
                (aus der Dose)
        300 g Doppelrahm-Frischkäse
        250 g Speisequark (20 % Fett)
        100 g Zucker
    1 Pck. Dr. Oetker Vanillin-Zucker
            2 Eigelb (Größe M)
            2 Eiweiß (Größe M)

         40 g Butter oder Margarine
                (zimmerwarm)
         40 g Zucker

Zubereitungszei ~~...~~ ohne Abkühlzeit
Backzeit: etwa 25 Minuten

1. Für den Teig das Mehl mit Hefeteig Garant in einer Rührschüssel sorgfältig vermischen. Übrige Zutaten dazugeben und mit einem Mixer (Knethaken) zunächst auf niedrigster, dann auf höchster Stufe in etwa 2 Minuten zu einem glatten Teig verarbeiten.

2. Den Teig auf einer leicht bemehlten Arbeitsfläche kurz durchkneten und halbieren. Eine Teighälfte auf einem Backblech (30 x 40 cm, gefettet) dünn ausrollen und am Rand etwas hochdrücken.

3. Für die Füllung den Saft der Pfirsiche auffangen und 3 Esslöffel abmessen. Pfirsichhälften in kleine Würfel schneiden. Den Frischkäse mit Quark, Zucker, Vanillin-Zucker, Eigelben und Saft geschmeidig rühren.

4. Das Eiweiß mit einem Mixer (Rührstäbe) auf höchster Stufe steif schlagen. Der Schnee muss so fest sein, dass ein Messerschnitt sichtbar bleibt. Pfirsichwürfel und Eischnee unter die Käsemasse rühren.

5. Die Käse-Pfirsich-Masse gleichmäßig auf dem Teigboden verteilen, dabei an der offenen Seite des Backblechs etwa 2 cm frei lassen. Die überstehenden Teigränder auf die Käse-Pfirsich-Creme schlagen.

6. Restlichen Teig auf Backpapier zu einem Rechteck (etwa 30 x 40 cm) ausrollen und mithilfe des Papiers als Teigdecke auf die Käse-Pfirsich-Masse geben. Die Ränder gut andrücken. Kuchen etwa 5 Minuten ruhen lassen.

7. In der Zwischenzeit den Backofen vorheizen.
Ober-/Unterhitze: etwa 200 °C
Heißluft: etwa 180 °C

8. Die Teigdecke mehrmals mit einer Gabel einstechen. Das Backblech in den vorgeheizten Backofen schieben. Den Kuchen **etwa 25 Minuten backen.**

9. Das Backblech auf einen Kuchenrost stellen. Den heißen Kuchen sofort vorsichtig mit Butter oder Margarine bestreichen und mit Zucker bestreuen. Den Kuchen erkalten lassen.

Käsemuffins | Herzhaft

12 Stück

Pro Stück: E: 9 g, F: 13 g, Kh: 16 g,
kJ: 927, kcal: 221, BE: 1,5

250 g	Weizenmehl
3 gestr. TL	Dr. Oetker Backin
½ TL	Salz
3	Eier (Größe M)
125 ml	Buttermilch
75 ml	Olivenöl
1 TL	Paprikapulver edelsüß
200 g	ger. Emmentaler

Zubereitungszeit: 15 Minuten, ohne Abkühlzeit
Backzeit: etwa 25 Minuten

1. Den Backofen vorheizen.
Ober-/Unterhitze: etwa 200 °C
Heißluft: etwa 180 °C

2. Mehl mit Backpulver in einer Rührschüssel mischen. Salz, Eier, Buttermilch und Olivenöl hinzufügen.

3. Zutaten mit einem Mixer (Rührstäbe) etwa 1 Minute zu einem glatten Teig verarbeiten. Paprikapulver und Käse hinzufügen und unterrühren.

4. Den Teig mit einem Löffel in den Mulden einer Muffinform (für 12 Muffins, gefettet, bemehlt) verteilen.

5. Die Form auf dem Rost in den vorgeheizten Backofen schieben. Die Muffins **etwa 25 Minuten backen.**

6. Die Form etwa 5 Minuten auf einem Kuchenrost abkühlen lassen.

7. Die Muffins aus der Form nehmen und warm genießen oder auf einem mit Backpapier belegten Kuchenrost erkalten lassen.

Käse-Schinken-Hörnchen I

Einfach – beliebt

8 Stück

Pro Stück: E: 13 g, F: 14 g, Kh: 26 g,
kJ: 1197, kcal: 286, BE: 2,0

Für den Quark-Öl-Teig:

250 g *Weizenmehl*
3 gestr. TL *Dr. Oetker Backin*
125 g *Magerquark*
50 ml *Milch (3,5 % Fett)*
50 ml *Speiseöl, z. B. Sonnenblumenöl*
1 *Eiweiß (Größe M)*
½ gestr. TL *Salz*

Für die Füllung:

100 g *Kochschinken in Scheiben*
100 g *ger. Gouda*

Zum Bestreichen und Bestreuen:

1 *Eigelb*
1 EL *Milch (3,5 % Fett)*
grob gem. Pfeffer
Sesamsamen

Zubereitungszeit: 30 Minuten, ohne Abkühlzeit
Backzeit: etwa 25 Minuten

1. Für den Teig Mehl mit Backpulver in einer Rührschüssel mischen. Übrige Zutaten für den Teig hinzufügen und alles mit einem Mixer (Knethaken) erst kurz auf niedrigster, dann auf höchster Stufe zu einem glatten Teig verarbeiten (nicht zu lange kneten, Teig klebt sonst).

2. Den Teig auf einer leicht bemehlten Arbeitsfläche zu einer Kugel formen. Teigkugel auf der bemehlten Arbeitsfläche zu einem Kreis (Ø etwa 35 cm) ausrollen und in 8 „Tortenstücke" schneiden.

3. Den Backofen vorheizen.
Ober-/Unterhitze: etwa 180 °C
Heißluft: etwa 160 °C

4. Schinken in kleine, feine Streifen scheiden und gleichmäßig auf den Teigstücken verteilen. Käse eben-

falls gleichmäßig daraufstreuen. Füllung leicht andrücken. Teigstücke von der breiten Seite aus zu Hörnchen aufrollen und auf ein Backblech (30 x 40 cm, mit Backpapier belegt) legen.

5. Eigelb mit Milch verrühren, die Hörnchen damit bestreichen und mit Pfeffer und Sesam bestreuen.

6. Das Backblech in den vorgeheizten Backofen schieben. Die Hörnchen **etwa 25 Minuten backen.**

7. Die Hörnchen mit dem Backpapier auf einen Kuchenrost ziehen und etwas abkühlen lassen.

Tipps: Die Hörnchen schmecken warm und kalt. Grob gemahlener Pfeffer und Sesamsamen zum Bestreuen können ersatzlos weggelassen werden.

K

Käseschnecken | Herzhaft
12 Stück

Pro Stück: E: 16 g, F: 19 g, Kh: 25 g,
kJ: 1426, kcal: 340, BE: 2,0

Für die Füllung:
2 Zwiebeln
10 g Butter
200 g Rindergehacktes
125 g Thüringer Mett (Schweinemett)
Salz, gem. Pfeffer

Für den Hefeteig:
375 g Weizenmehl
1 Pck. Hefeteig Garant
½ TL Salz
1 Prise Zucker
125 ml Wasser
50 g Butter oder Margarine
(zimmerwarm)
1 Ei (Größe M)

1 Ei (Größe M)
2 EL gemischte TK-Kräuter
300 g ger. Gouda

Zum Bestreichen:
2 Eigelb
2 EL Milch (3,5 % Fett)

Zubereitungszeit: 20 Minuten, ohne Abkühlzeit
Backzeit: etwa 20 Minuten je Backblech

1. Für die Füllung Zwiebeln abziehen und klein würfeln. Butter in einer großen Pfanne zerlassen. Zwiebelwürfel darin andünsten. Gehacktes und Mett hinzufügen und bei starker Hitze unter Rühren kurz anbraten. Dabei die Fleischklümpchen mit einer Gabel fein zerdrücken, mit Salz und Pfeffer würzen. Die Fleischmasse in eine Schüssel geben und etwas abkühlen lassen.

2. In der Zwischenzeit den Backofen vorheizen.
Ober-/Unterhitze: etwa 200 °C
Heißluft: etwa 180 °C

3. Mehl mit Hefeteig Garant in einer Rührschüssel vermischen. Salz, Zucker, Wasser, Butter oder Margarine und das Ei hinzufügen. Die Zutaten mit einem Mixer (Knethaken) zunächst auf niedrigster, dann auf höchster Stufe in etwa 2 Minuten zu einem glatten Teig verarbeiten.

4. Teig leicht mit Mehl bestäuben, aus der Schüssel nehmen, auf einer leicht bemehlten Arbeitsfläche nochmals kurz durchkneten und zu einem Rechteck (etwa 30 x 40 cm) ausrollen.

5. Ei und Kräuter unter die Fleischmasse kneten. Die Teigplatte mit der Fleischmasse bestreichen. Dabei rundherum einen etwa 2 cm breiten Rand frei lassen. Die Fleischmasse gleichmäßig mit Käse bestreuen.

6. Den Teig von der kürzeren Seite aus vorsichtig fest aufrollen und in etwa 2 ½ cm dicke Scheiben schneiden. Die Teigscheiben mit Abstand auf zwei Backbleche (mit Backpapier belegt) legen.

7. Zum Bestreichen Eigelb mit Milch verschlagen und die Teigschnecken damit bestreichen. Die Backbleche nacheinander (bei Heißluft gemeinsam) in den vorgeheizten Backofen schieben. Die Käseschnecken **etwa 20 Minuten je Backblech backen.**

8. Die Käseschnecken mit dem Backpapier auf Kuchenroste ziehen und nach Belieben noch warm oder abgekühlt servieren.

Kirsch-Joghurt-Schnitten I

Erfrischend
20 Stücke

Pro Stück: E: 5 g, F: 9 g, Kh: 30 g,
kJ: 956, kcal: 228, BE: 2,5

Für den Biskuitteig:

4 *Eier (Größe M)*
150 g *Zucker*
1 Pck. *Dr. Oetker Vanillin-Zucker*
150 g *Weizenmehl*
1 gestr. TL *Dr. Oetker Backin*

Für den Belag:

12 Blatt *weiße Gelatine*
500 g *Joghurt (3,5 % Fett)*
125 g *Puderzucker*
1 Pck. *Dr. Oetker Vanillin-Zucker*
Schale und Saft von
1 *Bio-Zitrone*
(unbehandelt, ungewachst)
400 g *gekühlte Schlagsahne*
(mind. 30 % Fett)
740 g *abgetropfte Sauer- oder*
entsteinte Kaiserkirschen
(aus dem Glas)

Zum Garnieren und Bestreuen:

25 g *Raspelschokolade*
evtl. *Puderzucker*

Zubereitungszeit: 30 Minuten,
ohne Abkühl- und Kühlzeit
Backzeit: etwa 10 Minuten

1. Den Backofen vorheizen.
Ober-/Unterhitze: etwa 200 °C
Heißluft: etwa 180 °C

2. Für den Teig Eier mit einem Mixer (Rührstäbe) auf höchster Stufe in etwa 1 Minute schaumig schlagen. Zucker mit Vanillin-Zucker mischen, in etwa 1 Minute einstreuen, dann noch etwa 2 Minuten schlagen.

3. Mehl mit Backpulver mischen, auf die Eiercreme geben und kurz auf niedrigster Stufe unterrühren.

Den Teig auf einem Backblech (30 x 40 cm, gefettet, bemehlt) verstreichen.

4. Das Backblech in den vorgeheizten Backofen schieben. Den Boden **etwa 10 Minuten backen.**

5. Das Backblech auf einen Kuchenrost stellen, den Boden darauf erkalten lassen.

6. Für den Belag Gelatine in kaltem Wasser nach Packungsanleitung einweichen. Joghurt mit Puderzucker, Vanillin-Zucker, Zitronenschale und -saft verrühren.

7. Gelatine leicht ausdrücken, und in einem kleinen Topf bei schwacher Hitze unter Rühren auflösen.

8. Gelatine mit etwa 4 Esslöffeln von der Joghurtmasse verrühren, dann mit der restlichen Joghurtmasse verrühren.

9. Sahne steif schlagen. Wenn die Masse anfängt dicklich zu werden, Sahne und Kirschen unterheben. Einen Backrahmen um den Biskuitboden stellen. Die Joghurt-Sahne-Creme darauf verteilen, glatt streichen und etwa 2 Stunden in den Kühlschrank stellen.

10. Vor dem Servieren den Backrahmen mit einem Messer vorsichtig lösen und entfernen. Den Kuchen in Schnitten teilen. Joghurtschnitten mit Raspelschokolade garnieren und nach Belieben mit Puderzucker bestäuben.

Kirsch-Knusper-Kuchen I

Für Kinder
20 Stücke

Pro Stück: E: 4 g, F: 11 g, Kh: 27 g,
kJ: 941, kcal: 225, BE: 2,0

Für den Teig:

300 g	Weizenmehl
3 gestr. TL	Dr. Oetker Backin
100 g	Zucker
3 Tropfen	Butter-Vanille-Aroma
4	Eier (Größe M)
150 g	Butter oder Margarine (zimmerwarm)
100 ml	Ahornsirup

Für den Belag:

370 g	abgetropfte Sauerkirschen (aus dem Glas)
75 g	knusprig gerösteter Weizen oder Reis mit Kakao (Frühstückscerealien)
100 g	gestiftelte Mandeln
	etwas Puderzucker

Zubereitungszeit: 15 Minuten, ohne Abkühlzeit
Backzeit: etwa 25 Minuten

1. Den Backofen vorheizen.
Ober-/Unterhitze: etwa 180 °C
Heißluft: etwa 160 °C

2. Für den Teig Mehl mit Backpulver in einer Rührschüssel mischen. Restliche Zutaten hinzufügen und mit einem Mixer (Rührstäbe) zunächst kurz auf niedrigster, dann auf höchster Stufe in etwa 2 Minuten zu einem glatten Teig verarbeiten.

3. Den Teig auf ein Backblech (30 x 40 cm, gefettet) geben und glatt streichen.

4. Für den Belag Sauerkirschen auf dem Teig verteilen, mit den Frühstückscerealien und Mandeln bestreuen.

5. Das Backblech in den vorgeheizten Backofen schieben. Den Kuchen **etwa 25 Minuten backen.**

6. Das Backblech auf einen Kuchenrost stellen. Den Kuchen erkalten lassen, mit Puderzucker bestäuben und in Stücke schneiden.

Kirschkuchen, sehr fein ▌

Gut vorzubereiten
12 Stücke

Pro Stück: E: 4 g, F: 12 g, Kh: 32 g,
kJ: 1051, kcal: 251, BE: 2,5

Für den Rührteig:

125 g	Butter oder Margarine (zimmerwarm)
125 g	Zucker
1 Pck.	Dr. Oetker Vanillin-Zucker
1 Prise	Salz
½ Röhrchen	Zitronen-Aroma
3	Eier (Größe M)
200 g	Weizenmehl
2 gestr. TL	Dr. Oetker Backin
350 g	abgetropfte Sauerkirschen (aus dem Glas)

etwas	Puderzucker
50 g	Zartbitter-Schokoladenraspel

Zubereitungszeit: 15 Minuten, ohne Abkühlzeit
Backzeit: etwa 45 Minuten

1. Den Backofen vorheizen.
Ober-/Unterhitze: etwa 180 °C
Heißluft: etwa 160 °C

2. Für den Teig Butter oder Margarine in einer Rührschüssel mit einem Mixer (Rührstäbe) auf höchster Stufe geschmeidig rühren. Nach und nach Zucker, Vanillin-Zucker, Salz und Zitronen-Aroma unterrühren, so lange rühren, bis eine gebundene Masse entstanden ist.

3. Die Eier nach und nach unterrühren (jedes Ei etwa ½ Minute). Das Mehl mit Backpulver mischen und in 2 Portionen kurz auf mittlerer Stufe unterrühren.

4. Die Hälfte des Teiges in eine Springform (Ø 26 cm, gefettet) füllen und glatt streichen.

5. Die Hälfte der Kirschen darauf verteilen, restlichen Teig daraufgeben und glatt streichen. Die restlichen Kirschen darauf verteilen.

6. Die Form auf dem Rost im unteren Drittel in den vorgeheizten Backofen schieben. Den Kuchen **etwa 45 Minuten backen.**

7. Den Springformrand lösen und entfernen. Den Kuchen vom Springformboden lösen, aber darauf auf einem Kuchenrost erkalten lassen.

8. Zum Servieren den Kuchen auf eine Tortenplatte setzen, mit Puderzucker bestäuben und mit Schokoladenraspeln bestreuen.

Kirsch-Mandel-Muffins I
Einfach – fruchtig
12 Stück

Pro Stück: E: 5 g, F: 15 g, Kh: 31 g,
kJ: 1175, kcal: 281, BE: 2,5

Für den Teig:

170 g	Weizenmehl
100 g	gem. Mandeln
3 gestr. TL	Dr. Oetker Backin
1 Prise	Salz
120 g	brauner Zucker
150 ml	Milch (3,5 % Fett)
1	Ei (Größe M)
80 ml	Speiseöl, z. B. Maiskeimöl
350 g	abgetropfte Sauerkirschen (aus dem Glas)
80 g	weiße Schokolade

Zubereitungszeit: 20 Minuten, ohne Abkühlzeit
Backzeit: etwa 25 Minuten

1. Den Backofen vorheizen.
Ober-/Unterhitze: etwa 180 °C
Heißluft: etwa 160 °C

2. Für den Teig Mehl, Mandeln, Backpulver, Salz und Zucker in einer Rührschüssel mit einem Schneebesen verrühren.

3. Milch, Ei und Speiseöl in einem Rührbecher mit dem Schneebesen verrühren. Die flüssigen Zutaten zu der Mehl-Mandel-Mischung in die Rührschüssel geben und zu einem glatten Teig verrühren.

4. Die Hälfte des Teiges in eine Muffinform (für 12 Muffins, gefettet, bemehlt) geben. Die Hälfte der Sauerkirschen darauflegen. Restlichen Teig darauf verteilen und die restlichen Kirschen daraufgeben.

5. Die Form auf dem Rost in den vorgeheizten Backofen schieben. Muffins **etwa 25 Minuten backen.**

6. Die Form auf einen Kuchenrost stellen. Muffins etwa 5 Minuten in der Form abkühlen lassen.

7. Die Schokolade in kleine Stücke schneiden. Die Muffins aus der Form lösen, auf den Kuchenrost setzen und mit den Schokoladenstückchen belegen. Muffins auf dem Kuchenrost erkalten lassen.

Tipp: Wer einen Marzipangeschmack mag, gibt dem Speiseöl einige Tropfen Bittermandel-Aroma hinzu.

Kirsch-Schokoladen-Kuchen I

Einfach – klassisch

16 Stücke

Pro Stück: E: 5 g, F: 17 g, Kh: 25 g,
kJ: 1141, kcal: 273, BE: 2,0

Zum Vorbereiten:

350 g abgetropfte Sauerkirschen
(aus dem Glas)

Für den Rührteig:

100 g Zartbitter-Schokolade
100 g Butter oder Margarine
(zimmerwarm)
100 g Zucker
1 Pck. Dr. Oetker Vanillin-Zucker
1 Prise Salz
4 Eier (Größe M)
125 g Weizenmehl
1 gestr. TL Dr. Oetker Backin
100 g gem. Haselnusskerne
2 EL Kirschsaft (aus dem Glas)

Für den Guss:

1 Pck. ungezuckerter Tortenguss, klar
1 EL Zucker
250 ml Kirschsaft (aus dem Glas)

Zum Verzieren und Garnieren:

200 g gekühlte Schlagsahne
(mind. 30 % Fett)
1 Pck. Dr. Oetker Bourbon-
Vanille-Zucker
etwa 1 EL Nuss- oder Mandelkrokant

Zubereitungszeit: 30 Minuten, ohne Abkühlzeit
Backzeit: etwa 25 Minuten

1. Zum Vorbereiten die Kirschen in einem Sieb abtropfen lassen, dabei den Kirschsaft auffangen. Davon
2 Esslöffel Saft für den Teig und 250 ml für den Guss
auffangen.

2. Den Backofen vorheizen.
Ober-/Unterhitze: etwa 180 °C
Heißluft: etwa 160 °C

3. Für den Teig Schokolade fein hacken. Die Butter
oder Margarine in einer Rührschüssel mit einem Mixer
(Rührstäbe) auf höchster Stufe geschmeidig rühren.
Nach und nach Zucker, Vanillin-Zucker und Salz unterrühren. So lange rühren, bis eine gebundene Masse
entstanden ist. Eier nach und nach unterrühren (jedes
Ei etwa ½ Minute).

4. Mehl mit Backpulver, Haselnusskernen und Schokolade mischen, in 2 Portionen abwechselnd mit dem
Kirschsaft auf mittlerer Stufe unterrühren. Den Teig in
eine Springform (Ø 26 cm, gefettet) geben und glatt
streichen. Kirschen auf dem Teig verteilen.

5. Die Form auf dem Rost in den vorgeheizten Backofen schieben. Kuchen **etwa 25 Minuten backen.**

6. Kuchen aus der Form lösen und auf einem Kuchenrost erkalten lassen.

7. Für den Guss aus Tortengusspulver, Zucker und
Saft (evtl. mit Wasser aufgefüllt) nach Packungsanleitung einen Guss zubereiten und auf der Tortenoberfläche verteilen. Den Guss fest werden lassen.

8. Zum Verzieren und Garnieren Sahne mit Vanille-
Zucker steif schlagen, in einen Spritzbeutel mit großer
Sterntülle geben und große Tuffs auf die Torte sprit-
zen. Die Tuffs mit Krokant bestreuen.

Kiwi-Torte | Für Gäste – fruchtig

12 Stücke

Pro Stück: E: 3 g, F: 12 g, Kh: 25 g,
kJ: 925, kcal: 221, BE: 2,0

Für den Teig:

100 g	Weizenmehl
2 gestr. TL	Dr. Oetker Backin
40 g	Kokosraspel
125 g	Zucker
1 Prise	Salz
2	Eier (Größe M)
125 g	Butter oder Margarine (zimmerwarm)
1 Pck.	Dr. Oetker Finesse Geriebene Zitronenschale

Für den Belag:

6–8	Kiwis
1 Pck.	ungezuckerter Tortenguss, klar
2 EL	Zucker
250 ml	Apfelsaft

Zubereitungszeit: 25 Minuten, ohne Abkühlzeit
Backzeit: etwa 25 Minuten

1. Den Backofen vorheizen.
Ober-/Unterhitze: etwa 180 °C
Heißluft: etwa 160 °C

2. Für den Teig Mehl mit Backpulver und Kokosraspeln in einer Rührschüssel mischen. Restliche Zutaten hinzufügen und mit einem Mixer (Rührstäbe) zunächst kurz auf niedrigster, dann auf höchster Stufe in etwa 2 Minuten zu einem glatten Teig verarbeiten.

3. Den Teig in eine Springform (Ø 26 cm, Boden mit Backpapier belegt) füllen und glatt streichen. Die Form auf dem Rost in den vorgeheizten Backofen schieben. Den Tortenboden **etwa 25 Minuten backen.**

4. Den Boden aus der Form lösen, Backpapier entfernen und auf einem Kuchenrost erkalten lassen.

5. Für den Belag die Kiwis schälen, der Länge nach in Spalten schneiden. Kiwispalten blütenförmig auf den Tortenboden legen. Einen Tortenring oder den gesäuberten Springformrand darumstellen.

6. Für den Guss Tortengusspulver mit Zucker und Apfelsaft nach Packungsanleitung zubereiten. Den Guss von der Mitte aus über die Kiwispalten verteilen. Torte etwa 30 Minuten im Kühlschrank durchkühlen lassen.

7. Zum Servieren Tortenring oder Springformrand lösen und entfernen.

Tipp: Die Torte nach Belieben mit mit frischer Minze aromatisierter Sahne anrichten.

Knusperkissen | Einfach
8 Stück

Pro Stück: E: 6 g, F: 30 g, Kh: 46 g,
kJ: 1988, kcal: 475, BE: 4,0

>1 Pck. frischer Blätterteig
>(aus dem Kühlregal, 275 g,
>rechteckig, etwa 40 x 25 cm)

Für die Streusel:
>175 g Weizenmehl
>75 g Zucker
>100 g Butter

Zum Bestreichen:
>1 Eigelb
>1 EL Milch (3,5 % Fett)

Für die Füllung:
>25 g Puderzucker
>1 Pck. Sahnesteif
>250 g gekühlte Schlagsahne
>(mind. 30 % Fett)
>100 g Vanille-Pudding
>(aus dem Kühlregal)

Zum Bestäuben:
>etwas Puderzucker

Zubereitungszeit: 25 Minuten, ohne Abkühlzeit
Backzeit: etwa 20 Minuten

1. Den Backofen vorheizen.
Ober-/Unterhitze: etwa 200 °C
Heißluft: etwa 180 °C

2. Die Blätterteigplatte mit dem Backpapier auf einem Backblech ausrollen. Aus dem Teigstück 8 Rechtecke (je etwa 10 x 12 cm) schneiden und auf dem Backpapier leicht voneinander trennen.

3. Für die Streusel Mehl in eine Rührschüssel geben. Zucker und Butter hinzufügen. Die Zutaten mit einem Mixer (Rührstäbe) zunächst kurz auf niedrigster, dann auf höchster Stufe zu Streuseln von gewünschter Größe verarbeiten.

4. Zum Bestreichen Eigelb mit Milch verquirlen und die Teigquadrate damit bestreichen. Teigstreusel auf den Teigquadraten verteilen. Das Backblech in den vorgeheizten Backofen schieben. Die Kissen **etwa 20 Minuten backen.**

5. Die Knusperkissen vom Backpapier lösen und auf einem Kuchenrost erkalten lassen.

6. Von jedem Knusperkissen vorsichtig mit einem scharfen Messer einen Deckel abschneiden.

7. Für die Füllung Puderzucker und Sahnesteif mischen. Sahne steif schlagen, Sahnesteif-Mischung dabei einrieseln lassen. Vanille-Pudding unterheben. Die Creme auf den Gebäckböden verteilen und die Deckel wieder auflegen. Knusperkissen mit Puderzucker bestäuben und servieren.

Knusper-Müsli-Kuchen | Beliebt
20 Stücke

Pro Stück: E: 5 g, F: 20 g, Kh: 33 g,
kJ: 1399, kcal: 334, BE: 3,0

Für den All-in-Teig:

    250 g Weizenmehl
      3 TL Dr. Oetker Backin
    200 g Zucker
    200 g gem. Haselnusskerne
 1 Msp. gem. Zimt
      4 Eier (Größe M)
    250 g Butter oder Margarine
        (zimmerwarm)
    50 ml Milch (3,5 % Fett)

Für den Belag:

    720 g Apfelkompott (aus dem Glas)
    200 g Knuspermüsli

Zum Bestreichen:

    3 EL Fruchtaufstrich Aprikose
        (ohne Fruchtstücke)

Zubereitungszeit: 15 Minuten, ohne Abkühlzeit
Backzeit: etwa 30 Minuten

1. Den Backofen vorheizen.
Ober-/Unterhitze: etwa 180 °C
Heißluft: etwa 160 °C

2. Für den Teig Mehl mit Backpulver in einer Rührschüssel vermischen. Zucker, Haselnusskerne, Zimt, Eier, Butter oder Margarine und Milch hinzufügen. Die Zutaten mit einem Mixer (Rührstäbe) zunächst kurz auf niedrigster, dann auf höchster Stufe in etwa 2 Minuten zu einem glatten Teig verarbeiten.

3. Den Teig auf ein Backblech (30 x 40 cm, gefettet) geben und glatt streichen. Apfelkompott darauf verteilen und mit Knuspermüsli bestreuen.

4. Das Backblech im unteren Drittel in den vorgeheizten Backofen schieben. Den Kuchen **etwa 30 Minuten backen.**

5. Das Backblech auf einen Kuchenrost stellen und den Kuchen erkalten lassen.

6. Zum Bestreichen den Fruchtaufstrich in einem kleinen Topf zum Kochen bringen und den Kuchen damit bestreichen.

Tipp: Den Kuchen mit Vanille-Sahne servieren.

Kokos-Johannisbeer-Kuchen I
Fruchtig – raffiniert
20 Stücke

Pro Stück: E: 3 g, F: 15 g, Kh: 28 g,
kJ: 1083, kcal: 259, BE: 2,5

Für den Teig:
        200 g Schlagsahne
        200 g Zucker
        1 Pck. Dr. Oetker Vanillin-Zucker
            3 Eier (Größe M)
        250 g Weizenmehl
        1 Pck. Dr. Oetker Backin
        1 Prise Salz

Für den Belag:
        500 g Johannisbeeren
        100 g Butter
        100 g Zucker
        1 Pck. Dr. Oetker Vanillin-Zucker
        200 g Kokosraspel

Zubereitungszeit: 20 Minuten, ohne Abkühlzeit
Backzeit: etwa 27 Minuten

1. Den Backofen vorheizen.
Ober-/Unterhitze: etwa 180 °C
Heißluft: etwa 160 °C

2. Für den Teig Sahne, Zucker, Vanillin-Zucker und Eier in eine Rührschüssel geben und mit einem Mixer (Rührstäbe) gut verrühren. Mehl mit Backpulver und Salz mischen, hinzugeben und alles zu einem glatten Teig verrühren.

3. Den Teig auf ein Backblech (30 x 40 cm, gefettet, mit Backpapier belegt) geben und glatt streichen.

4. Das Backblech in den vorgeheizten Backofen schieben. Den Boden **etwa 12 Minuten vorbacken.**

5. Für den Belag Johannisbeeren abspülen, abtropfen lassen und entstielen. Butter in einen kleinen Topf zerlassen. Zucker und Vanillin-Zucker unterrühren. Den Topf von der Kochstelle nehmen. Kokosraspel unter die Buttermasse rühren.

6. Das Backblech auf einen Kuchenrost stellen. Die Johannisbeeren auf dem vorgebackenen Boden verteilen. Die Kokosmasse gleichmäßig daraufgeben. Das Backblech bei gleicher Backofeneinstellung wieder in den heißen Backofen schieben. Den Kuchen **weitere etwa 15 Minuten backen.**

7. Das Backblech auf einen Kuchenrost stellen. Den Kokos-Johannisbeer-Kuchen erkalten lassen.

Kokoskuchen vom Blech I

Gut vorzubereiten
20 Stücke

Pro Stück: E: 5 g, F: 16 g, Kh: 34 g,
kJ: 1238, kcal: 296, BE: 3,0

Für den Teig:

> 3 Eier (Größe M)
> 225 g Zucker
> 1 Pck. Dr. Oetker Vanillin-Zucker
> 375 ml Buttermilch
> 375 g Weizenmehl
> 1 Pck. Dr. Oetker Backin

Für den Belag:

> 200 g Kokosraspel
> 100 g Zucker
> 400 g Schlagsahne
>
> 50 g Zartbitter-Schokolade
> 10 g Kokosfett

Zubereitungszeit: 25 Minuten, ohne Abkühlzeit
Backzeit: etwa 30 Minuten

1. Den Backofen vorheizen.
Ober-/Unterhitze: etwa 180 °C
Heißluft: etwa 160 °C

2. Für den Teig Eier mit Zucker und Vanillin-Zucker mit einem Mixer (Rührstäbe) auf höchster Stufe schaumig schlagen. Buttermilch unterrühren.

3. Mehl und Backpulver mischen, in 2 Portionen auf mittlerer Stufe unterrühren. Den Teig in eine Fettpfanne oder ein Backblech mit hohem Rand (30 x 40 cm, gefettet) füllen und glatt streichen.

4. Die Fettpfanne oder das Backblech in den vorgeheizten Backofen schieben. Kuchen **etwa 15 Minuten vorbacken.**

5. Für den Belag Kokosraspel, Zucker und Sahne verrühren. Den Belag gleichmäßig auf dem heißen Kuchen verteilen. Die Fettpfanne oder das Backblech bei gleicher Backofeneinstellung wieder in den heißen Backofen schieben und den Kuchen **weitere etwa 15 Minuten backen.**

6. Fettpfanne oder Backblech auf einen Kuchenrost stellen und Kuchen erkalten lassen.

7. Die Schokolade in Stücke brechen und mit dem Kokosfett in einem kleinen Topf im heißen Wasserbad bei schwacher Hitze unter Rühren schmelzen. Schokolade in einen Gefrierbeutel füllen und eine kleine Spitze abschneiden. Den Kuchen mit der Schokolade verzieren.

Tipp: Der Kuchen lässt sich ohne Schokolade gut einfrieren.

Kolatschenkuchen vom Blech I
Klassisch
20 Stücke

Pro Stück: E: 10 g, F: 15 g, Kh: 39 g,
kJ: 1379, kcal: 330, BE: 3,5

Für den Quark-Öl-Teig:
400 g Weizenmehl
1 Pck. Dr. Oetker Backin
75 g Zucker
1 Pck. Dr. Oetker Vanillin-Zucker
1 Prise Salz
200 g Magerquark
100 ml Milch (3,5 % Fett)
100 ml Speiseöl, z. B. Sonnenblumenöl

Für die Quarkmasse:
550 g Magerquark
75 g Butter oder Margarine
(zimmerwarm)
75 g Zucker
50 g Speisestärke
3 EL Zitronensaft
2 Eier (Größe M)

Für den Pflaumenmusbelag:
4–5 EL Pflaumenmus

Für die Mohnmasse:
250 g Mohn-Back (backfertige
Mohnfüllung)
150 g Crème fraîche

Außerdem:
50 g gehobelte Mandeln
5 EL Aprikosenkonfitüre

Zubereitungszeit: 30 Minuten, ohne Abkühlzeit
Backzeit: etwa 25 Minuten

1. Den Backofen vorheizen.
Ober-/Unterhitze: etwa 180 °C
Heißluft: etwa 160 °C

2. Für den Teig Mehl mit Backpulver in einer Rührschüssel mischen. Übrige Zutaten für den Teig hinzu-

fügen und alles mit einem Mixer (Knethaken) zunächst
kurz auf niedrigster, dann auf höchster Stufe zu einem
glatten Teig verarbeiten (nicht zu lange, da der Teig
sonst klebt). Dann den Teig auf einer leicht bemehlten
Arbeitsfläche zu einer Rolle formen.

3. Für die Quarkmasse Quark mit Butter oder Margarine, Zucker, Stärke, Zitronensaft und Eiern verrühren.
Für den Pflaumenmusbelag Pflaumenmus glatt rühren. Für die Mohnmasse die Mohnfüllung mit Crème
fraîche verrühren.

4. Den Teig auf einem Backblech (30 x 40 cm, gefettet) ausrollen. Die Quarkmasse darauf verstreichen.
Das Pflaumenmus mit einem Löffel in Klecksen auf
der Quarkmasse verteilen. Die Mohnmasse in den
Zwischenräumen verteilen.

5. Das Backblech im unteren Drittel in den vorgeheizten Backofen schieben. Den Kuchen **etwa 25 Minuten backen.**

6. Das Blech auf einen Kuchenrost stellen und erkalten lassen. Mandeln in einer Pfanne ohne Fett leicht
bräunen und auf einen Teller geben. Die Aprikosenkonfitüre durch ein Sieb streichen und unter Rühren
in einem kleinen Topf aufkochen lassen. Den Kuchen
damit bestreichen und mit Mandeln bestreuen.

Tipp: Sie können den Kuchen gut einfrieren.

Korinthen-Mandel-Muffins I

Klassisch

12 Stück

Pro Stück: E: 4 g, F: 16 g, Kh: 25 g,
kJ: 1086, kcal: 259, BE: 2,0

120 g	Weizenmehl
50 g	zarte Haferflocken
100 g	nicht abgezogene, gem. Mandeln
3 gestr. TL	Dr. Oetker Backin
1 Prise	Salz
100 g	brauner Zucker
1 Pck.	Dr. Oetker Finesse
	Geriebene Zitronenschale
150 g	saure Sahne
75 ml	Wasser
1	Ei (Größe M)
100 ml	Speiseöl, z. B. Sonnenblumenöl
100 g	Korinthen
evtl.	Puderzucker

Zubereitungszeit: 15 Minuten, ohne Abkühlzeit
Backzeit: etwa 25 Minuten

1. Den Backofen vorheizen.
Ober-/Unterhitze: etwa 180 °C
Heißluft: etwa 160 °C

2. Mehl, Haferflocken, Mandeln, Backpulver, Salz, Zucker und Zitronenschale in einer Rührschüssel mit einem Schneebesen verrühren.

3. Saure Sahne, Wasser, Ei und Speiseöl in einem Rührbecher mit dem Schneebesen glatt rühren. Die flüssigen Zutaten zu der Mehl-Mandel-Mischung in die Rührschüssel geben und zu einem glatten Teig verrühren. Korinthen unterheben.

4. Den Teig in eine Muffinform (für 12 Muffins, gefettet, bemehlt) geben und glatt streichen. Die Form auf dem Rost in den vorgeheizten Backofen schieben. Muffins **etwa 25 Minuten backen.**

5. Die Form auf einen Kuchenrost stellen. Muffins etwa 5 Minuten in der Form abkühlen lassen, dann aus der Form lösen und auf dem Kuchenrost erkalten lassen.

6. Die Korinthen-Mandel-Muffins nach Belieben mit Puderzucker bestäuben.

Tipp: Anstelle der Korinthen können Sie auch 70 g getrocknete Sauerkirschen oder Cranberrys verwenden und fein gehackt unter den Teig heben. Diese Trockenfrüchte haben, auch wenn sie gesüßt sind, einen säuerlichen Geschmack.

Kräuter-Flammkuchen I
Herzhafter Snack
8 Streifenstücke

Pro Stück: E: 4 g, F: 7 g, Kh: 25 g,
kJ: 793, kcal: 190, BE: 2,0

Für den Teig:
- 250 g Weizenmehl
- 150 ml Weizenbier
- 1 TL Salz
- 1 Msp. Zucker
- 1 EL Speiseöl, z. B. Oliven-, Rapsöl

Für den Belag:
- 1 Bund gemischte Kräuter, z. B. Schnittlauch, Petersilie, Kerbel, Dill, Basilikum
- 200 g Cocktailtomaten
- 150 g Crème fraîche
- Salz
- gem. Pfeffer

Zubereitungszeit: 20 Minuten, ohne Ruhezeit
Backzeit: 12–15 Minuten

1. Den Backofen vorheizen.
Ober-/Unterhitze: etwa 240 °C
Heißluft: etwa 220 °C

2. Für den Teig Mehl in eine Rührschüssel geben. Übrige Zutaten hinzufügen. Die Zutaten mit einem Mixer (Knethaken) zuerst kurz auf niedrigster, dann auf höchster Stufe zu einem Teig verarbeiten.

3. Den Teig auf einer leicht bemehlten Arbeitsfläche dünn zu einem großen Oval (etwa in Größe des Backblechs) ausrollen. Teig auf ein Backblech (mit Backpapier belegt) legen und zugedeckt etwa 10 Minuten ruhen lassen.

4. Teig mehrfach mit einer Gabel einstechen. Das Backblech im unteren Drittel in den vorgeheizten Backofen schieben. Den Flammkuchen **12–15 Minuten backen,** bis die Oberfläche goldbraun und knusprig ist.

5. Für den Belag inzwischen Kräuter abspülen und trocken tupfen. Die Spitzen bzw. Blättchen von den Stängeln zupfen. Tomaten abspülen, abtrocknen, halbieren und die Stängelansätze herausschneiden. Tomaten nach Belieben in Scheiben oder Viertel schneiden.

6. Den Flammkuchen vom Backblech nehmen und noch warm zügig mit Crème fraîche bestreichen.

7. Die vorbereiteten Kräuter und Tomatenhälften oder -scheiben darauf verteilen und mit Salz und Pfeffer bestreuen.

8. Flammkuchen sofort mit einem scharfen Messer in Streifen schneiden und lauwarm servieren.

Rezeptvariante: Für einen **Tunfisch-Flammkuchen** (im Foto links) 100 g Crème fraîche mit 1–2 Esslöffeln körnigem Senf und 1 Esslöffel Schnittlauchröllchen verrühren und mit Salz abschmecken. 145 g Tunfisch naturell (aus der Dose) in Stücke teilen. Nacheinander die Crème-fraîche-Mischung, 100 g abgetropften Gurkensalat (aus dem Glas) und Tunfisch auf dem Flammkuchen verteilen und mit Schnittlauchröllchen und Pfeffer bestreuen.

Kuchen zum Tee I

Beliebt
20 Stücke

Pro Stück: E: 4 g, F: 23 g, Kh: 33 g,
kJ: 1502, kcal: 360, BE: 3,0

Für den Knetteig:

200 g	getrocknete, entsteinte Pflaumen
500 g	Weizenmehl
1 gestr. TL	gem. Anis
1 Pck.	Dr. Oetker Backin
120 g	brauner Zucker
1 Prise	Salz
300 g	Butter oder Margarine
250 g	Crème fraîche

Zum Bestreichen:

3 EL Schlagsahne

Für die Creme:

etwa 220 g	gekühlte Schlagsahne (mind. 30 % Fett)
2 EL	Zucker
1 Pck.	Sahnesteif
150 g	Crème fraîche

Zubereitungszeit: 25 Minuten, ohne Abkühlzeit
Backzeit: etwa 30 Minuten

1. Den Backofen vorheizen.
Ober-/Unterhitze: etwa 200 °C
Heißluft: etwa 180 °C

2. Für den Teig die Pflaumen hacken. Mehl mit Anis und Backpulver in einer Rührschüssel mischen. Restliche Zutaten hinzufügen und mit einem Mixer (Knethaken) zunächst kurz auf niedrigster, dann auf höchster Stufe gut durcharbeiten. Anschließend den Teig auf einer leicht bemehlten Arbeitsfläche kurz verkneten.

3. Den Teig auf der leicht bemehlten Arbeitsfläche zu einem Rechteck ausrollen, in ein Backblech mit hohem Rand oder in eine Fettpfanne (30 x 40 cm, gefettet) legen und darauf ausrollen. Teig mit 3 Esslöffeln Sahne bestreichen.

4. Das Backblech in den vorgeheizten Backofen schieben. Den Kuchen **etwa 30 Minuten backen.**

5. Das Backblech auf einen Kuchenrost stellen und den Kuchen darauf erkalten lassen.

6. Für die Creme Sahne steif schlagen. Zucker mit Sahnesteif mischen und mit Crème fraîche verrühren. Die Mischung unter die Sahne rühren.

7. Den Kuchen in kleine Stücke schneiden. Die Creme auf den Stücken verteilen.

Kumquat-Gewürz-Kuchen I

Schmeckt nicht nur zur Weihnachtszeit

20 Stücke

Pro Stück: E: 3 g, F: 12 g, Kh: 26 g,
kJ: 970, kcal: 232, BE: 2,0

Für die Kumquat-Masse:

100 g Kumquats
70 g flüssiger Honig
30 g Zucker
2 gestr. TL gem. Zimt
1 1/2 gestr. TL gem. Kardamom
1 gestr. TL gem. Ingwer
1/2 gest. TL gem. Piment (Nelkenpfeffer)

Für den All-in-Teig:

350 g Weizenmehl
30 g Speisestärke
3 gestr. TL Dr. Oetker Backin
120 g Zucker
1 Prise Salz
4 Eier (Größe M)
70 ml Buttermilch
250 g Butter oder Margarine
(zimmerwarm)

Zum Bestreuen:

2 EL Hagelzucker

Zubereitungszeit: 25 Minuten, ohne Abkühlzeit
Backzeit: etwa 20 Minuten

1. Für die Kumquat-Masse die Kumquats mit heißem Wasser abspülen und abtropfen lassen. Die Stängelansätze entfernen. Kumquats längs halbieren und in dünne Scheiben schneiden, dabei Kerne entfernen. Kumquatscheiben mit Honig, Zucker und den Gewürzen in einem kleinen Topf bei mittlerer Hitze aufkochen lassen. Den Topf von der Kochstelle nehmen und die Masse abkühlen lassen.

2. In der Zwischenzeit den Backofen vorheizen.
Ober-/Unterhitze: etwa 180 °C
Heißluft: etwa 160 °C

3. Für den Teig Mehl mit Speisestärke und Backpulver in einer Rührschüssel mischen. Restliche Zutaten und lauwarme Kumquat-Masse hinzufügen und alles mit einem Mixer (Rührstäbe) zunächst kurz auf niedrigster, dann auf höchster Stufe in etwa 2 Minuten zu einem glatten Teig verarbeiten.

4. Den Teig auf ein Backblech (30 x 40 cm, gefettet) geben, verstreichen und mit Hagelzucker bestreuen. Das Backblech in den vorgeheizten Backofen schieben. Den Kuchen **etwa 20 Minuten backen.** Das Backblech auf einen Kuchenrost stellen, den Kuchen darauf erkalten lassen.

Kürbis-Quiche | Fürs Kuchenbuffet

12 Stücke

Pro Stück: E: 6 g, F: 14 g, Kh: 14 g,
kJ: 869, kcal: 208, BE: 1,0

Für den Streuselteig:
- 200 g Weizenmehl
- ½ TL Salz
- 90 g Butter oder Margarine
  (zimmerwarm)
- 1 Ei (Größe M)
- 1–2 EL kaltes Wasser

Für die Füllung:
- ½ kleiner Hokkaido-Kürbis
  (etwa 250 g Kürbisfruchtfleisch)
- 200 g Schmand (Sauerrahm)
- 2 Eier (Größe M)
- 1–2 TL gerebelter Salbei, Thymian
  oder Rosmarin
  Salz
  gem. Pfeffer
- 125 g Fetakäse

Zubereitungszeit: 25 Minuten
Backzeit: etwa 30 Minuten

1. Den Backofen vorheizen.
Ober-/Unterhitze: etwa 220 °C
Heißluft: etwa 200 °C

2. Für den Streuselteig Mehl mit Salz, Butter oder Margarine, Ei und Wasser in eine Rührschüssel geben. Die Zutaten mit einem Mixer (Rührstäbe) zuerst auf niedrigster Stufe, dann auf höchster Stufe zu feinen Streuseln verarbeiten.

3. Die Streusel in einer Springform (Ø 26 cm, gefettet, mit Backpapier belegt) verteilen, mit einem Löffelrücken oder leicht bemehlten Händen zu einem Boden andrücken und einen kleinen Rand formen.

4. Für die Füllung Kürbis abspülen, abtrocknen, entkernen und grob raspeln. Schmand mit den Eiern und Kräutern verschlagen. Kürbisraspel unterrühren, mit Salz und Pfeffer kräftig würzen. Die Kürbis-Schmand-

Mischung auf dem Streuselboden verteilen. Feta fein zerkrümeln oder raspeln und daraufstreuen.

5. Die Form auf dem Rost im unteren Drittel in den vorgeheizten Backofen schieben. Die Quiche **etwa 30 Minuten backen.**

6. Die Kürbis-Quiche vor dem Anschneiden und Servieren etwa 3 Minuten abkühlen lassen.

Tipps: Statt mit Kräutern die Kürbismischung mit etwas Curry und grob geschrotetem Chili würzen. Zusätzlich etwa 250 g geräucherte Hähnchenbrust in Würfel schneiden und mit der Kürbis-Mischung auf dem Boden verteilen.

Extra-Tipp: Verarbeiten Sie die restliche andere Hälfte des Hokkaido-Kürbisses zu **Kürbismuffins.** Dazu den Backofen auf Ober-/Unterhitze: etwa 180 °C, Heißluft: etwa 160 °C vorheizen. Für den Teig 150 g Maismehl mit 150 g Weizenmehl und 1 Päckchen Backpulver in einer Rührschüssel vermischen. 100 g braunen Zucker, 150 g Joghurt (3,5 % Fett), 2 Esslöffel Zitronensaft, 4 Eier (Größe M), 100 ml Sonnenblumen- oder Rapsöl und 1 Prise Salz hinzufügen. Die Zutaten mit einem Mixer (Rührstäbe) zunächst kurz auf niedrigster, dann auf höchster Stufe gut durcharbeiten. 200 g fein geraspeltes Kürbisfruchtfleisch unterheben. Den Teig in eine Muffinform (für 12 Muffins, mit Papierbackförmchen ausgelegt) verteilen. Die Form auf dem Rost in den vorgeheizten Backofen schieben. Die Muffins etwa 25 Minuten backen.

Latte-Nussino-Torte I

Für Gäste

12 Stücke

Pro Stück: E: 5 g, F: 24 g, Kh: 23 g,
kJ: 1392, kcal: 333, BE: 2,0

Für den Teig:

175 g	*weiße Schokolade*
100 g	*Butter*
50 g	*Weizenmehl*
1 gestr. TL	*Dr. Oetker Backin*
75 g	*gem. Haselnusskerne*
4	*Eier (Größe M)*
80 g	*Zucker*
1 Prise	*Salz*

Für die Cappuccino-Sahne:

250 g	*gekühlte Schlagsahne (mind. 30 % Fett)*
1 Pck.	*Sahnesteif*
20 g	*Instant-Cappuccino-Pulver (oder Espresso-Pulver nach Geschmack)*

Außerdem:

30 g	*Schoko-Mokka-Bohnen*

Zubereitungszeit: 25 Minuten, ohne Abkühlzeit
Backzeit: etwa 25 Minuten

1. Den Backofen vorheizen.
Ober-/Unterhitze: etwa 180 °C
Heißluft: etwa 160 °C

2. Die Schokolade hacken und mit der Butter in einem Topf im Wasserbad bei schwacher Hitze unter Rühren schmelzen, etwas abkühlen lassen.

3. Inzwischen Mehl mit Backpulver und Haselnüssen mischen. Eier, Zucker und Salz in einer Rührschüssel mit einem Mixer (Rührbesen) auf höchster Stufe etwa 2 Minuten dickschaumig aufschlagen.

4. Die Schokoladen-Butter-Mischung gründlich unter die Eiercreme rühren. Die Mehlmischung daraufgeben und kurz unterrühren.

5. Den Teig in eine Springform (Ø 26 cm, gefettet, mit Backpapier belegt) geben und glatt streichen.

6. Die Form auf dem Rost in den vorgeheizten Backofen schieben. Den Tortenboden **etwa 25 Minuten backen.**

7. Die Form auf einen Kuchenrost stellen und den Kuchen etwas abkühlen lassen.

8. Den Tortenboden aus der Form lösen, auf einen mit Backpapier belegten Kuchenrost stürzen und erkalten lassen.

9. Das Backpapier vorsichtig vom Tortenboden entfernen und den Tortenboden auf eine Tortenplatte setzen.

10. Die Sahne steif schlagen, dabei Sahnesteif und Instant-Cappuccino- oder Espresso-Pulver einrieseln lassen. Die Sahne auf dem Boden wellenartig zur Tortenmitte hin verstreichen.

11. Die Latte-Nussino-Torte bis zum Servieren in den Kühlschrank stellen.

12. Zum Servieren den Tortenrand mit Mokka-Bohnen garnieren.

Lebkuchenschnitten I

Weihnachtlich

20 Stücke

Pro Stück: E: 4 g, F: 21 g, Kh: 19 g,
kJ: 1180, kcal: 282, BE: 1,5

Für den Rührteig:

200 g	Weizenmehl
2 gestr. TL	Dr. Oetker Backin
2 gestr. TL	Lebkuchengewürz
40 g	gesiebtes Kakaopulver
200 g	Butter oder Margarine
	(zimmerwarm)
150 g	Zucker
1 Pck.	Dr. Oetker Vanillin-Zucker
1 Prise	Salz
4	Eier (Größe M)
3 EL	Milch (3,5 % Fett)

Für die Schokocreme:

100 g	Vollmilch-Schokolade
200 g	Butter (zimmerwarm)
2 EL	gesiebtes Kakaopulver
1 Msp.	gem. Zimt
1 Msp.	gem. Ingwer
2–3 EL	Schlagsahne
1 Pck.	Dr. Oetker Bourbon-
	Vanille-Zucker

Zum Bestäuben und Garnieren:

etwas	Kakaopulver
evtl.	Schokoladensterne

Zubereitungszeit: 30 Minuten,
ohne Abkühl- und Kühlzeit
Backzeit: etwa 15 Minuten

1. Den Backofen vorheizen.
Ober-/Unterhitze: etwa 180 °C
Heißluft: etwa 160 °C

2. Für den Rührteig Mehl, Backpulver, Lebkuchen-gewürz und Kakao in eine Schüssel geben und alles gut vermischen. Butter oder Margarine mit einem Mixer (Rührstäbe) auf höchster Stufe geschmeidig rühren.

3. Nach und nach Zucker, Vanillin-Zucker und Salz unterrühren. So lange rühren, bis eine gebundene Masse entstanden ist.

4. Die Eier nach und nach unterrühren (jedes Ei etwa ½ Minute). Das Mehl-Kakao-Gemisch abwechselnd mit der Milch portionsweise auf mittlerer Stufe unter-rühren.

5. Den Teig auf ein Backblech (30 x 40 cm, gefettet) streichen.

6. Das Backblech in den vorgeheizten Backofen schieben. Den Kuchen **etwa 15 Minuten backen.**

7. Das Backblech auf einen Kuchenrost stellen. Den Kuchen erkalten lassen.

8. In der Zwischenzeit für die Schokocreme Schoko-lade in kleine Stücke brechen. Zwei Drittel davon in einem Topf im Wasserbad bei schwacher Hitze unter Rühren schmelzen.

9. Den Topf aus dem Wasserbad nehmen und die restliche Schokolade darin unter Rühren schmelzen. Die Schokolade etwas abkühlen lassen.

10. Die Butter mit einem Mixer (Rührstäbe) schaumig rühren. Den Kakao mit Zimt und Ingwer unterrühren. Schlagsahne und Vanille-Zucker unterrühren.

11. Schokolade mit einem Teigschaber unterrühren. Die Masse etwa 30 Minuten in den Kühlschrank stel-len, bis sie anfängt fest zu werden. Dann die Creme mit einem Mixer (Rührstäbe) kurz aufschlagen.

12. Die Creme auf den Kuchen streichen, mit einem Tortenkamm oder einer Gabel wellenartig Streifen in die Creme ziehen.

13. Den Kuchen mindestens 1 Stunde in den Kühl-schrank stellen.

14. Den Kuchen kurz vor dem Servieren mit Kakao-pulver bestäuben, in kleine Quadrate oder Rauten schneiden und nach Belieben mit Schokoladensternen garnieren.

Limettenkuchen I

Einfach

20 Stücke

Pro Stück: E: 3 g, F: 12 g, Kh: 31 g, kJ: 1038, kcal: 248, BE: 2,5

Für den Teig:

250 g	Weizenmehl
2 TL	Dr. Oetker Backin
1 Pck.	Dr. Oetker Pudding-Pulver Vanille-Geschmack
250 g	Zucker
2 Pck.	Dr. Oetker Bourbon-Vanille-Zucker
3 EL	Limettensaft
1 Pck.	Dr. Oetker Finesse Geriebene Zitronenschale
4	Eier (Größe M)
250 g	Butter oder Margarine (zimmerwarm)

Für den Guss:

150 g	Puderzucker
etwa 50 ml	Limettensaft

Zubereitungszeit: 15 Minuten, ohne Abkühlzeit
Backzeit: etwa 30 Minuten

1. Den Backofen vorheizen.
Ober-/Unterhitze: etwa 180 °C
Heißluft: etwa 160 °C

2. Für den Teig Mehl mit Backpulver und Pudding-Pulver in einer Rührschüssel vermischen. Restliche Teigzutaten hinzufügen und mit einem Mixer (Rührstäbe) zunächst kurz auf niedrigster, dann auf höchster Stufe in etwa 2 Minuten zu einem glatten Teig verarbeiten.

3. Den Teig auf ein Backblech (30 x 40 cm, gefettet) geben und glatt streichen. Das Backblech in den vorgeheizten Backofen schieben. Den Kuchen **etwa 30 Minuten backen.**

4. Das Backblech auf einen Kuchenrost stellen und den Kuchen erkalten lassen.

5. Für den Guss Puderzucker und Limettensaft zu einem dickflüssigen Guss verrühren. Den Kuchen damit überziehen. Guss fest werden lassen.

Limetten-Mascarpone-Kuchen I

Fürs Kuchenbuffet
48 Stücke

Pro Stück: E: 2 g, F: 8 g, Kh: 14 g,
kJ: 578, kcal: 138, BE: 1,0

Für den All-in-Teig:

1	Bio-Zitrone (unbehandelt, ungewachst)
300 g	Weizenmehl
2 gestr. TL	Dr. Oetker Backin
300 g	Zucker
150 g	Butter oder Margarine (zimmerwarm)
100 ml	Wasser
4	Eier (Größe M)

Für den Belag:

3	Bio-Limetten (unbehandelt, ungewachst)
500 g	Mascarpone (ital. Frischkäse)
300 g	Joghurt (3,5 % Fett)
100 g	Puderzucker
500 g	Erdbeeren

Zubereitungszeit: 30 Minuten, ohne Abkühlzeit
Backzeit: etwa 25 Minuten

1. Den Backofen vorheizen.
Ober-/Unterhitze: etwa 180 °C
Heißluft: etwa 160 °C

2. Für den Teig Zitrone heiß abwaschen, abtrocknen und die Schale abreiben. Mehl mit Backpulver mischen und in eine Rührschüssel geben. Zucker, Butter oder Margarine, Wasser, Eier und die Zitronenschale hinzufügen.

3. Die Zutaten mit einem Mixer (Rührstäbe) zunächst kurz auf niedrigster, dann auf höchster Stufe in etwa 2 Minuten zu einem glatten Teig verarbeiten.

4. Den Teig auf ein Backblech (30 x 40 cm, gefettet, mit Backpapier belegt) geben und glatt streichen. Das Backblech in den vorgeheizten Backofen schieben. Den Gebäckboden **etwa 25 Minuten backen.**

5. Das Backblech auf einen Kuchenrost stellen. Den Gebäckboden erkalten lassen.

6. Für den Belag Limetten heiß abwaschen, abtrocknen und die Schale abreiben. Limetten halbieren und jeweils den Saft auspressen.

7. Mascarpone in eine Rührschüssel geben. Limettenschale, -saft, Joghurt und Puderzucker hinzugeben. Die Zutaten mit einem Schneebesen zu einer glatten Creme verrühren und auf dem Gebäckboden verteilen, evtl. die Gebäckränder gerade schneiden.

8. Erdbeeren abspülen, gut abtropfen lassen und entstielen. Große Erdbeeren halbieren. Den Limetten-Mascarpone-Kuchen in etwa 5 x 5 cm große Stücke schneiden und vom Backpapier lösen. Auf jedes Kuchenstück 1 Erdbeere bzw. Erdbeerhälfte setzen.

Tipp: Der Kuchen hält im Kühlschrank etwa 2 Tage frisch.

Limettenmuffins | Raffiniert
12 Stück

Pro Stück: E: 3 g, F: 12 g, Kh: 33 g,
kJ: 1066, kcal: 255, BE: 3,0

Für den Teig:

1	*Bio-Limette*
	(unbehandelt, ungewachst)
250 g	*Weizenmehl*
3 gestr. TL	*Dr. Oetker Backin*
1 Prise	*Salz*
130 g	*Zucker*
200 ml	*Buttermilch*
1	*Ei (Größe M)*
125 ml	*Speiseöl, z. B. Sonnenblumenöl*

Zum Tränken:

2	*Limetten*
70 g	*Puderzucker*

Außerdem:

1	*Holzstäbchen*
	(Schaschlikstäbchen)

Zubereitungszeit: 20 Minuten, ohne Abkühlzeit
Backzeit: etwa 25 Minuten

1. Den Backofen vorheizen.
Ober-/Unterhitze: etwa 180 °C
Heißluft: etwa 160 °C

2. Für den Teig Limette heiß abwaschen, abtrocknen und die Schale auf der feinen Seite der Haushaltsreibe abreiben.

3. Mehl, Backpulver, Salz und Zucker in einer Rührschüssel mit einem Schneebesen verrühren.

4. Buttermilch, Ei, Speiseöl und Limettenschale in einem Rührbecher mit dem Schneebesen glatt rühren. Die flüssigen Zutaten zu der Mehlmischung in die Rührschüssel geben und zu einem glatten Teig verrühren.

5. Den Teig in eine Muffinform (für 12 Muffins, gefettet, bemehlt) geben. Die Form auf dem Rost in den

vorgeheizten Backofen schieben. Die Muffins **etwa 25 Minuten backen.**

6. Zum Tränken in der Zwischenzeit die Limetten (auch die Bio-Limette) halbieren und den Saft auspressen. Von dem Saft 100 ml abmessen, in eine kleine Schüssel geben und mit Puderzucker glatt rühren.

7. Die Form auf einen Kuchenrost stellen. Sofort nach dem Backen die Muffins mit einem Holzstäbchen mehrmals einstechen und mit dem Limettensaft beträufeln. Wenn der Saft aufgesogen ist, die Muffins aus der Form lösen und auf dem Kuchenrost erkalten lassen.

Tipp: Die Muffins mit gekühltem Sahnejoghurt servieren, das ist an heißen Tagen besonders erfrischend.

Linzer Schnitten **|** Klassisch

20 Stücke

Pro Stück: E: 6 g, F: 15 g, Kh: 33 g,
kJ: 1232, kcal: 294, BE: 2,5

Für den Knetteig:

400 g	Weizenmehl
2 gestr. TL	Dr. Oetker Backin
200 g	Zucker
1 Pck.	Dr. Oetker Vanillin-Zucker
2 Msp.	gem. Nelken
1 gestr. TL	gem. Zimt
2	Eier (Größe M)
2	Eiweiß (Größe M)
200 g	Butter oder Margarine (zimmerwarm)
200 g	nicht abgezogene, gem. Mandeln

Für den Belag:

200 g	Himbeerkonfitüre

Zum Bestreichen:

2	Eigelb
2 TL	Milch (3,5 % Fett)

Zubereitungszeit: 25 Minuten, ohne Abkühlzeit
Backzeit: etwa 30 Minuten

1. Für den Teig Mehl mit Backpulver in einer Rührschüssel mischen. Restliche Zutaten für den Teig hinzufügen und alles mit einem Mixer (Knethaken) zunächst kurz auf niedrigster, dann auf höchster Stufe zu einem Teig verarbeiten.

2. Anschließend auf einer leicht bemehlten Arbeitsfläche kurz zu einem Teig verkneten. Sollte er kleben, ihn in Frischhaltefolie gewickelt eine Zeit lang in den Kühlschrank legen.

3. Den Backofen vorheizen.
Ober-/Unterhitze: etwa 180 °C
Heißluft: etwa 160 °C

4. Knapp die Hälfte des Teiges auf einer leicht bemehlten Arbeitsfläche in der Größe des Backbleches ausrollen und mit einem Teigrädchen Streifen ausschneiden. Den restlichen Teig auf einem Backblech (30 x 40 cm, gefettet) ausrollen.

5. Für den Belag den Teigboden mit Konfitüre bestreichen, dabei am Rand etwa 1 cm Teig frei lassen. Die Teigstreifen gitterförmig darauflegen. Eigelb mit Milch verschlagen und die Teigstreifen damit bestreichen.

6. Das Blech im unteren Drittel in den vorgeheizten Backofen schieben. Den Kuchen **etwa 30 Minuten backen.**

7. Das Backblech auf einen Kuchenrost stellen. Den Kuchen erkalten lassen und in Schnitten schneiden.

Luisenkuchen I

Einfach

20 Stücke

Pro Stück: E: 6 g, F: 21 g, Kh: 42 g,
kJ: 1588, kcal: 380, BE: 3,5

Für den Streuselteig:

300 g Weizenmehl
1 gestr. TL Dr. Oetker Backin
100 g Zucker
1 Pck. Dr. Oetker Vanillin-Zucker
1 Ei (Größe M)
125 g Butter oder Margarine
(zimmerwarm)

Für den All-in-Teig:

200 g Weizenmehl
1 gestr. TL Dr. Oetker Backin
100 g gem. Mandeln
200 g Butter oder Margarine
(zimmerwarm)
200 g Zucker
1 Pck. Dr. Oetker Vanillin-Zucker
1 Prise Salz
1 Pck. Dr. Oetker Finesse
Geriebene Zitronenschale
5 Eier (Größe M)

5 EL Sauerkirsch- oder schwarze
Johannisbeerkonfitüre

Für den Belag:

50 g zerlassene Butter
25 g Zucker
50 g Zartbitter-Kuvertüre

Zubereitungszeit: 25 Minuten, ohne Abkühlzeit
Backzeit: etwa 35 Minuten

1. Den Backofen vorheizen.
Ober-/Unterhitze: etwa 200 °C
Heißluft: etwa 180 °C

2. Für den Streuselteig Mehl mit Backpulver in einer Rührschüssel mischen. Zucker, Vanillin-Zucker, Ei und Butter oder Margarine hinzufügen. Die Zutaten

mit einem Mixer (Rührstäbe) zunächst kurz auf niedrigster, dann auf höchster Stufe zu feinen Streuseln verarbeiten.

3. Die Streusel auf einem Backblech (mit Backpapier belegt) gleichmäßig verteilen und mit einem Löffel zu einem Boden andrücken. Das Backblech in den vorgeheizten Backofen schieben. Den Streuselboden **etwa 10 Minuten vorbacken.**

4. Inzwischen für den All-in-Teig Mehl mit Backpulver in einer Rührschüssel mischen. Den restlichen Zutaten hinzufügen und mit einem Mixer (Rührstäbe) zunächst kurz auf niedrigster, dann auf höchster Stufe in etwa 2 Minuten zu einem glatten Teig verarbeiten.

5. Das Backblech auf einen Kuchenrost stellen. Die Konfitüre auf dem Streuselboden verstreichen. Den All-in-Teig darauf verteilen und glatt streichen. Das Backblech im unteren Drittel bei gleicher Backofeneinstellung wieder in den heißen Backofen schieben. Den Kuchen **weitere etwa 25 Minuten backen.**

6. Den Kuchen mit dem Backblech auf einen Kuchenrost stellen, etwas abkühlen lassen. Kuchen mit der Butter bestreichen und mit dem Zucker bestreuen. Das Gebäck erkalten lassen.

7. Kuvertüre in kleine Stücke brechen und in einem Topf im Wasserbad bei schwacher Hitze unter Rühren schmelzen. Den Kuchen mit der Kuvertüre besprenkeln, fest werden lassen und in Stücke schneiden.

Tipp: In Alufolie verpackt kann das Gebäck 3–4 Tage aufbewahrt werden.

Macadamia-Cookies I

Einfach – für Nussliebhaber

20 Stück

Pro Stück: E: 4 g, F: 25 g, Kh: 26 g,
kJ: 1429, kcal: 342, BE: 2,0

200 g	*Vollmilch-Schokolade*
250 g	*ungesalzene Macadamia-nüsse*
275 g	*Butter (zimmerwarm)*
150 g	*brauner Zucker*
	Salz
2 Pck.	*Dr. Oetker Bourbon-Vanille-Zucker*
1	*Ei (Größe M)*
350 g	*Weizenmehl*
1 TL	*Dr. Oetker Backin*

Zubereitungszeit: 25 Minuten
Backzeit: etwa 15 Minuten je Backblech

1. Schokolade hacken. Macadamianüsse grob hacken oder mit einem breiten Messer zerdrücken.

2. Den Backofen vorheizen.
Ober-/Unterhitze: etwa 180 °C
Heißluft: etwa 160 °C

3. Butter in eine Rührschüssel geben und mit einem Mixer (Rührstäbe) etwa 2 Minuten schaumig schlagen. Zucker, Salz und Vanille-Zucker unterrühren. Das Ei zugeben und etwa 1 Minute unterschlagen. Mehl mit Backpulver mischen. Das Mehlgemisch unterrühren. Die vorbereitete Schokolade und die Macadamianüsse mit einem Holzlöffel unterrühren.

4. Mit einen Esslöffel je 10 Teighäufchen auf zwei Backbleche (30 x 40 cm, mit Backpapier belegt) setzen. Die Backbleche nacheinander (bei Heißluft zusammen) in den vorgeheizten Backofen schieben. Die Cookies **etwa 15 Minuten je Backblech backen.**

5. Die Cookies mit dem Backpapier vom Backblech auf einen Kuchenrost ziehen und erkalten lassen.

Tipp: Gesalzene Macadamianüsse können mit warmem Wasser abgespült, mit Küchenpapier trocken getupft und dann wie angegeben verarbeitet werden.

Macadamia-Mango-Tarte I

Fruchtig – für Nussliebhaber

12 Stücke

Pro Stück: E: 3 g, F: 16 g, Kh: 24 g,
kJ: 1030, kcal: 246, BE: 2,0

Für den Knetteig:

75 g *ungesalzene Macadamianüsse*
150 g *Weizenmehl*
1 Msp. *Dr. Oetker Backin*
50 g *Zucker*
1 Pck. *Dr. Oetker Vanillin-Zucker*
100 g *Butter oder Margarine*

Für den Belag:

2 *reife Mangos*
1 Pck. *ungezuckerter Tortenguss, klar*
50 ml *Zitronensaft*
200 ml *Wasser*
25 g *Zucker*
50 g *ungesalzene Macadamianüsse*

Zubereitungszeit: 20 Minuten, ohne Abkühlzeit
Backzeit: etwa 15 Minuten

1. Für den Teig die Macadamianüsse fein hacken.
Mehl mit Backpulver in einer Rührschüssel mischen.
Zucker, Vanillin-Zucker, Butter oder Margarine hinzugeben und mit einem Mixer (Knethaken) zunächst
kurz auf niedrigster, dann auf höchster Stufe gut
durcharbeiten.

2. Zuletzt die Macadamianüsse unter den Teig kneten.
Anschließend auf einer leicht bemehlten Arbeitsfläche
zu einem glatten Teig verkneten. Sollte der Teig kleben,
ihn in Frischhaltefolie gewickelt eine Zeit lang in den
Kühlschrank stellen.

3. Den Backofen vorheizen.
Ober-/Unterhitze: etwa 200 °C
Heißluft: etwa 180 °C

4. Den Teig auf einer leicht bemehlten Arbeitsfläche
zu einer runden Platte (Ø etwa 30 cm) ausrollen und
eine Tarteform (Ø 28 cm, gefettet) damit auslegen.
Den Teigboden mehrmals mit einer Gabel einstechen.

Die Form auf dem Rost in den vorgeheizten Backofen
schieben. Den Tarteboden **etwa 15 Minuten backen.**

5. Den Tarteboden in der Form auf einem Kuchenrost
erkalten lassen.

6. In der Zwischenzeit für den Belag Mangos halbieren. Das Fruchtfleisch vom Stein schneiden und schälen. Mangofruchtfleisch in dünne Spalten schneiden
und kranzförmig auf den Tarteboden legen.

7. Aus Tortenguss, Saft, Wasser und Zucker nach
Packungsanleitung einen Guss zubereiten. Den Guss
auf dem Obst verteilen. Nüsse grob hacken, daraufstreuen und den Guss fest werden lassen.

Tipp: Die Macadamianüsse zum Garnieren erst in
einer Pfanne ohne Fett mit ½ Teelöffel Zucker unter
Rühren anrösten.

Mandarinen-Buttermilch-Kuchen I

Für Kinder
20 Stücke

Pro Stück: E: 4 g, F: 8 g, Kh: 36 g,
kJ: 960, kcal: 229, BE: 3,0

Für den All-in-Teig:

> 300 g Weizenmehl
> 1 Pck. Dr. Oetker Backin
> 300 g Zucker
> 1 Pck. Dr. Oetker Vanillin-Zucker
> 3 Eier (Größe M)
> 300 ml Buttermilch

Für den Belag:

> 75 g Butter
> 75 g Zucker
> 100 g Kokosraspel
> 480 g abgetropfte Mandarinen
> (aus der Dose)

Zubereitungszeit: 20 Minuten, ohne Abkühlzeit
Backzeit: etwa 25 Minuten

1. Den Backofen vorheizen.
Ober-/Unterhitze: etwa 180 °C
Heißluft: etwa 160 °C

2. Für den Teig Mehl mit Backpulver in einer Rühr-schüssel mischen. Die übrigen Teigzutaten hinzufügen und alles mit einem Mixer (Rührstäbe) zuerst kurz auf niedrigster, dann auf höchster Stufe in etwa 2 Minuten zu einem glatten Teig verarbeiten.

3. Den Teig auf ein Backblech (30 x 40 cm, gefettet) geben und glatt streichen. Das Backblech in den vorgeheizten Backofen schieben. Den Kuchen **etwa 10 Minuten vorbacken.**

4. Für den Belag Butter mit Zucker in einem Topf zerlassen. Kokosraspel unterrühren. Zuerst die Man-darinen und dann den Kokosbelag auf dem vorgeba-ckenen Boden verteilen. Das Backblech bei gleicher Backofeneinstellung wieder in den heißen Backofen schieben. Den Kuchen **weitere etwa 15 Minuten backen.**

5. Den Kuchen auf dem Backblech auf einem Kuchenrost erkalten lassen.

Mandarinen-Cranberry-Kuchen I

Raffiniert
20 Stücke

Pro Stück: E: 4 g, F: 15 g, Kh: 27 g,
kJ: 1096, kcal: 262, BE: 2,5

Für den Belag:

150 g Butter
80 g brauner Zucker
1 Prise Salz
1 Pck. Dr. Oetker Vanillin-Zucker
4 EL Schlagsahne
125 g getrocknete Cranberrys
150 g Sonnenblumenkerne
½ Pck. Dr. Oetker Finesse
Orangenschalen-Aroma

Für den Quark-Öl-Teig:

250 g Weizenmehl
3 gestr. TL Dr. Oetker Backin
125 g Magerquark
75 ml Milch (3,5 % Fett)
75 ml Speiseöl, z. B. Sonnenblumenöl
75 g Zucker
1 Pck. Dr. Oetker Vanillin-Zucker
1 Prise Salz

350 g abgetropfte Mandarinen
(aus der Dose)

Zubereitungszeit: 25 Minuten, ohne Abkühlzeit
Backzeit: etwa 25 Minuten

1. Für den Belag die Butter, braunen Zucker, Salz, Vanillin-Zucker und Sahne in einem kleinen Topf bei schwacher Hitze unter Rühren erhitzen und aufkochen lassen. Cranberrys, Sonnenblumenkerne und Orangenschalen-Aroma unterrühren. Den Topf von der Kochstelle nehmen und die Masse etwas abkühlen lassen.

2. Den Backofen vorheizen.
Ober-/Unterhitze: etwa 200 °C
Heißluft: etwa 180 °C

3. Für den Teig in der Zwischenzeit Mehl mit Backpulver in einer Rührschüssel mischen. Quark, Milch,

Öl, Zucker, Vanillin-Zucker und Salz hinzufügen. Die Zutaten mit einem Mixer (Knethaken) zuerst kurz auf niedrigster, dann auf höchster Stufe in etwa 1 Minute zu einem Teig verarbeiten (nicht zu lange, sonst klebt der Teig).

4. Den Teig auf einem Backblech (30 x 40 cm, gefettet) ausrollen, dabei einen etwa 1 cm hohen Rand hochziehen.

5. Die Mandarinen unter die abgekühlte Sonnenblumenkernmasse heben und die Masse gleichmäßig auf dem Teig verstreichen. Das Backblech in den vorgeheizten Backofen schieben und den Kuchen **etwa 25 Minuten backen.**

6. Das Backblech auf einen Kuchenrost stellen. Den Kuchen darauf erkalten lassen und anschließend in Stücke schneiden.

Tipp: Der Kuchen schmeckt frisch am besten.

Mandarinen-Kokos-Kuchen I

Für Gäste

20 Stücke

Pro Stück: E: 4 g, F: 16 g, Kh: 29 g,
kJ: 1158, kcal: 277, BE: 2,5

Für den All-in-Teig:

300 g Weizenmehl
4 TL Dr. Oetker Backin
100 g Kokosraspel
250 g Puderzucker
1 Pck. Dr. Oetker Finesse
Orangenschalen-Aroma
200 ml Speiseöl, z. B. Sonnenblumenöl
150 ml Orangensaft
5 Eier (Größe M)

350 g abgetropfte Mandarinen
(aus der Dose)

Zum Bestreuen:

2 EL Raspelschokolade
1 EL Kokosraspel

Zubereitungszeit: 15 Minuten, ohne Abkühlzeit
Backzeit: etwa 25 Minuten

1. Den Backofen vorheizen.
Ober-/Unterhitze: etwa 180 °C
Heißluft: etwa 160 °C

2. Für den Teig Mehl mit Backpulver in einer Rühr-schüssel vermischen. Kokosraspel, Puderzucker, Oran-genschale, Speiseöl, Orangensaft und Eier hinzufügen, alles mit einem Mixer (Rührstäbe) auf höchster Stufe in etwa 2 Minuten zu einem glatten Teig verarbeiten.

3. Den Teig auf ein Backblech (30 x 40 cm, gefettet, bemehlt) geben und glatt streichen. Die Mandarinen darauf verteilen.

4. Das Backblech in den vorgeheizten Backofen schieben. Den Kuchen **etwa 25 Minuten backen.**

5. Das Backblech auf einen Kuchenrost stellen und den heißen Kuchen sofort mit Raspelschokolade und Kokosraspeln bestreuen. Den Mandarinen-Kokos-kuchen erkalten lassen.

Mandarinen-Mandel-Kuchen I

Fruchtig
20 Stücke

Pro Stück: E: 4 g, F: 21 g, Kh: 25 g,
kJ: 1286, kcal: 307, BE: 2,0

Für den Belag:

> 350 g abgetropfte Mandarinen
> (aus der Dose)
> 125 g Butter
> 75 g Zucker
> 4 EL Mandarinensaft (aus der Dose)
> 150 g gehobelte Mandeln

Für den Rührteig:

> 250 g Butter oder Margarine
> (zimmerwarm)
> 150 g Zucker
> 1 Prise Salz
> 1 Pck. Dr. Oetker Vanillin-Zucker
> ½ Pck. Dr. Oetker Finesse
> Orangenschalen-Aroma
> 3 Eier (Größe M)
> 250 g Weizenmehl
> 2 gestr. TL Dr. Oetker Backin
> 75 ml Milch (3,5 % Fett)

Zubereitungszeit: 25 Minuten, ohne Abkühlzeit
Backzeit: etwa 25 Minuten

1. Für den Belag von den Mandarinen den Saft auffangen und 4 Esslöffel abmessen. Butter mit Zucker und dem abgemessenen Saft in einem Topf unter Rühren erhitzen. Mandeln unterrühren. Die Masse aufkochen lassen. Den Topf von der Kochstelle nehmen, die Mandelmasse etwas abkühlen lassen.

2. Den Backofen vorheizen.
Ober-/Unterhitze: etwa 180 °C
Heißluft: etwa 160 °C

3. Für den Teig Butter oder Margarine mit einem Mixer (Rührstäbe) auf höchster Stufe geschmeidig rühren. Nach und nach Zucker, Salz, Vanillin-Zucker und Orangenschalen-Aroma unterrühren. So lange rühren, bis eine gebundene Masse entstanden ist.

4. Die Eier nach und nach unterrühren (jedes Ei etwa ½ Minute). Mehl mit Backpulver mischen, abwechselnd in 2 Portionen mit der Milch kurz auf mittlerer Stufe unterrühren.

5. Den Teig auf ein Backblech (30 x 40 cm, gefettet) geben und glatt streichen. Die Mandarinen gleichmäßig auf dem Teig verteilen. Die Mandelmasse mit einem Esslöffel daraufgeben. Das Backblech in den vorgeheizten Backofen schieben. Den Kuchen **etwa 25 Minuten backen.**

6. Das Backblech auf einen Kuchenrost stellen. Den Kuchen erkalten lassen und in Stücke schneiden.

Rezeptvariante: Sehr lecker schmeckt auch ein **Stachelbeer-Nuss-Kuchen.** Für den Belag 390 g abgetropfte Stachelbeeren (aus dem Glas) und anstelle der Mandeln gehobelte Haselnusskerne verwenden. Das Orangenschalen-Aroma für den Teig durch Finesse Geriebene Zitronenschale ersetzen und zusätzlich 50 g gemahlene Haselnusskerne unter den Teig rühren.

Mandarinen-Vanille-Muffins I

Fruchtig

12 Stück

Pro Stück: E: 3 g, F: 9 g, Kh: 29 g,
kJ: 864, kcal: 206, BE: 2,5

Für den Teig:

170 g	Weizenmehl
1 Pck.	Gala Bourbon-Vanille-Pudding-Pulver
3 gestr. TL	Dr. Oetker Backin
1 Prise	Salz
120 g	Zucker
150 ml	Milch (3,5 % Fett)
80 ml	Speiseöl, z. B. Sonnenblumenöl
1	Ei (Größe M)
350 g	abgetropfte Mandarinen (aus der Dose)

Zubereitungszeit: 25 Minuten, ohne Abkühlzeit
Backzeit: etwa 25 Minuten

1. Den Backofen vorheizen.
Ober-/Unterhitze: etwa 180 °C
Heißluft: etwa 160 °C

2. Für den Teig Mehl mit Pudding-Pulver, Backpulver, Salz und Zucker in einer Rührschüssel mit einem Schneebesen verrühren.

3. Milch, Speiseöl und Ei in einem Rührbecher mit dem Schneebesen verrühren. Die flüssigen Zutaten zu der Mehl-Pudding-Pulver-Mischung in die Rührschüssel geben und zu einem glatten Teig verrühren. Die Hälfte der Mandarinen unterheben.

4. Den Teig in eine Muffinform (für 12 Muffins, gefettet, bemehlt) geben und mit den restlichen Mandarinen belegen.

5. Die Form auf dem Rost in den vorgeheizten Backofen schieben. Muffins **etwa 25 Minuten backen.**

6. Die Form auf einen Kuchenrost stellen. Muffins etwa 5 Minuten in der Form abkühlen lassen, aus der Form lösen, auf dem Kuchenrost erkalten lassen.

Tipps: Sehr große Mandarinenstücke halbieren. Die Muffins glänzen, wenn sie mit Aprikosenkonfitüre bestrichen werden. Dafür 80 g Aprikosenkonfitüre pürieren oder durch ein Sieb streichen, mit 1 Esslöffel Wasser verrühren und aufkochen lassen. Die heißen Muffins damit bestreichen und erkalten lassen.

Mandelfladen | Preiswert

6 Stück

Pro Stück: E: 8 g, F: 25 g, Kh: 29 g,
kJ: 1567, kcal: 375, BE: 2,5

Für den Brandteig:

> 125 ml Wasser
> 30 g Butter oder Margarine
> 80 g Weizenmehl
> 2–3 Eier (Größe M)
> 1 Msp. Dr. Oetker Backin

Für den Belag:

> 5 EL Schlagsahne
> 50 g Butter
> 50 g Zucker
> 100 g gestiftelte Mandeln
> je 40 g Orangeat und Zitronat
> (Sukkade)

Zubereitungszeit: 25 Minuten, ohne Abkühlzeit
Backzeit: 20–25 Minuten

1. Für den Teig Wasser mit Butter oder Margarine am besten in einem Stieltopf zum Kochen bringen.

2. Mehl auf einmal in die von der Kochstelle genommene Flüssigkeit schütten, zu einem glatten Kloß rühren und unter Rühren etwa 1 Minute erhitzen.

3. Den heißen Kloß sofort in eine Rührschüssel geben. Nach und nach Eier mit einem Mixer (Knethaken) auf höchster Stufe unterarbeiten (die Eiermenge hängt von der Beschaffenheit des Teiges ab, er muss stark glänzen und so von einem Löffel abreißen, dass lange Spitzen hängen bleiben). Den Teig etwas abkühlen lassen.

4. Inzwischen den Backofen vorheizen.
Ober-/Unterhitze: etwa 200 °C
Heißluft: etwa 180 °C

5. Für den Belag Sahne, Butter, Zucker und Mandeln in einem Topf aufkochen. Orangeat und Zitronat evtl. noch etwas feiner hacken, unterrühren.

6. Ein Backblech mit Backpapier belegen. 6 Kreise (Ø etwa 12 cm) aufzeichnen.

7. Backpulver in den erkalteten Teig arbeiten. Den Teig mit einem angefeuchteten Teelöffel so in den Kreisen verstreichen, dass der Rand etwas dicker ist. Dann die Mandel-Frucht-Masse auf den Teigfladen verteilen.

8. Backblech in den vorgeheizten Backofen schieben. Die Fladen **20–25 Minuten backen.**

9. Die Mandelfladen mit dem Backpapier vom Backblech auf ein Kuchenrost ziehen. Die Mandelfladen erkalten lassen.

Mandel-Karamell-Kuchen I

Für Gäste

14 Stücke

Pro Stück: E: 6 g, F: 23 g, Kh: 29 g,
kJ: 1445, kcal: 345, BE: 2,5

Für die Mandel-Karamell-Masse:

90 g Zucker
25 g Butter
1 EL Schlagsahne
2 Prisen gem. Zimt
200 g blanchierte Mandeln
(abgezogene Mandelkerne)

Für den All-in-Teig:

175 g Weizenmehl
2 gestr. TL Dr. Oetker Backin
1 Prise Salz
150 g Butter oder Margarine
(zimmerwarm)
100 g Zucker
1 Pck. Dr. Oetker Vanillin-Zucker
2 Tropfen Bittermandel-Aroma
2 EL Milch (3,5 % Fett)
3 Eier (Größe M)

Für den Guss:

100 g dunkle Kuchenglasur

Zum Bestäuben:

etwas Puderzucker

Zubereitungszeit: 25 Minuten, ohne Abkühlzeit
Backzeit: etwa 25 Minuten

1. Für die Karamell-Mandel-Masse Zucker, Butter, Sahne und Zimt in einem Topf unter gelegentlichem Rühren erwärmen. Mandeln einrühren. Den Topf von der Kochstelle nehmen.

2. Den Backofen vorheizen.
Ober-/Unterhitze: etwa 180 °C
Heißluft: etwa 160 °C

3. Für den Teig Mehl mit Backpulver und Salz in einer Rührschüssel mischen. Butter oder Margarine, Zucker,

Vanillin-Zucker, Aroma, Milch und Eier hinzufügen, mit einem Mixer (Rührstäbe) zunächst kurz auf niedrigster, dann auf höchster Stufe in etwa 2 Minuten zu einem glatten Teig verarbeiten.

4. Den Teig in eine Springform (Ø 26 cm, mit Backpapier belegt) geben und glatt streichen.

5. Die Mandel-Karamell-Masse darauf gleichmäßig verteilen.

6. Die Form auf dem Rost in den vorgeheizten Backofen schieben und den Kuchen **etwa 25 Minuten backen.**

7. Die Form auf einen Kuchenrost stellen. Den Kuchen etwas abkühlen lassen, danach den Formrand lösen, entfernen und den Kuchen auf dem Springformboden erkalten lassen.

8. Den Kuchen vom Springformboden nehmen, vorsichtig vom Backpapier lösen und auf eine Tortenplatte setzen.

9. Für den Guss die Kuchenglasur nach Packungsanleitung schmelzen. Den Kuchenrand und die Kuchenoberfläche etwa 4 cm breit gleichmäßig mit dem Guss überziehen. Guss fest werden lassen.

10. Vor dem Servieren den Kuchen mit Puderzucker bestäuben.

Mandel-Orangen-Kuchen I

Raffiniert – einfach

12 Stücke

Pro Stück: E: 9 g, F: 28 g, Kh: 48 g,
kJ: 2014, kcal: 481, BE: 4,0

Für den Teig:

250 g	Weizenmehl
1 gestr. TL	Dr. Oetker Backin
175 g	Zucker
1 Pck.	Dr. Oetker Vanillin-Zucker
50 g	Hartweizengrieß
1 Msp.	gem. Zimt
1 Pck.	Dr. Oetker Finesse Orangenschalen-Aroma
4	Eier (Größe M)
125 g	Butter oder Margarine (zimmerwarm)
100 ml	Sonnenblumenöl
150 g	gem. Mandeln

Für die Füllung:

250 g Orangenmarmelade

Zum Bestreuen:

50 g gehobelte Mandeln

Zum Bestäuben:

1 TL Puderzucker

Zubereitungszeit: 20 Minuten, ohne Abkühlzeit
Backzeit: etwa 40 Minuten

1. Den Backofen vorheizen.
Ober-/Unterhitze: etwa 180 °C
Heißluft: etwa 160 °C

2. Für den Teig Mehl mit Backpulver in einer Rührschüssel mischen. Restliche Zutaten hinzufügen und mit einem Mixer (Rührstäbe) zunächst kurz auf niedrigster, dann auf höchster Stufe in etwa 2 Minuten zu einem glatten Teig verarbeiten.

3. Zwei gut gehäufte Esslöffel des Teiges in einen Spritzbeutel mit kleiner Lochtülle oder in ein Schäl-chen füllen. Den restlichen Teig in eine Springform (Ø 26 cm, gefettet) geben und verstreichen.

4. Für die Füllung Marmelade auf dem Teig verteilen. Den abgenommenen Teig mit dem Spritzbeutel gitterartig mit großem Abstand daraufspritzen oder mit einem Teelöffel kleine Häufchen darauf verteilen, mit Mandelblättchen bestreuen. Die Form auf dem Rost in den vorgeheizten Backofen schieben. Den Kuchen **etwa 40 Minuten backen.**

5. Den Kuchen aus der Form lösen und auf einem Kuchenrost (mit Backpapier belegt) erkalten lassen. Kuchen am Rand mit Puderzucker bestäuben.

Mandelschnitten | Klassisch
24 Stücke

Pro Stück: E: 3 g, F: 5 g, Kh: 18 g,
kJ: 530, kcal: 127, BE: 1,5

Für den Biskuitteig:
        3 Eier (Größe M)
        4 EL heißes Wasser
        120 g Zucker
        1 Pck. Dr. Oetker Vanillin-Zucker
        1 Prise Salz
        100 g Weizenmehl
        50 g Speisestärke
        1 gestr. TL Dr. Oetker Backin

Zum Bestreuen:
        100 g gehobelte Mandeln

Für die Füllung:
        200 ml Milch (3,5 % Fett)
        100 g gekühlte Schlagsahne
                (mind. 30 % Fett)
        1 Pck. Mousse à la Vanille
                (Dessertpulver)

        200 g rotes Johannisbeergelee

Zubereitungszeit: 30 Minuten,
ohne Abkühl- und Kühlzeit
Backzeit: etwa 15 Minuten

1. Den Backofen vorheizen.
Ober-/Unterhitze: etwa 180 °C
Heißluft: etwa 160 °C

2. Für den Teig die Eier und Wasser in einer Rühr-schüssel mit einem Mixer (Rührstäbe) auf höchster Stufe in etwa 1 Minute schaumig schlagen. Zucker mit Vanillin-Zucker und Salz mischen, in etwa 1 Minu-te einstreuen, dann noch etwa 2 Minuten schlagen.

3. Mehl mit Speisestärke und Backpulver mischen, auf die Eiercreme geben und kurz auf niedrigster Stu-fe unterrühren. Teig auf ein Backblech (30 x 40 cm, gefettet, mit Backpapier belegt) geben und glatt strei-chen. Das Backblech in den vorgeheizten Backofen

schieben und die Biskuitplatte **etwa 15 Minuten backen.**

4. Die Biskuitplatte vom Backblechrand lösen und auf eine Arbeitsfläche stürzen. Das mitgebackene Backpapier vorsichtig, aber schnell abziehen. Die Biskuitplatte erkalten lassen.

5. Zum Bestreuen Mandeln in einer Pfanne ohne Fett goldbraun rösten und dann auf einen Teller geben.

6. Für die Füllung Milch und Sahne in einen hohen Rührbecher geben. Cremepulver hinzufügen und mit einem Mixer (Rührstäbe) nach Packungsanleitung cremig schlagen.

7. Die Biskuitplatte in der Mitte senkrecht durch-schneiden. Die Biskuithälften umdrehen. Gelee unter Rühren erhitzen.

8. Beide Biskuithälften mit Gelee bestreichen und mit Mandeln bestreuen. Die Füllung auf eine Biskuithälfte streichen und die zweite Hälfte mit den Mandeln nach oben darauflegen, leicht andrücken. Den Kuchen etwa 1 Stunde in den Kühlschrank stellen.

Mango-Maracuja-Muffins I

Exotisch
12 Stück

Pro Stück: E: 3 g, F: 9 g, Kh: 41 g,
kJ: 1070, kcal: 256, BE: 3,5

>   1 reife Mango
>   200 g Weizenmehl
>   30 g Speisestärke
> 3 gestr. TL Dr. Oetker Backin
>   1 Prise Salz
>   120 g Zucker
>   150 ml Mango-Maracuja-Nektar
>   80 ml Speiseöl,
>   z. B. Distelöl
>   1 Ei (Größe M)

Für den Guss:

>   150 g Puderzucker
>   1 EL Mango-Maracuja-Nektar
>   2–3 TL Zitronensaft
>   1 EL gehackte Pistazienkerne

Außerdem:

>   12 Papierbackförmchen

Zubereitungszeit: 25 Minuten, ohne Abkühlzeit
Backzeit: etwa 25 Minuten

1. Den Backofen vorheizen.
Ober-/Unterhitze: etwa 180 °C
Heißluft: etwa 160 °C

2. Die Mango halbieren. Das Fruchtfleisch vom Stein schneiden und schälen. Die Mango zuerst in breite Streifen schneiden, dann in etwa ½ cm große Würfel schneiden (ergibt etwa 200 g).

3. Mehl, Speisestärke, Backpulver, Salz und Zucker in einer Rührschüssel mit einem Schneebesen verrühren. Nektar, Speiseöl und Ei in einem Rührbecher mit dem Schneebesen verrühren.

4. Die flüssigen Zutaten zu der Mehlmischung in die Rührschüssel geben und zu einem glatten Teig verrühren. Mangowürfel unterheben.

5. Den Teig in eine Muffinform (für 12 Muffins, mit Papierbackförmchen ausgelegt) geben. Die Form auf dem Rost in den vorgeheizten Backofen schieben. Muffins **etwa 25 Minuten backen.**

6. Die Form auf einen Kuchenrost stellen. Muffins etwa 5 Minuten in der Form abkühlen lassen, dann vorsichtig aus der Form lösen und auf dem Kuchenrost erkalten lassen.

7. Für den Guss Puderzucker mit Nektar und Zitronensaft zu einer dickflüssigen Masse verrühren, mit einem Teelöffel auf die Muffins streichen und sofort mit Pistazienkernen bestreuen. Guss trocknen lassen.

Tipps: Wenn Sie keine frische Mango bekommen, können Sie auch 200 g abgetropfte Mangoscheiben (aus der Dose) verwenden. Als Alternative eignen sich auch 200 g abgetropfte, klein geschnittene Ananasstücke (aus der Dose).

Maracuja-Tarte
à la Crème brûlée I

Exotisch – raffiniert

12 Stücke

Pro Stück: E: 4 g, F: 15 g, Kh: 24 g,
kJ: 1057, kcal: 253, BE: 2,0

Für den Streuselteig:

175 g	Weizenmehl
1 gestr. TL	Dr. Oetker Backin
60 g	Zucker
½ Pck.	Dr. Oetker Finesse Geriebene Zitronenschale
1 Prise	Salz
1	Eigelb (Größe M)
1–2 EL	kaltes Wasser
90 g	Butter oder Margarine (zimmerwarm)

Für die Maracuja-Creme:

2	Eigelb (Größe M)
1 geh. TL	Speisestärke (12 g)
10 g	Zucker
½ Pck.	Dr. Oetker Finesse Geriebene Zitronenschale
125 g	Magerquark
200 g	Mascarpone (ital. Frischkäse)
125 ml	Maracuja-Nektar
60 g	Zucker

Zubereitungszeit: 20 Minuten, ohne Abkühlzeit
Backzeit: etwa 30 Minuten

1. Für den Teig das Mehl und Backpulver in einer Rührschüssel mischen. Zucker, Zitronenschale und Salz untermischen. Eigelb, Wasser und Butter oder Margarine hinzufügen. Die Zutaten mit einem Mixer (Rührstäbe) zunächst kurz auf niedrigster, dann auf höchster Stufe zu feinen Streuseln verarbeiten.

2. Die Streusel in eine Springform (Ø 26 cm, gefettet, mit Backpapier belegt) geben und mit einem Löffel oder den Händen zu einem Boden andrücken, dabei einen kleinen Rand formen. Die Form in den Kühlschrank stellen.

3. Den Backofen vorheizen.
Ober-/Unterhitze: etwa 220 °C
Heißluft: etwa 200 °C

4. Für die Creme Eigelb, Stärke, Zucker, Zitronenschale, Quark, Mascarpone und Maracuja-Nektar mit einem Mixer (Rührstäbe) gut verschlagen. Die Creme auf den Streuselteig füllen und verstreichen. Zucker gleichmäßig daraufstreuen.

5. Die Form auf dem Rost in den vorgeheizten Backofen schieben. Die Tarte **etwa 30 Minuten backen,** bis die Oberfläche goldgelb gebräunt ist.

6. Die Tarte in der Form auf einem Kuchenrost erkalten lassen. Dann die Tarte aus der Form lösen.

Marzipan-Butterkuchen | Beliebt
20 Stücke

Pro Stück: E: 5 g, F: 15 g, Kh: 24 g,
kJ: 1068, kcal: 255, BE: 2,0

Für den Hefeteig:

- 375 g *Weizenmehl*
- 1 Pck. *Hefeteig Garant*
- 50 g *Zucker*
- 1 Prise *Salz*
- 50 g *Butter (zimmerwarm)*
- 150 ml *Milch (3,5 % Fett)*
- 1 *Ei (Größe M)*

Für den Belag:

- 125 g *Butter (zimmerwarm)*
- 200 g *Marzipan-Rohmasse*
- 150 g *Crème fraîche*
- 2–3 EL *Zucker*
- 1 Pck. *Dr. Oetker Vanillin-Zucker*
- 40 g *gehobelte Mandeln*

Zubereitungszeit: 20 Minuten, ohne Abkühlzeit
Backzeit: etwa 20 Minuten

1. Für den Teig das Mehl mit Hefeteig Garant in einer Rührschüssel gut vermischen. Zucker, Salz, Butter, Milch und Ei hinzufügen.

2. Die Zutaten mit einem Mixer (Knethaken) erst auf niedrigster, dann auf höchster Stufe in etwa 2 Minuten zu einem glatten Teig verarbeiten.

3. Den Teig leicht mit Mehl bestäuben und auf einer leicht bemehlten Arbeitsfläche nochmals kurz durchkneten. Den Teig auf einem Backblech (30 x 40 cm, gefettet) ausrollen und in die Ecken drücken.

4. Für den Belag die Butter mit der Marzipan-Rohmasse verrühren. Die Masse in einen Spritzbeutel mit weiter Lochtülle geben. Mit einem Kochlöffelstiel in Abständen von etwa 6–7 cm längs Streifen in den Teig drücken. Die Marzipanmasse hineinspritzen. Den Teig etwa 5 Minuten ruhen lassen.

5. In der Zwischenzeit den Backofen vorheizen.
Ober-/Unterhitze: etwa 200 °C
Heißluft: etwa 180 °C

6. Die Crème fraîche verrühren, mit einem Pinsel die Zwischenräume auf dem Kuchen damit bestreichen. Den Zucker mit Vanillin-Zucker mischen. Den Teig damit bestreuen. Die Mandeln darauf verteilen.

7. Das Backblech in den vorgeheizten Backofen schieben. Den Kuchen **etwa 20 Minuten backen.** Das Backblech auf einen Kuchenrost stellen. Den Kuchen erkalten lassen.

Marzipan-Kirsch-Kuchen | Klassisch

20 Stücke

Pro Stück: E: 6 g, F: 16 g, Kh: 39 g,
kJ: 1338, kcal: 320, BE: 3,0

Für den Rührteig:

200 g *Marzipan-Rohmasse*
250 g *Butter (zimmerwarm)*
250 g *Zucker*
1 Pck. *Dr. Oetker Vanillin-*
Zucker
1 Prise *Salz*
6 *Eier (Größe M)*
350 g *Weizenmehl*
1 Pck. *Dr. Oetker Backin*
370 g *abgetropfte Sauerkirschen*
(aus dem Glas)

Zum Bestreichen und Glasieren:

2 EL *Aprikosenkonfitüre*
75 g *Puderzucker*
2 EL *Zitronensaft*

Zubereitungszeit: 25 Minuten, ohne Abkühlzeit
Backzeit: etwa 30 Minuten

1. Den Backofen vorheizen.
Ober-/Unterhitze: etwa 200 °C
Heißluft: etwa 180 °C

2. Für den Rührteig Marzipan-Rohmasse in Stücke schneiden und mit der Butter in einer Rührschüssel mit einem Mixer (Rührstäbe) auf höchster Stufe geschmeidig rühren.

3. Zucker, Vanillin-Zucker und Salz nach und nach hinzufügen. So lange rühren, bis eine gebundene Masse entstanden ist.

4. Die Eier nach und nach unterrühren (jedes Ei etwa ½ Minute). Mehl und Backpulver mischen, in 2 Portionen auf mittlerer Stufe unterrühren.

5. Die Hälfte des Teiges auf ein Backblech (gefettet, mit Backpapier belegt) streichen. Die Sauerkirschen darauf verteilen. Den restlichen Teig gleichmäßig daraufstreichen.

6. Das Backblech in den vorgeheizten Backofen schieben. Den Kuchen **etwa 30 Minuten backen.**

7. Die Aprikosenkonfitüre durch ein Sieb streichen und in einem kleinen Topf unter Rühren kurz aufkochen. Den Kuchen sofort nach dem Backen mit der Aprikosenkonfitüre bestreichen. Den Kuchen mit dem Blech auf einen Kuchenrost stellen.

8. Zum Glasieren den Puderzucker mit Zitronensaft verrühren. Den Kuchen damit bestreichen. Kuchen erkalten lassen.

Marzipan-Sesam-Streifen I
Einfach
80 Stück

Pro Stück: E: 1 g, F: 4 g, Kh: 4 g,
kJ: 225, kcal: 54, BE: 0,5

Für den Rührteig:

200 g	Marzipan-Rohmasse
200 g	Butter (zimmerwarm)
50 g	Zucker
1 Prise	Salz
1 Pck.	Dr. Oetker Bourbon-Vanille-Zucker
1	Eigelb (Größe M)
200 g	Weizenmehl
½ TL	Dr. Oetker Backin

Für den Belag:

1	Eiweiß (Größe M)
100 g	geschälte Sesamsamen
40 g	brauner Zucker

Zubereitungszeit: 20 Minuten, ohne Abkühlzeit
Backzeit: 12–15 Minuten

1. Für den Teig das Marzipan auf der Haushaltsreibe raspeln oder fein schneiden.

2. Den Backofen vorheizen.
Ober-/Unterhitze: etwa 200 °C
Heißluft: etwa 180 °C

3. Butter und Marzipan mit einem Mixer (Rührstäbe) auf höchster Stufe geschmeidig rühren. Nach und nach Zucker, Salz und Vanille-Zucker unterrühren. So lange rühren, bis eine gebundene Masse entstanden ist. Das Eigelb kurz unterrühren.

4. Mehl mit Backpulver mischen und in 2 Portionen auf mittlerer Stufe kurz unterrühren. Den Teig auf einem Backblech (30 x 40 cm, gefettet) verteilen und gleichmäßig mit einer Teigkarte verstreichen.

5. Für den Belag Eiweiß mit einer Gabel verschlagen und auf den Teig streichen. Nacheinander Sesamsamen und Zucker auf den Teig streuen. Das Backblech in den vorgeheizten Backofen schieben. Die Gebäckplatte **12–15 Minuten backen.**

6. Die heiße Gebäckplatte sofort nach dem Backen in Streifen (etwa 3 x 5 cm) schneiden. Das Backblech auf einen Kuchenrost stellen. Die Marzipan-Sesam-Streifen auf dem Backblech erkalten lassen.

Tipp: Die Marzipan-Sesam-Streifen halten sich in gut schließenden Dosen 2–3 Wochen.

Maulwurfmuffins I

Für Gäste – raffiniert

12 Stück

Pro Stück: E: 6 g, F: 22 g, Kh: 25 g,
kJ: 1294, kcal: 309, BE: 2,0

Für den Teig:

100 g	Weizenmehl
100 g	gem. Haselnusskerne
20 g	gesiebtes Kakaopulver
3 gestr. TL	Dr. Oetker Backin
1 Prise	Salz
120 g	Zucker
1 Pck.	Dr. Oetker Vanillin-Zucker
80 ml	Milch (3,5 % Fett)
100 ml	Speiseöl, z. B. Sonnenblumenöl
2	Eier (Größe M)

Für die Füllung:

200 g	gekühlte Schlagsahne
	(mind. 30 % Fett)
2 TL	Puderzucker
250 g	Rote Grütze (aus dem Kühlregal)

Zum Bestreuen:

1 EL	Kakaopulver

Zubereitungszeit: 25 Minuten, ohne Abkühlzeit
Backzeit: etwa 25 Minuten

1. Den Backofen vorheizen.
Ober-/Unterhitze: etwa 180 °C
Heißluft: etwa 160 °C

2. Für den Teig Mehl, Haselnusskerne, Kakao, Backpulver, Salz, Zucker und Vanillin-Zucker in einer Rührschüssel mit einem Schneebesen verrühren. Milch, Speiseöl und die Eier in einem Rührbecher mit dem Schneebesen glatt rühren. Die flüssigen Zutaten zu der Mehl-Nuss-Mischung in die Rührschüssel geben und zu einem glatten Teig verrühren.

3. Den Teig in eine Muffinform (für 12 Muffins, gefettet, bemehlt) geben. Die Form auf dem Rost in den vorgeheizten Backofen schieben. Die Muffins **etwa 25 Minuten backen.**

4. Die Form auf einen Kuchenrost stellen. Die Muffins etwa 5 Minuten in der Form abkühlen lassen, dann aus der Form lösen und auf dem Kuchenrost erkalten lassen.

5. Jeden Muffin etwas aushöhlen, dabei rundherum einen etwa 1 cm breiten Rand stehen lassen. Gebäckbrocken fein zerbröseln.

6. Für die Füllung die Sahne mit Puderzucker steif schlagen. Zwei Drittel der Gebäckbrösel unterrühren. Nacheinander Rote Grütze und Bröselsahne in die Muffins füllen, mit den restlichen Bröseln und Kakao bestreuen. Muffins servieren oder bis zum Servieren ín den Kühlschrank stellen.

Maulwurftorte **I** Beliebt
16 Stücke

Pro Stück: E: 4 g, F: 25 g, Kh: 26 g,
kJ: 1449, kcal: 346, BE: 2,0

Für den Rührteig:

> 4 *Eiweiß (Größe M)*
> 125 g *Butter oder Margarine*
> *(zimmerwarm)*
> 125 g *Zucker*
> 1 Pck. *Dr. Oetker Vanillin-Zucker*
> 4 *Eigelb (Größe M)*
> 50 g *Weizenmehl*
> 10 g *Kakaopulver*
> 4 gestr. TL *Dr. Oetker Backin*
> 75 g *gem. Haselnusskerne*
> 100 g *Zartbitter-Schokolade*

Für die Füllung:

> 350 g *abgetropfte Sauerkirschen*
> *(aus dem Glas)*
> 2 *mittelgroße Bananen*
> *(etwa 250 g)*
> 2 EL *Zitronensaft*
> 600 g *gekühlte Schlagsahne*
> *(mind. 30 % Fett)*
> 3 Pck. *Sahnesteif*
> 25 g *Zucker*
> 1 Pck. *Dr. Oetker Vanillin-Zucker*

Zubereitungszeit: 30 Minuten,
ohne Abkühl- und Kühlzeit
Backzeit: etwa 30 Minuten

1. Den Backofen vorheizen.
Ober-/Unterhitze: etwa 180 °C
Heißluft: etwa 160 °C

2. Für den Teig das Eiweiß so steif schlagen, dass ein Messerschnitt sichtbar bleibt. Butter oder Margarine in einer Rührschüssel mit einem Mixer (Rührstäbe) auf höchster Stufe geschmeidig rühren. Nach und nach Zucker und Vanillin-Zucker unterrühren. So lange rühren, bis eine gebundene Masse entstanden ist. Eigelb nach und nach unterrühren.

3. Das Mehl mit Kakao und Backpulver mischen, mit Haselnusskernen und Raspelschokolade mischen und auf mittlerer Stufe kurz unterrühren. Den Eischnee mit einem Mixer (Rührstäbe) vorsichtig kurz auf mittlerer Stufe unterrühren.

4. Den Teig in die Springform (Ø 26 cm, gefettet) füllen und glatt streichen. Die Form auf dem Rost im unteren Drittel in den vorgeheizten Backofen schieben. Den Tortenboden **etwa 30 Minuten backen.**

5. Boden etwa 10 Minuten in der Form auf einem Kuchenrost stehen lassen, dann aus der Form lösen und auf dem Kuchenrost erkalten lassen.

6. Erkalteten Boden mit einem Esslöffel etwa 1 cm tief aushöhlen, dabei einen 1–2 cm breiten Rand stehen lassen. Die Oberfläche am Rand dazu vorher mit einem Messer einschneiden. Die Gebäckreste in einer Schüssel zerbröseln.

7. Für die Füllung die Kirschen auf Küchenpapier legen. Bananen schälen, längs halbieren, mit Zitronensaft beträufeln und in den ausgehöhlten Boden legen. Die Kirschen dazwischen verteilen.

8. Sahne mit Sahnesteif, Zucker und Vanillin-Zucker steif schlagen, kuppelartig auf das Obst streichen und mit den Bröseln bestreuen (die Brösel evtl. leicht andrücken). Die Torte etwa 1 Stunde in den Kühlschrank stellen.

Mohnschnecken | Mit Alkohol
12–14 Stück

Pro Stück: E: 6 g, F: 11 g, Kh: 39 g,
kJ: 1211, kcal: 289, BE: 3,5

Für den Hefeteig:
>   375 g Weizenmehl
>   1 Pck. Hefeteig Garant
>   1 Prise Salz
>   50 g Zucker
>   125 ml Milch (3,5 % Fett)
>   70 g Butter (zimmerwarm)

Für die Füllung:
>   1 Eigelb (Größe M)
>   1 EL Weichweizengrieß
>   50 g zerlassene, abgekühlte Butter
>   250 g Mohn-Back
>   (backfertige Mohnfüllung)
>   125 g Rum-Rosinen
>   1 Eiweiß (Größe M)

Zubereitungszeit: 20 Minuten, ohne Abkühlzeit
Backzeit: etwa 15 Minuten

1. Für den Teig Mehl mit Hefeteig Garant in einer Rührschüssel sorgfältig vermischen. Salz, Zucker, Milch und Butter dazugeben.

2. Die Zutaten mit Mixer (Knethaken) zunächst auf niedrigster, dann auf höchster Stufe in etwa 2 Minuten zu einem glatten Teig verarbeiten.

3. Den Teig auf einer leicht bemehlten Arbeitsfläche nochmals kurz durchkneten und zu einem Rechteck (etwa 40 x 25 cm) ausrollen.

4. Für die Füllung das Eigelb mit Grieß und flüssiger Butter glatt verrühren. Mohn-Mischung und Rosinen unterrühren. Eiweiß sehr steif schlagen und sorgfältig unterziehen.

5. Mohnfüllung auf den Teig streichen, dabei an der langen Seite einen etwa 2 cm breiten Rand frei lassen. Den Teigrand mit Wasser bestreichen.

6. Teig von der kurzen Seite her aufrollen. Die Rolle in 12–14 gleich große Stücke schneiden. Die Stücke mit etwas Abstand auf ein Backblech (mit Backpapier belegt) legen, etwa 5 Minuten ruhen lassen.

7. In der Zwischenzeit den Backofen vorheizen.
Ober-/Unterhitze: etwa 200 °C
Heißluft: etwa 180 °C

8. Das Backblech in den vorgeheizten Backofen schieben. Die Schnecken **etwa 15 Minuten backen.**

9. Die Schnecken mit dem Backpapier auf einen Kuchenrost ziehen und erkalten lassen.

Tipps: Für die Mohnschnecken nach Belieben 3–4 Esslöffel Aprikosenkonfitüre durch ein feines Sieb streichen, die noch heißen Schnecken damit bestreichen und erkalten lassen. Statt der fertigen Rum-Rosinen 100 g Rosinen mit heißem Wasser übergießen, kurz ziehen lassen. Rosinen abgießen, abtropfen lassen und in 2 Esslöffeln Rum mindestens 30 Minuten zugedeckt einweichen.

Mohnschnee-Ananas-Torte I

Für Gäste

14 Stücke

Pro Stück: E: 5 g, F: 7 g, Kh: 20 g,
kJ: 707, kcal: 169, BE: 1,5

Für den Biskuitteig:

            2 Eier (Größe M)
        2 EL Wasser
        75 g Zucker
      1 Pck. Dr. Oetker Bourbon-
              Vanille-Zucker
        80 g Weizenmehl
  1 gestr. TL Dr. Oetker Backin
      1 Pck. Dr. Oetker Finesse
              Geriebene Zitronenschale

Für den Belag:

       340 g abgetropfte Ananasscheiben
              (aus der Dose)
       200 g gekühlte Schlagsahne
              (mind. 30 % Fett)
      1 Pck. Sahnesteif
        1 EL Zucker
      1 Pck. Dr. Oetker Vanillin-
              Zucker
       250 g Speisequark (20 % Fett)
       125 g Mohn-Back
              (backfertige Mohnfüllung)

Zubereitungszeit: 25 Minuten, ohne Abkühlzeit
Backzeit: etwa 18 Minuten

1. Den Backofen vorheizen.
Ober-/Unterhitze: etwa 180 °C
Heißluft: etwa 160 °C

2. Für den Teig Eier und Wasser mit einem Mixer
(Rührstäbe) auf höchster Stufe in etwa 1 Minute
schaumig schlagen. Zucker mit Vanille-Zucker mischen, in etwa 1 Minute einstreuen, dann noch
etwa 2 Minuten schlagen.

3. Mehl mit Backpulver und Zitronenschale mischen,
auf die Eiercreme geben und kurz auf niedrigster
Stufe unterrühren.

4. Den Teig in eine Springform (Ø 26 cm, mit Backpapier belegt) geben und glatt streichen. Die Form auf
dem Rost in den vorgeheizten Backofen schieben.
Den Tortenboden **etwa 18 Minuten backen.**

5. Den Tortenboden in der Form auf einem Kuchenrost erkalten lassen. Dann den Boden aus der Form
lösen. Das Backpapier vorsichtig abziehen und den
Boden auf eine Tortenplatte legen.

6. Für den Belag Ananas mit Küchenpapier gründlich
trocken tupfen, dann 5 Scheiben halbieren. Die übrige
Ananas fein würfeln. Sahne mit Sahnesteif, Zucker
und Vanillin-Zucker steif schlagen. Quark mit Mohn-
Back gut verrühren. Sahne in 2 Portionen am besten
mit einem Teigschaber unterheben.

7. Die Hälfte der Quarkcreme auf den Boden streichen. Die Ananaswürfel darauf verteilen, dann übrige
Quark-Mohn-Sahne leicht kuppelartig daraufstreichen.

8. Die Ananasscheiben auf den Rand der Tortenoberfläche der Sahnecreme legen. Torte bis zum Servieren
in den Kühlschrank stellen.

Tipp: Das restliche Mohn-Back aus dem Beutel lässt
sich gut zu einem leckeren Mohn-Quark-Dessert verarbeiten. Dazu Mohn-Back mit 500 g Magerquark
verrühren. 8 entsteinte Soft-Pflaumen in kleine Stücke
schneiden und unterrühren. Nach Belieben das Des-
sert mit etwas gemahlenem Zimt abschmecken.

Mohntorte mit Ananasgrütze I
Raffiniert
12 Stücke

Pro Stück: E: 5 g, F: 13 g, Kh: 30 g,
kJ: 1086, kcal: 259, BE: 2,5

Für den All-in-Teig:
125 g	Weizenmehl
2 ½ gestr. TL	Dr. Oetker Backin
30 g	gem. Mohnsamen (frisch gemahlen oder Dampf- mohn aus der Packung)
100 g	Zucker
1 Pck.	Dr. Oetker Vanillin-Zucker
4	Eier (Größe M)
80 g	Butter oder Margarine (zimmerwarm)
1 Pck.	Dr. Oetker Finesse Geriebene Zitronenschale

Für den Belag:
490 g	abgetropfte Ananasscheiben (aus der Dose)
1 Pck.	Dr. Oetker Pudding-Pulver Vanille-Geschmack
300 ml	Multivitamin-Saft

Zum Verzieren und Bestreuen:
75 g	Crème fraîche
100 g	gekühlte Schlagsahne (mind. 30 % Fett)
evtl. etwas	Mohnsamen

Zubereitungszeit: 25 Minuten,
ohne Abkühl- und Kühlzeit
Backzeit: etwa 20 Minuten

1. Den Backofen vorheizen.
Ober-/Unterhitze: etwa 180 °C
Heißluft: etwa 160 °C

2. Für den Teig das Mehl mit Backpulver, Mohn und Zucker in einer Rührschüssel mischen. Die restlichen Zutaten hinzufügen und mit einem Mixer (Rührstäbe) zunächst kurz auf niedrigster, dann auf höchster Stufe in etwa 2 Minuten zu einem glatten Teig verarbeiten.

3. Den Teig in eine Obstbodenform (Ø 28 cm, gefettet) füllen und glatt streichen. Die Form auf dem Rost in den vorgeheizten Backofen schieben. Den Tortenboden **etwa 20 Minuten backen.**

4. Den Tortenboden in der Form auf einem Kuchenrost kurz abkühlen lassen. Dann den Tortenboden auf einen mit Backpapier belegten Kuchenrost stürzen und erkalten lassen. Boden auf eine Platte legen.

5. Für den Belag Ananas fein würfeln oder hacken.

6. Pudding-Pulver mit 4 Esslöffeln vom Multivitamin-Saft glatt rühren. Den restlichen Saft in einem Topf aufkochen. Topf von der Kochstelle nehmen. Angerührtes Pudding-Pulver unter Rühren zugießen, dann Ananasstückchen zugeben. Alles nochmals unter Rühren kurz aufkochen lassen. Die Mischung kurz abkühlen lassen, dann auf dem Tortenboden verstreichen. Die Torte etwa 30 Minuten in den Kühlschrank stellen.

7. Zum Verzieren Crème fraîche und Sahne in einen hohen Rührbecher geben. Mit dem Mixer (Rührstäbe) steif schlagen. Creme in einen Spritzbeutel mit Lochtülle füllen und als Tupfen auf die Torte spritzen, evtl. mit Mohn bestreuen.

Möhren-Kirsch-Kuchen I

Fruchtig
20 Stücke

Pro Stück: E: 4 g, F: 13 g, Kh: 28 g,
kJ: 1017, kcal: 243, BE: 2,5

740 g abgetropfte Sauerkirschen
(aus dem Glas)

Für den All-in-Teig:
3 Möhren (250 g)
1 Pck. Dr. Oetker Finesse
Geriebene Zitronenschale
120 g Zucker
180 g Weizenmehl
3 gestr. TL Dr. Oetker Backin
70 g Hartweizengrieß
1 gestr. TL gem. Zimt
100 g gem. Mandeln
3 Eier (Größe M)
200 g Butter oder Margarine
(zimmerwarm)

Für den Guss:
100 g Puderzucker
1–2 EL Kirschsaft (aus dem Glas)

Zubereitungszeit: 25 Minuten, ohne Abkühlzeit
Backzeit: etwa 30 Minuten

1. Von den abgetropften Sauerkirschen den Saft auffangen, 1–2 Esslöffel davon abnehmen und für den Guss beiseitestellen.

2. Für den Teig Möhren putzen, schälen, abspülen, abtropfen lassen und auf der feinen Seite der Haushaltsreibe reiben. Geriebene Möhren mit Zitronenschale und Zucker mischen.

3. Den Backofen vorheizen.
Ober-/Unterhitze: etwa 180 °C
Heißluft: etwa 160 °C

4. Mehl und Backpulver in einer Rührschüssel mischen. Möhrenmasse und restliche Zutaten außer den Kirschen hinzufügen und alles mit einem Mixer

(Rührstäbe) erst kurz auf niedrigster, dann auf höchster Stufe in etwa 2 Minuten zu einem glatten Teig verarbeiten. Dann die Kirschen unterheben.

5. Den Teig auf ein Backblech (30 x 40 cm, gefettet) geben und verstreichen. Das Backblech in den vorgeheizten Backofen schieben. Den Kuchen **etwa 30 Minuten backen.**

6. Für den Guss Puderzucker nach und nach mit 1–2 Esslöffeln Kirschsaft verrühren, sodass ein dickflüssiger Guss entsteht. Den Guss in einen kleinen Gefrierbeutel füllen und eine kleine Ecke abschneiden.

7. Das Backblech auf einen Kuchenrost stellen. Den Guss auf den heißen Kuchen sprenkeln. Den Kuchen erkalten lassen.

Tipp: Für einen weißen Zuckerguss ersetzen Sie den Kirschsaft durch die gleiche Menge Zitronensaft.

Napoleonschnitte, schnelle I

Raffiniert
8 Stück

Pro Stück: E: 5 g, F: 38 g, Kh: 50 g,
kJ: 2348, kcal: 562, BE: 4,0

2 Pck. *frischer Blätterteig (je 275 g,*
rechteckig, etwa 40 x 25 cm,
aus dem Kühlregal)

Für die Füllung:
175 g *Butter (zimmerwarm)*
1 Pck. *Dr. Oetker Bourbon-*
Vanille-Zucker
300 g *Sahne-Pudding Bourbon-Vanille*
(aus dem Kühlregal, zimmer-
warm)

Zum Aprikotieren:
3 EL *Aprikosenkonfitüre*
1 EL *Wasser*

Für den Guss:
100 g *Puderzucker*
etwa 1–2 EL *Zitronensaft*

Zubereitungszeit: 25 Minuten, ohne Abkühlzeit
Backzeit: etwa 12 Minuten je Backblech

1. Den Backofen vorheizen.
Ober-/Unterhitze: etwa 220 °C
Heißluft: etwa 200 °C

2. Die Blätterteigplatten mit dem Backpapier jeweils auf einem Backblech ausrollen. Die Teigböden jeweils mehrmals mit einer Gabel einstechen. Die Teigplatten nacheinander in den vorgeheizten Backofen (bei Heißluft zusammen) schieben und **jeweils etwa 12 Minuten goldgelb backen.**

3. Die Blätterteigböden auf einem Kuchenrost erkalten lassen.

4. Für die Füllung Butter und Vanille-Zucker mit einem Mixer (Rührstäbe) hellcremig aufschlagen. Pudding esslöffelweise unterrühren.

5. Böden mit einem scharfen, spitzen Messer in jeweils 16 etwa 6 x 10 cm große Stücke schneiden, vom Backpapier lösen und 8 Blätterteigstückchen als Deckel beiseitestellen. Die restlichen Teigstückchen jeweils mit etwas Puddingcreme bestreichen und je 3 Teigstückchen aufeinandersetzen.

6. Zum Aprikotieren Konfitüre durch ein feines Sieb streichen. Mit Wasser in einem kleinen Topf unter Rühren erhitzen. Die 8 beiseitegestellten Blätterteigstückchen damit bestreichen, kurz antrocknen lassen.

7. Für den Guss Puderzucker und Zitronensaft dickflüssig verrühren. Die oberen Blätterteigstückchen damit bestreichen, auf die Schnittchen setzen. Guss fest werden lassen.

Nougat-Kugel-Kuchen | Raffiniert

14 Stücke

Pro Stück: E: 5 g, F: 19 g, Kh: 31 g,
kJ: 1320, kcal: 315, BE: 2,5

Für den Rührteig:

          150 g *Butter oder Margarine*
                 (zimmerwarm)
          150 g *Nuss-Nougat-Creme*
                 (zimmerwarm)
           70 g *Zucker*
         1 Pck. *Dr. Oetker Vanillin-Zucker*
        ½ Pck. *Dr. Oetker Finesse*
                 Orangenschalen-Aroma
             3 *Eier (Größe M)*
          250 g *Weizenmehl*
           3 TL *Dr. Oetker Backin*
           50 g *gem. Haselnusskerne*
           6 EL *Orangensaft*
            18 *Haselnuss-Gebäck-Kugeln*
                 (etwa 80 g)

Für den Guss:

           50 g *Puderzucker*
         ½ Pck. *Dr. Oetker Finesse*
                 Orangenschalen-Aroma
           1 EL *Orangensaft*

Zubereitungszeit: 15 Minuten, ohne Abkühlzeit
Backzeit: etwa 30 Minuten

1. Den Backofen vorheizen.
Ober-/Unterhitze: etwa 180 °C
Heißluft: etwa 160 °C

2. Für den Teig Butter oder Margarine und Nuss-Nougat-Creme mit einem Mixer (Rührstäbe) auf höchster Stufe geschmeidig rühren. Nach und nach Zucker, Vanillin-Zucker und Aroma unterrühren. So lange rühren, bis eine gebundene Masse entstanden ist.

3. Die Eier nach und nach unterrühren (jedes Ei etwa ½ Minute). Das Mehl mit Backpulver mischen und in 2 Portionen kurz auf mittlerer Stufe unterrühren. Die Haselnusskerne und den Orangensaft ebenfalls kurz unterrühren.

4. Den Teig in eine Springform (Ø 26 cm, Boden gefettet) füllen und glatt streichen. Haselnuss-Gebäck-Kugeln darauf verteilen und etwas in den Rührteig drücken.

5. Die Form auf dem Rost im unteren Drittel in den vorgeheizten Backofen schieben. Den Kuchen **etwa 30 Minuten backen.**

6. Die Form etwa 10 Minuten auf einen Kuchenrost stellen, dann die Springform lösen und entfernen. Den Kuchen auf einem mit Backpapier belegten Kuchenrost erkalten lassen.

7. Puderzucker mit Aroma und Orangensaft zu einem dicklichen Guss verrühren und den Kuchen damit besprenkeln.

Nussbrezeln | Raffiniert – mit Alkohol
14 Stück

Pro Stück: E: 3 g, F: 9 g, Kh: 10 g,
kJ: 557, kcal: 133, BE: 1,0

> 50 g gem. Haselnusskerne
> 1 Pck. frischer Blätterteig (275 g,
> rechteckig, etwa 40 x 25 cm,
> aus dem Kühlregal)

Für die Füllung:
> 50 g Marzipan-Rohmasse
> 1 Eigelb (Größe M)
> 1 EL Rum (oder Orangensaft)
> 1 Prise Salz
> 1 Msp. gem. Zimt

Zum Bestreichen:
> 1 Eigelb
> 1 EL Milch (3,5 % Fett)

Zum Bestäuben:
> etwas Puderzucker

Zubereitungszeit: 15 Minuten, ohne Abkühlzeit
Backzeit: 15–20 Minuten

1. Die Haselnusskerne in einer Pfanne ohne Fett unter Rühren goldbraun rösten, dann auf einen Teller geben.

2. Für die Füllung Marzipan in Stücke schneiden und in eine Rührschüssel geben. Haselnüsse, Eigelb, Rum, Salz und Zimt hinzufügen. Die Zutaten mit einem Mixer (Rührstäbe) zu einer streichfähigen Masse verrühren.

3. Die Blätterteigplatte mit dem Backpapier auf einer Arbeitsfläche ausrollen. Die Marzipan-Nuss-Masse auf einer Hälfte der Teigplatte verstreichen. Die andere Teighälfte darauflegen, sodass ein Rechteck (etwa 20 x 25 cm) entsteht. Den Teig leicht andrücken und etwa 5 Minuten in den Kühlschrank stellen.

4. In der Zwischenzeit den Backofen vorheizen.
Ober-/Unterhitze: etwa 220 °C
Heißluft: etwa 200 °C

5. Das Blätterteigrechteck mit einem scharfen Messer in 14 (etwa 1 ½ cm x 25 cm) lange Streifen schneiden. Aus den Blätterteigstreifen zuerst je eine Spirale drehen, dann jeweils zur Brezel zusammenlegen und nebeneinander auf ein Backblech (mit Backpapier belegt) legen.

6. Eigelb mit Milch verquirlen und die Brezeln damit bestreichen. Das Backblech in den vorgeheizten Backofen schieben. Die Brezeln **15–20 Minuten backen.**

7. Die Brezeln mit dem Backpapier vom Backblech auf einen Kuchenrost ziehen. Die Brezeln noch warm mit Puderzucker bestäuben und auf dem Kuchenrost erkalten lassen.

Nuss-Cappuccino-Ecken I

Schmeckt nicht nur zur Weihnachtszeit
etwa 50 Stück

Pro Stück: E: 2 g, F: 8 g, Kh: 14 g,
kJ: 564, kcal: 135, BE: 1,0

Für den All-in-Teig:

- 300 g Weizenmehl
- 1 Pck. Dr. Oetker Backin
- 300 g Zucker
- 1 Pck. Dr. Oetker Vanillin-Zucker
- 1 Pck. Dr. Oetker Finesse
-   Orangenschalen-Aroma
- ½ TL gem. Zimt
- 4 Eier (Größe M)
- 200 g Butter oder Margarine
- 200 ml kalter Cappuccino oder
-   starker Kaffee
- 100 g gem. Haselnusskerne
- 100 g gehackte Haselnusskerne
- 100 g Zartbitter-Raspelschokolade

Zum Garnieren und Verzieren:

- 100 g Marzipan-Rohmasse
- 30 g Zucker
- 50 g Zartbitter-Kuvertüre

Zubereitungszeit: 20 Minuten, ohne Abkühlzeit
Backzeit: etwa 25 Minuten

1. Den Backofen vorheizen.
Ober-/Unterhitze: etwa 180 °C
Heißluft: etwa 160 °C

2. Für den Teig Mehl mit Backpulver in einer Rühr-schüssel mischen. Zucker, Vanillin-Zucker, Orangen-schalen-Aroma, Zimt, Eier, Butter oder Margarine, Cappuccino oder Kaffee, Haselnusskerne und Raspel-schokolade hinzufügen. Die Zutaten mit einem Mixer (Rührstäbe) zuerst kurz auf niedrigster, dann auf höchster Stufe in etwa 2 Minuten zu einem glatten Teig verarbeiten.

3. Einen Backrahmen in der Größe des Backbleches auf ein Backblech (30 x 40 cm, gefettet) stellen. Den Teig hineingeben und glatt streichen. Das Backblech

im unteren Drittel in den vorgeheizten Backofen schie-ben. Den Kuchen **etwa 25 Minuten backen.**

4. Den Kuchen auf dem Backblech auf einem Kuchenrost erkalten lassen. Den Backrahmen lösen und entfernen.

5. Zum Garnieren die Marzipan-Rohmasse zwischen 2 Lagen Frischhaltefolie knapp ½ cm dick ausrollen, kleine Sterne ausstechen und diese in Zucker wen-den. Den Kuchen in kleine Rauten oder Dreiecke schneiden.

6. Zum Verzieren Kuvertüre in Stücke hacken, in einem kleinen Topf im Wasserbad bei schwacher Hitze schmelzen. Die Kuchenrauten oder -ecken mit-hilfe eines Teelöffels damit besprenkeln und mit den Marzipansternen garnieren.

Tipps: Besonders raffiniert schmeckt der Kuchen, wenn man 50 ml des Cappuccinos oder Kaffees durch Weinbrand, Kaffeelikör oder Rum ersetzt. Noch schneller geht es, wenn das Gebäck statt mit Marzipansternen mit einem Puderzucker-Zimt-Gemisch bestäubt wird.

Nussecken | Klassisch
60 Stück

Pro Stück: E: 1 g, F: 4 g, Kh: 6 g,
kJ: 271, kcal: 65, BE: 0,5

Für den Rührteig:
- 100 g Butter oder Margarine (zimmerwarm)
- 80 g Zucker
- 1 Prise Salz
- 2–3 Tropfen Bittermandel-Aroma
- 1 Eigelb (Größe M)
- 150 g Weizenmehl
- ½ TL Dr. Oetker Backin
- 50 g gem. Haselnusskerne
- 2 EL kaltes Wasser

Für den Belag:
- 200 g Aprikosenkonfitüre
- 1 Pck. Dr. Oetker Vanillin-Zucker
- 2 EL Schlagsahne
- 200 g gehobelte Haselnusskerne

Zubereitungszeit: 30 Minuten
Backzeit: 20–25 Minuten

1. Den Backofen vorheizen.
Ober-/Unterhitze: etwa 200 °C
Heißluft: etwa 180 °C

2. Für den Rührteig Butter oder Margarine mit einem Mixer (Rührstäbe) auf höchster Stufe geschmeidig rühren. Nach und nach Zucker, Salz und Aroma unterrühren. So lange rühren, bis eine gebundene Masse entstanden ist. Das Eigelb unterrühren.

3. Mehl mit Backpulver mischen und auf mittlerer Stufe kurz unterrühren. Gemahlene Nusskerne und Wasser kurz unterrühren.

4. Den Teig auf einem Backblech (30 x 40 cm, gefettet, mit Backpapier belegt) verteilen und verstreichen bzw. mit bemehlten Händen gleichmäßig zu einem Boden andrücken. Das Backblech in den vorgeheizten Backofen schieben und den Teig **etwa 10 Minuten vorbacken.**

5. Für den Belag währenddessen die Konfitüre in einem Topf aufkochen lassen und von der Kochstelle nehmen. Vanillin-Zucker, Sahne und gehobelte Nusskerne unterrühren.

6. Das Backblech auf einen Kuchenrost stellen. Die Nussmasse sofort auf dem vorgebackenen Teig verteilen und mit einer Teigkarte verstreichen. Das Backblech bei gleicher Backofeneinstellung wieder in den heißen Backofen schieben. Das Gebäck **weitere 10–15 Minuten backen.**

7. Das Backblech auf einen Kuchenrost stellen. Das Gebäck erkalten lassen. Das Gebäck in 30 Quadrate (etwa 6 x 6 cm) schneiden. Die Quadrate diagonal halbieren.

Tipps: Besprenkeln Sie die fertigen Nussecken zusätzlich mit 50 g aufgelöster Zartbitter-Schokolade. Die Nussecken halten in gut schließenden Dosen etwa 3 Wochen.

Nuss-Hafer-Taler

Für Nussliebhaber
14 Stück

Pro Stück: E: 5 g, F: 15 g, Kh: 27 g,
kJ: 1100, kcal: 263, BE: 2,0

Zum Vorbereiten:

  50 g Cashewkerne
  50 g ganze Haselnusskerne
  50 g ganze Mandeln

Für den Teig:

  125 g Butter (zimmerwarm)
  1 TL gem. Ingwer
  150 g Zucker
  1 Pck. Dr. Oetker Bourbon-
      Vanille-Zucker
  2 Eier (Größe S)
      oder 1 ½ Eier (Größe M)
  100 g Weizenmehl
  50 g Vollkorn-Weizenmehl
  ½ gestr. TL Salz
  1 TL Natron
  150 g zarte Haferflocken

Zubereitungszeit: 30 Minuten
Backzeit: 13–15 Minuten je Backblech

1. Zum Vorbereiten Cashewkerne, Haselnusskerne und Mandeln in kleine Stückchen hacken.

2. Den Backofen vorheizen.
Ober-/Unterhitze: etwa 180 °C
Heißluft: etwa 160 °C

3. Für den Teig Butter, Ingwer, Zucker und Vanille-Zucker in einer Rührschüssel mit einem Mixer (Rührstäbe) in 6–8 Minuten weiß-schaumig schlagen. Die Eier unterrühren und den Teig noch weitere etwa 2 Minuten schlagen.

4. Beide Mehlsorten mit Salz und Natron mischen, auf den Butter-Eier-Schaum geben und mit einem Löffel unterrühren. Die Cashewkerne mit Haselnusskernen, Mandeln und Haferflocken mischen und unter den Teig heben.

5. Aus dem Teig mit einem Esslöffel 14 gleich große Häufchen auf zwei Backbleche (gefettet, mit Backpapier belegt) setzen. Dabei viel Abstand zwischen den Häufchen lassen. Die Teighäufchen mit einem Esslöffel flach drücken und evtl. etwas nachformen.

6. Die Backbleche nacheinander (bei Heißluft zusammen) in den vorgeheizten Backofen schieben. Die Nuss-Hafer-Taler **13–15 Minuten je Backblech backen.**

7. Die Hafer-Nuss-Taler mit dem Backpapier von den Backblechen auf Kuchenroste ziehen und erkalten lassen.

Tipp: Wenn nicht gleich alle Taler aufgegessen werden, dann halten sie sich etwa 3 Wochen in gut schließenden Dosen.

Nusshappen | Für Schokoliebhaber
30 Stücke

Pro Stück: E: 4 g, F: 20 g, Kh: 16 g,
kJ: 1089, kcal: 260, BE: 1,5

Für den All-in-Teig:

220 g	Weizenmehl
2 TL	Dr. Oetker Backin
100 g	gehackte Haselnusskerne
100 g	Zucker
1 Pck.	Dr. Oetker Vanillin-Zucker
4	Eier (Größe M)
250 g	Butter oder Margarine (zimmerwarm)
70 g	Nuss-Nougat-Creme (zimmerwarm)

Für den Belag:

400 g	Edelbitter-Schokolade (etwa 60 % Kakaoanteil)
70 g	Butter
100 g	Schlagsahne
50 g	weiße Schokolade

Zubereitungszeit: 35 Minuten, ohne Abkühlzeit
Backzeit: etwa 15 Minuten

1. Den Backofen vorheizen.
Ober-/Unterhitze: etwa 180 °C
Heißluft: etwa 160 °C

2. Mehl mit Backpulver und Haselnusskernen in einer Rührschüssel mischen. Zucker, Vanillin-Zucker, Eier und Butter oder Margarine dazugeben. Die Zutaten mit einem Mixer (Rührstäbe) zuerst auf niedrigster, dann auf höchster Stufe in etwa 2 Minuten zu einem glatten Teig verarbeiten. Zum Schluss Nuss-Nougat-Creme kurz unterrühren.

3. Den Teig auf ein Backblech (30 x 40 cm, gefettet) streichen. Das Backblech in den vorgeheizten Back-ofen schieben. Den Kuchenboden **etwa 15 Minuten backen.**

4. Das Backblech auf einen Kuchenrost stellen. Den Kuchen etwa 30 Minuten erkalten lassen.

5. Für den Belag die Schokolade in kleine Stücke brechen. Zwei Drittel davon mit Butter und Sahne in einem Topf im Wasserbad bei schwacher Hitze unter Rühren schmelzen. Den Topf aus dem Wasserbad nehmen und die restliche Schokolade darin unter Rühren schmelzen.

6. Die Schokoladenmasse mit einem Teigschaber gleichmäßig auf den Nusskuchen streichen und etwa 10 Minuten abkühlen lassen.

7. Weiße Schokolade mit einem Sparschäler direkt auf den Schokobelag hobeln. Schokobelag fest wer-den lassen. Kuchen zum Servieren in 30 Quadrate (etwa 6 x 6 cm) schneiden.

Nusskuchen mit Guss **|** Ohne Mehl
20 Stücke

Pro Stück: E: 6 g, F: 23 g, Kh: 14 g,
kJ: 1200, kcal: 286, BE: 1,0

Für den Teig:
- 125 g Butter oder Margarine (zimmerwarm)
- 125 g Zucker
- 1 Pck. Dr. Oetker Vanillin-Zucker
- 1 Prise Salz
- 8 Eigelb (Größe M)
- 300 g gem. Haselnusskerne
- 50 g gehobelte Haselnusskerne
- 1 TL Dr. Oetker Backin
- 8 Eiweiß (Größe M)

Für den Guss:
- 200 g Nuss-Glasur oder 200 g Nuss-Nougat-Creme und 2 EL Speise-öl, z. B. Sonnenblumenöl

Zum Bestreuen:
- etwa 20 g gehobelte Haselnusskerne

Zubereitungszeit: 15 Minuten, ohne Abkühlzeit
Backzeit: 20–25 Minuten

1. Den Backofen vorheizen.
Ober-/Unterhitze: etwa 180 °C
Heißluft: etwa 160 °C

2. Für den Teig Butter oder Margarine mit einem Mixer (Rührstäbe) auf höchster Stufe geschmeidig rühren. Nach und nach Zucker, Vanillin-Zucker und Salz unterrühren. So lange rühren, bis eine gebundene Masse entstanden ist. Eigelb nach und nach unterrühren.

3. Die Haselnusskerne mit Backpulver mischen und in 2 Portionen auf mittlerer Stufe unterrühren. Eiweiß steif schlagen und unterheben. Den Teig auf ein Backblech (30 x 40 cm, gefettet, mit Backpapier belegt) streichen. Das Backblech in den vorgeheizten Backofen schieben und den Nusskuchen **20–25 Minuten backen.**

4. Den Kuchen sofort nach dem Backen auf einen mit Backpapier belegten Kuchenrost stürzen, mitgebackenes Backpapier abziehen und den Kuchen erkalten lassen.

5. Für den Guss die Nuss-Glasur nach Packungsanleitung auflösen oder die Nuss-Nougat-Creme mit Speiseöl in einem kleinen Topf im Wasserbad zu einer geschmeidigen Masse verrühren. Den Kuchen damit bestreichen und mit den Haselnüssen bestreuen. Guss fest werden lassen.

Tipp: Besonders gut schmeckt auch folgender Kaffeeguss: Dazu 200 g Puderzucker mit 1 gehäuften Teelöffel Instant-Kaffeepulver, 150 g saurer Sahne, 2–3 Esslöffeln heißem Wasser und 20 g zerlassener Butter verrühren. Den Kuchen damit bestreichen.

Obstkuchen mit Orangen-Vanille-Creme I

Fruchtig

12 Stücke

Pro Stück: E: 4 g, F: 3 g, Kh: 28 g,
kJ: 656, kcal: 156, BE: 2,5

Für den Biskuitteig:

3 Eier (Größe M)
3 EL warmes Wasser
100 g Zucker
1 Pck. Dr. Oetker Vanillin-Zucker
125 g Weizenmehl
25 g Speisestärke
1 gestr. TL Dr. Oetker Backin

Für den Belag:

etwa 500 g Früchte der Saison,
z. B. Erdbeeren, Johannisbeeren, Nektarinen, Feigen

Für die Vanillecreme:

300–500 g Vanille-Pudding
(aus dem Kühlregal)
1 Pck. Dr. Oetker Finesse
Orangenschalen-Aroma

Zubereitungszeit: 20 Minuten, ohne Abkühlzeit
Backzeit: etwa 25 Minuten

1. Den Backofen vorheizen.
Ober-/Unterhitze: etwa 180 °C
Heißluft: etwa 160 °C

2. Für den Teig Eier und Wasser mit einem Mixer (Rührstäbe) auf höchster Stufe in etwa 1 Minute schaumig schlagen. Zucker mit Vanillin-Zucker mischen, in etwa 1 Minute einstreuen, dann noch etwa 2 Minuten schlagen.

3. Mehl mit Speisestärke und Backpulver mischen, auf die Eiercreme geben und kurz auf niedrigster Stufe unterrühren.

4. Teig in eine Obstbodenform (Ø 28 cm, gut gefettet, bemehlt) füllen und glatt streichen. Die Form auf dem Rost in den vorgeheizten Backofen schieben. Den Boden **etwa 25 Minuten backen.**

5. Den Gebäckboden in der Form auf einem Kuchenrost etwa 10 Minuten abkühlen lassen, dann vorsichtig aus der Form lösen, auf einen mit Backpapier belegten Kuchenrost stürzen und erkalten lassen.

6. In der Zwischenzeit für den Belag die Früchte putzen, evtl. entstielen, abspülen, gut auf Küchenpapier abtropfen lassen und dann je nach Größe in Stücke schneiden.

7. Für die Vanillecreme Pudding mit Orangenschalen-Aroma verrühren, auf dem Boden verteilen und mit den vorbereiteten Früchten belegen.

Tipps: Die Torte zusätzlich mit Orangenzesten von 1 Bio-Orange (unbehandelt, ungewachst) bestreuen und mit etwas Puderzucker bestäuben.

Obstkuchen mit Quarkpudding

Beliebt – für Kinder
20 Stücke

Pro Stück: E: 7 g, F: 7 g, Kh: 39 g,
kJ: 1053, kcal: 252, BE: 3,5

Für den All-in-Teig:

      300 g Weizenmehl
3 gestr. TL Dr. Oetker Backin
      200 g Zucker
1 Pck. Dr. Oetker Vanillin-Zucker
        3 Eier (Größe M)
      125 g Butter (zimmerwarm)
      100 ml Buttermilch

      1 kg abgetropfte Cocktailfrüchte
      (aus der Dose)
2–3 EL Johannisbeergelee
1 Pck. Dr. Oetker Pudding-Pulver
      Sahne-Geschmack
300 ml Milch (3,5 % Fett)
      4 EL Zucker
      500 g Magerquark

Für den Guss:

      2 Pck. ungezuckerter Tortenguss, klar
      1 EL Zucker
      500 ml Fruchtsaft (aus der Dose)

Zubereitungszeit 30 Minuten, ohne Abkühlzeit
Backzeit: etwa 20 Minuten

1. Den Backofen vorheizen.
Ober-/Unterhitze: etwa 180 °C
Heißluft: etwa 160 °C

2. Für den Teig Mehl mit Backpulver in einer Rühr-schüssel mischen. Zucker, Vanillin-Zucker, Eier, Butter und Buttermilch hinzufügen, die Zutaten mit einem Mixer (Rührstäbe) zunächst kurz auf niedrigster, dann auf höchster Stufe in etwa 1 Minute zu einem glatten Teig verarbeiten.

3. Den Teig auf ein Backblech (30 x 40 cm, gefettet) geben und glatt streichen. Das Backblech in den vor-geheizten Backofen schieben. Den Kuchenboden **etwa 20 Minuten backen.**

4. In der Zwischenzeit von den abgetropften Cocktail-früchten den Saft auffangen, 500 ml davon abmessen und für den Guss beiseitestellen.

5. Das Backblech auf einen Kuchenrost stellen. Den noch warmen Kuchenboden mit dem Johannisbeer-gelee bestreichen. Den Kuchenboden erkalten lassen. Einen Backrahmen um den Kuchenboden stellen.

6. Pudding-Pulver mit 100 ml Milch und Zucker an-rühren. Restliche Milch zum Kochen bringen. Ange-rührtes Pudding-Pulver einrühren und unter ständi-gem Rühren aufkochen lassen. Pudding von der Koch-stelle nehmen. Magerquark zum Pudding geben und die Zutaten mit einem Schneebesen glatt rühren. Die Masse gleichmäßig auf dem Kuchenboden verteilen, glatt streichen. Die Cocktailfrüchte darauf verteilen.

7. Für den Guss aus Tortengusspulver, Zucker und dem abgemessenen Fruchtsaft nach Packungsan-leitung einen Guss zubereiten und auf den Früchten verteilen.

8. Kuchen bis zum Servieren in den Kühlschrank stel-len. Zum Servieren Backrahmen lösen und entfernen.

Tipp: Sie können die Buttermilch im Teig auch durch die gleiche Menge Milch ersetzen.

Obsttorte mit Erdbeeren | Klassisch
12 Stücke

Pro Stück: E: 5 g, F: 6 g, Kh: 28 g,
kJ: 795, kcal: 190, BE: 2,5

Für den All-in-Teig:
125 g Weizenmehl
2 ½ gestr. TL Dr. Oetker Backin
100 g Zucker
1 Pck. Dr. Oetker Vanillin-Zucker
4 Eier (Größe M)
3 EL Speiseöl, z. B. Sonnenblumenöl
2 EL Essig, z. B. Obstessig

Für die Vanillecreme:
1 Pck. Saucenpulver Vanille-
Geschmack zum Kochen
250 ml Milch (3,5 % Fett)
20 g Zucker

Für den Belag:
1 kg Erdbeeren

Für den Tortenguss:
1 Pck. ungezuckerter Tortenguss, rot
2 EL Zucker
250 ml Wasser

Zubereitungszeit: 30 Minuten, ohne Abkühlzeit
Backzeit: etwa 15 Minuten

1. Den Backofen vorheizen.
Ober-/Unterhitze: etwa 200 °C
Heißluft: etwa 180 °C

2. Für den Teig Mehl mit Backpulver in einer Rühr-schüssel mischen. Die übrigen Zutaten nacheinander hinzufügen und alles mit einem Mixer (Rührstäbe) kurz auf niedrigster, dann auf höchster Stufe in etwa 1 Mi-nute zu einem glatten Teig verarbeiten.

3. Den Teig in eine Obstbodenform (Ø 28 cm, gefet-tet) oder Springform (Ø 26 cm, mit Backpapier belegt) füllen und glatt streichen. Die Form auf dem Rost im unteren Drittel in den vorgeheizten Backofen schie-ben. Den Obstboden **etwa 15 Minuten backen.**

4. Den Obstboden auf einen mit Backpapier belegten Kuchenrost stürzen und erkalten lassen.

5. Für die Vanillecreme einen Pudding aus Saucen-pulver mit den hier angegebenen 250 ml Milch und 20 g Zucker nach Packungsanleitung zubereiten. Den Pudding erkalten lassen, zwischendurch umrühren und auf dem Tortenboden verstreichen.

6. Für den Belag Erdbeeren abspülen, gut abtropfen lassen, entstielen und evtl. halbieren. Die Erdbeeren auf dem Tortenboden verteilen.

7. Für den Tortenguss aus Tortengusspulver, Zucker und Wasser nach Packungsanleitung einen Guss zu-bereiten und mit einem Esslöffel auf den Erdbeeren verteilen. Guss fest werden lassen. Die Torte bis zum Servieren in den Kühlschrank stellen.

Tipps: Verwenden Sie Weißblechformen, müssen diese gefettet und bemehlt werden. Sie können den Teig auch in 6 Tortelettförmchen (Ø 12 cm) backen und wie im Rezept angegeben mit Erdbeeren bele-gen. Sie können ebenso andere Früchte (Bananen, Weintrauben) oder gut abgetropfte Dosenfrüchte (Pfirsiche, Ananas; Abtropfgewicht etwa 500 g) ver-wenden. Den Tortenguss mit dem Saft aus der Dose zubereiten.

Olivenbrötchen I Gut vorzubereiten
10 Stück

Pro Stück: E: 8 g, F: 22 g, Kh: 30 g,
kJ: 1479, kcal: 353, BE: 2,5

100 g schwarze, abgetropfte Oliven
(ohne Stein)
100 g Walnusskerne

Für den Quark-Öl-Teig:
375 g Weizenmehl
3 ½ gestr. TL Dr. Oetker Backin
1 Prise Zucker
1 gest. TL Salz
150 g Magerquark
125 ml Milch (3,5 % Fett)
125 ml Olivenöl

Zubereitungszeit: 15 Minuten, ohne Abkühlzeit
Backzeit: etwa 25 Minuten

1. Den Backofen vorheizen.
Ober-/Unterhitze: etwa 200 °C
Heißluft: etwa 180 °C

2. Oliven vierteln. Walnusskerne grob hacken.

3. Für den Teig Mehl mit Backpulver, Zucker und Salz in einer Rührschüssel mischen. Quark, Milch und Öl hinzufügen. Die Zutaten mit einem Mixer (Knethaken) zunächst auf niedrigster, dann auf höchster Stufe in etwa 1 Minute zu einem Teig verarbeiten (nicht zu lange, Teig klebt sonst). Oliven und Walnüsse kurz vor Ende der Knetzeit unterarbeiten.

4. Den Teig auf einer leicht bemehlten Arbeitsfläche nochmals kurz durchkneten und zu einer Rolle formen. Die Rolle in 10 gleich große Stücke schneiden.

5. Die Teigstücke jeweils leicht länglich formen und auf ein Backblech (mit Backpapier belegt) geben. Das Backblech in den vorgeheizten Backofen schieben. Die Brötchen **etwa 25 Minuten backen.**

6. Die Brötchen auf einem Kuchenrost erkalten lassen.

Tipp: Statt Walnusskerne können auch gehackte Erdnuss- oder Pinienkerne unter den Teig geknetet werden.

Orangen-Minz-Torte I

Einfach – für Gäste

16 Stücke

Pro Stück: E: 3 g, F: 17 g, Kh: 23 g,
kJ: 1090, kcal: 260, BE: 2,0

Für den Teig:

120 g	Weizenmehl
3 gestr. TL	Dr. Oetker Backin
2 gestr. EL	Kakaopulver
150 g	Zucker
1 Pck.	Dr. Oetker Bourbon-Vanille-Zucker
1/2 Pck.	Dr. Oetker Finesse Orangenschalen-Aroma
125 g	Butter oder Margarine (zimmerwarm)
2	Eier (Größe M)
100 ml	Orangensaft

Für den Belag:

100 g	Orangenmarmelade
125 g	Mascarpone (ital. Frischkäse)
300 g	gekühlte Schlagsahne (mind. 30 % Fett)
4 EL	Puderzucker
einige Tropfen	Minzöl (aus der Apotheke)

Zum Bestreuen und Garnieren:

1/2 Pck.	Dr. Oetker Finesse Orangenschalen-Aroma
einige	Minzeblätter

Zubereitungszeit: 20 Minuten, ohne Abkühlzeit
Backzeit: 25–30 Minuten

1. Den Backofen vorheizen.
Ober-/Unterhitze: etwa 180 °C
Heißluft: etwa 160 °C

2. Für den Teig Mehl mit Backpulver und Kakaopulver in einer Rührschüssel mischen. Die restlichen Zutaten hinzufügen und mit einem Mixer (Rührstäbe) zunächst kurz auf niedrigster, dann auf höchster Stufe in etwa 2 Minuten zu einem glatten Teig verarbeiten.

3. Den Teig in eine Springform (Ø 26 cm, gefettet) geben und glatt streichen. Die Form auf dem Rost in den vorgeheizten Backofen schieben und den Tortenboden **25–30 Minuten backen.**

4. Die Form auf einen Kuchenrost stellen. Orangenmarmelade glatt rühren und auf den heißen Tortenboden streichen. Den Tortenboden in der Form erkalten lassen. Dann den Boden aus der Form lösen und auf eine Tortenplatte legen.

5. Mascarpone mit Sahne und Puderzucker in einen hohen Rührbecher geben, mit einem Mixer (Rührstäbe) zu einer steifen Creme schlagen und mit etwas Minzöl abschmecken.

6. Die Minzcreme mit einem Esslöffel wellenförmig auf dem Gebäck verteilen. Die Torte bis zum Servieren in den Kühlschrank stellen. Vor dem Servieren Oberfläche mit Orangenschalen-Aroma bestreuen und mit Minzeblättern garnieren.

Orangen-Selters-Kuchen I
Für Kinder
20 Stücke

Pro Stück: E: 4 g, F: 15 g, Kh: 27 g,
kJ: 1063, kcal: 254, BE: 2,0

Für den All-in-Teig:

300 g	Weizenmehl
3 gestr. TL	Dr. Oetker Backin
225 g	Zucker
1 Prise	Salz
½ Pck.	Dr. Oetker Finesse Orangenschalen-Aroma
4	Eier (Größe M)
150 ml	Speiseöl, z. B. Sonnenblumenöl
150 ml	Selters oder Mineralwasser mit Kohlensäure

Für den Guss:

200 g	Zartbitter-Schokolade
75 g	Schlagsahne
1 EL	Butter
1	Bio-Orange (unbehandelt, ungewachst)

Zubereitungszeit: 20 Minuten, ohne Abkühlzeit
Backzeit: etwa 20 Minuten

1. Den Backofen vorheizen.
Ober-/Unterhitze: etwa 180 °C
Heißluft: etwa 160 °C

2. Für den Teig Mehl mit Backpulver in einer Rühr-schüssel mischen. Zucker, Salz, Orangenschalen-Aro-ma, Eier, Speiseöl und Selters oder Mineralwasser hinzufügen. Die Zutaten mit einem Mixer (Rührstäbe) zunächst kurz auf niedrigster, dann auf höchster Stufe in etwa 2 Minuten zu einem glatten Teig verarbeiten.

3. Den Teig auf ein Backblech (30 x 40 cm, gefettet) geben und glatt streichen. Das Backblech in den vor-geheizten Backofen schieben. Kuchen **etwa 20 Mi-nuten backen.** Das Backblech auf einen Kuchenrost stellen. Den Kuchen erkalten lassen.

4. Für den Guss die Schokolade in kleine Stücke brechen. Die Sahne in einem Topf kurz aufkochen lassen. Den Topf von der Kochstelle nehmen. Schoko-ladenstücke und Butter in den Topf geben und etwa 5 Minuten stehen lassen. Schokoladensahne glatt rühren und wellenartig auf den Kuchen streichen.

5. Die Orange heiß abwaschen, abtrocknen und die Schale mit einem Zestenreißer in feinen Streifen ab-ziehen. Die Orangenstreifen auf den Kuchen streuen. Den Guss fest werden lassen.

Orangentorte mit weißer Schokolade I

Für Schokoliebhaber

12 Stücke

Pro Stück: E: 5 g, F: 25 g, Kh: 30 g, kJ: 1517, kcal: 363, BE: 2,5

Für den All-in-Teig:

100 g	weiße Schokolade
150 g	Weizenmehl
2 TL	Dr. Oetker Backin
50 g	Kokosraspel
3	Eier (Größe M)
75 ml	Sonnenblumenöl
125 g	süße Orangenmarmelade oder Aprikosenkonfitüre
1 Pck.	Dr. Oetker Vanillin-Zucker
1 Prise	Salz
½ Pck.	Dr. Oetker Finesse Orangenschalen-Aroma
100 g	Joghurt (3,5 % Fett)

Zum Bestreichen:

50 g	süße Orangenmarmelade oder Aprikosenkonfitüre
40 g	Kokos-Chips

Für die Schmandsahne:

200 g	gekühlte Schlagsahne (mind. 30 % Fett)
2 Pck.	Sahnesteif
200 g	gekühlter Schmand (Sauerrahm)
20–30 g	Puderzucker

Zum Bestreuen:

½ Pck.	Dr. Oetker Finesse Orangenschalen-Aroma

Zubereitungszeit: 20 Minuten, ohne Abkühlzeit
Backzeit: etwa 25 Minuten

1. Den Backofen vorheizen.
Ober-/Unterhitze: etwa 180 °C
Heißluft: etwa 160 °C

2. Für den All-in-Teig die Schokolade fein hacken. Mehl mit Backpulver sorgfältig mischen. Kokosraspel unterrühren.

3. Eier, Öl, Marmelade oder Konfitüre, Vanillin-Zucker, Salz, Orangenschale und Joghurt in eine Rührschüssel geben, mit einem Mixer (Rührstäbe) zunächst kurz auf niedrigster Stufe verrühren.

4. Die Mehl-Backpulver-Mischung zugeben, zunächst kurz auf niedrigster, dann auf höchster Stufe in etwa 2 Minuten zu einem Teig verrühren. Gehackte Schokolade unterrühren.

5. Den Teig in eine Springform (Ø 26 cm, mit Backpapier belegt) geben und glatt streichen.

6. Die Form auf dem Rost in den vorgeheizten Backofen schieben. Den Tortenboden **etwa 25 Minuten backen.**

7. Die Form auf einen Kuchenrost stellen. Den Tortenboden etwas abkühlen lassen, danach aus der Form lösen.

8. Den Tortenboden mit dem Backpapier auf einen Kuchenrost legen, noch warm mit Marmelade oder Konfitüre bestreichen.

9. Tortenboden erkalten lassen, dann mitgebackenes Backpapier vorsichtig lösen. Den Tortenboden auf eine Tortenplatte setzen.

10. Die Kokos-Chips in einer Pfanne ohne Fett goldbraun anrösten, dann auf einen Teller geben.

11. Für die Schmandsahne die Sahne steif schlagen, dabei 1 Päckchen Sahnesteif einrieseln lassen. Den Schmand ebenfalls aufschlagen, dabei Puderzucker und das 2. Päckchen Sahnesteif einrieseln lassen. Die Sahne unter den Schmand ziehen. Die Schmandsahne auf dem Tortenboden und dem Rand verstreichen.

12. Den Rand der Tortenoberfläche mit Kokos-Chips bestreuen. Orangenschalen-Aroma auf die Tortenoberfläche streuen. Die Torte bis zum Servieren in den Kühlschrank stellen.

Orientalischer Nuss-Honig-Kuchen I

Knuspergenuss – für Nussliebhaber

12 Stücke

Pro Stück: E: 7 g, F: 26 g, Kh: 28 g, kJ: 1546, kcal: 370, BE: 2,5

Für den Nuss-Honig-Belag:

80 g	*Butter*
75 g	*Honig*
25 g	*brauner Zucker*
275 g	*gemischte Nüsse, z. B. Hasel-, Wal-, und Pekannusskerne, Cashewkerne, blanchierte Mandeln*
2 EL	*geschälte Sesamsamen*
2 EL	*Schlagsahne*
½ Pck.	*Dr. Oetker Finesse Orangenschalen-Aroma*

Für den Teig:

125 g	*Schlagsahne*
1 Prise	*Salz*
60 g	*Zucker*
2	*Eier (Größe M)*
150 g	*Weizenmehl*
2 ½ gestr. TL	*Dr. Oetker Backin*
je ¼ gestr. TL	*gem. Kardamom, Nelke, Zimt und Piment (oder 1 gestr. TL Lebkuchen- oder Weihnachts-Aroma)*
½ Pck.	*Dr. Oetker Finesse Orangenschalen-Aroma*

Außerdem:

2 EL	*Aprikosenkonfitüre*

Zubereitungszeit: 20 Minuten, ohne Abkühlzeit
Backzeit: etwa 30 Minuten

1. Für den Nuss-Honig-Belag Butter, Honig und Zucker in einen Topf geben und erwärmen. Nüsse, Sesam, Sahne und Orangenschalen-Aroma unterrühren. Die Masse einmal kurz aufkochen lassen. Den Topf von der Kochstelle nehmen.

2. Den Backofen vorheizen.
Ober-/Unterhitze: etwa 180 °C
Heißluft: etwa 160 °C

3. Für den Teig Sahne in eine Rührschüssel geben, mit einem Mixer (Rührstäbe) aufschlagen. Dabei Salz und Zucker nach und nach einrieseln lassen. Die Eier nacheinander zugeben und alles cremig rühren.

4. Mehl mit Backpulver, Gewürzen und Aroma sorgfältig mischen und kurz unterrühren.

5. Den Teig in eine Springform (Ø 26 cm, mit Backpapier belegt) geben und verstreichen.

6. Die Aprikosenkonfitüre mit einem Teelöffel in kleinen Häufchen darauf verteilen. Nuss-Honig-Belag darauf verteilen, mit einer Gabel den Teig und die Nussmasse leicht spiralförmig durchziehen.

7. Die Form auf dem Rost in den vorgeheizten Backofen schieben. Kuchen **etwa 30 Minuten backen.**

8. Die Form auf einen Kuchenrost setzen. Den Kuchen in der Form vollständig erkalten lassen, dann aus der Form lösen.

9. Den Kuchen vom Backpapier direkt auf eine Kuchenplatte ziehen.

Ostfriesentorte | Mit Alkohol

14 Stücke

Pro Stück: E: 4 g, F: 15 g, Kh: 33 g,
kJ: 1234, kcal: 295, BE: 3,0

Für den Biskuitteig:

          4 Eier (Größe M)
  3–4 EL heißes Wasser
    150 g Zucker
    1 Pck. Dr. Oetker Vanillin-Zucker
    100 g Weizenmehl
    100 g Speisestärke
        1 TL Dr. Oetker Backin

Für die Füllung:

        125 g abgetropfte Rum-Rosinen
        600 g gekühlte Schlagsahne
                  (mind. 30 % Fett)
    3 Pck. Sahnesteif
    2 Pck. Dr. Oetker Vanillin-Zucker
    2–3 EL Weinbrand

Zum Garnieren:

        25 g Rosinen

Zubereitungszeit: 20 Minuten, ohne Abkühlzeit
Backzeit: 25–30 Minuten

1. Den Backofen vorheizen.
Ober-/Unterhitze: etwa 180 °C
Heißluft: etwa 160 °C

2. Für den Teig die Eier und Wasser mit einem Mixer
(Rührstäbe) auf höchster Stufe in etwa 1 Minute
schaumig schlagen. Zucker und Vanillin-Zucker mischen, in etwa 1 Minute einstreuen, dann noch etwa
2 Minuten schlagen.

3. Mehl mit Speisestärke und Backpulver mischen,
die Hälfte davon auf die Eiercreme geben und kurz auf
niedrigster Stufe unterrühren. Restliches Mehlgemisch
auf die gleiche Weise unterarbeiten.

4. Den Teig in eine Springform (Ø 26 cm, Boden
gefettet, mit Backpapier belegt) geben und vorsichtig
glatt streichen.

5. Die Form auf dem Rost in den vorgeheizten Backofen schieben. Den Tortenboden **25–30 Minuten
backen.**

6. Den Biskuitboden aus der Form lösen und auf
einen mit Backpapier belegten Kuchenrost stürzen.
Biskuitboden erkalten lassen, dann mitgebackenes
Backpapier abziehen. Biskuitboden zweimal waagerecht durchschneiden.

7. Für die Füllung die Rum-Rosinen abtropfen lassen,
dabei die Flüssigkeit auffangen. Sahne mit Sahnesteif
und Vanillin-Zucker steif schlagen. Unter zwei Drittel
der Sahne die Rum-Rosinen heben.

8. Den unteren und mittleren Boden mit der aufgefan-
genen Rum-Rosinen-Flüssigkeit und dem Weinbrand
tränken. Die beiden Tortenböden mit der Rosinensah-
ne bestreichen und aufeinandersetzen.

9. Den dritten Tortenboden drauflegen. Die Tortenoberfläche und -rand mit der restlichen Sahne bestreichen, mithilfe eines Esslöffels Vertiefungen in die
Tortenoberfläche drücken.

10. Die Torte mit Rosinen garnieren und bis zum
Servieren in den Kühlschrank stellen.

Pfirsich-Flammkuchen | Raffiniert
12 Stücke

Pro Stück: E: 5 g, F: 18 g, Kh: 31 g,
kJ: 1270, kcal: 303, BE: 2,5

Für den Quark-Öl-Teig:

275 g	Weizenmehl
1 ½ gestr. TL	Dr. Oetker Backin
140 g	Magerquark
80 ml	Milch (3,5 % Fett)
70 ml	Speiseöl, z. B. Sonnenblumenöl
1 Prise	Salz
40 g	Zucker
40 g	Zucker
2 EL	fein geschnittene Zitronenmelisseblättchen
1 TL	fein gehackte Zitronenthymianblättchen
500 g	Pfirsiche (etwa 4 Stück)
40 g	zerlassene Butter
250 g	Mascarpone (ital. Frischkäse)
20 g	Zucker
1 Pck.	Dr. Oetker Bourbon-Vanille-Zucker

Zubereitungszeit: 20 Minuten, ohne Abkühlzeit
Backzeit: 15–20 Minuten

1. Den Backofen vorheizen.
Ober-/Unterhitze: etwa 200 °C
Heißluft: etwa 180 °C

2. Für den Teig Mehl mit Backpulver in einer Rühr-schüssel mischen. Quark, Milch, Öl, Salz und Zucker hinzufügen. Die Zutaten mit einem Mixer (Knethaken) zunächst auf niedrigster, dann auf höchster Stufe in etwa 1 Minute zu einem Teig verarbeiten (nicht zu lange, Teig klebt sonst).

3. Den Teig auf einer leicht bemehlten Arbeitsfläche kurz durchkneten und in 2 Portionen teilen. Danach die Teigstücke auf einem Backblech (30 x 40 cm, gefettet, mit Backpapier belegt) zu 2 ovalen Fladen (etwa 18 x 24 cm) ausrollen.

4. Für den Belag Zucker mit Zitronenmelisse und -thymian in einer kleinen Schüssel gut verrühren. 1 Esslöffel vom Kräuterzucker zum Bestreuen beisei-telegen. Pfirsiche heiß abspülen, abtrocknen, halbie-ren und entsteinen. Die Pfirsichhälften in schmale Spalten schneiden.

5. Die Teigränder etwas hochdrücken, sodass eine kleine Kante entsteht. Die Teigböden mehrmals mit einer Gabel einstechen. Die Teigplatten mit einem Teil der zerlassenen Butter bestreichen.

6. Mascarpone mit Zucker und Vanille-Zucker verrüh-ren und auf den Teigplatten verteilen, dabei am Rand jeweils etwa 1 cm frei lassen. Die Pfirsichspalten auf die Creme legen, mit dem Kräuterzucker bestreuen und mit der restlichen Butter beträufeln.

7. Das Backblech in den vorgeheizten Backofen schieben und die Flammkuchen **15–20 Minuten backen.**

8. Die Pfirsich-Flammkuchen sofort mit dem rest-lichen Kräuterzucker bestreuen und in Stücke schnei-den. Flammkuchen nach Belieben lauwarm oder abgekühlt servieren.

Tipp: Statt Zitronenmelisse und -thymian 1 Esslöffel frisch gehackte Rosmarinnadeln oder getrocknete Pfefferminze (z. B. aus einem Teebeutel) verwenden.

Pfirsich-Nougat-Kuchen | Einfach

20 Stücke

Pro Stück: E: 3 g, F: 10 g, Kh: 31 g,
kJ: 952, kcal: 227, BE: 2,5

Für den Belag:
200 g Nuss-Nougat

Für den All-in-Teig:
250 g Weizenmehl
2 gestr. TL Dr. Oetker Backin
150 g Zucker
3 Eier (Größe M)
150 g Butter oder Margarine
(zimmerwarm)
6 EL Milch (3,5 % Fett)

500 g abgetropfte Pfirsichhälften
(aus der Dose)

Zum Bestreichen:
100 g Aprikosenkonfitüre

Zubereitungszeit: 25 Minuten, ohne Abkühlzeit
Backzeit: etwa 20 Minuten

1. Für den Belag Nuss-Nougat in einem Topf im Wasserbad nach Packungsanleitung schmelzen.

2. Den Backofen vorheizen.
Ober-/Unterhitze: etwa 180 °C
Heißluft: etwa 160 °C

3. Für den Teig Mehl mit Backpulver in einer Rührschüssel mischen. Die übrigen Zutaten hinzufügen und alles mit einem Mixer (Rührstäbe) kurz auf niedrigster, dann auf höchster Stufe in etwa 2 Minuten zu einem glatten Teig verarbeiten.

4. Den Teig auf ein Backblech (30 x 40 cm, gefettet) geben und glatt streichen. Die Pfirsichhälften in Spalten schneiden und auf den Teig legen. Nuss-Nougat mit einem Teelöffel in Klecksen zwischen den Pfirsichhälften verteilen.

5. Das Backblech in den vorgeheizten Backofen schieben. Den Kuchen **etwa 20 Minuten backen.**

6. Den Kuchen mit dem Backblech auf einen Kuchenrost stellen. Zum Bestreichen die Konfitüre durch ein Sieb streichen und mit einem Pinsel auf den heißen Kuchen streichen. Den Kuchen auf dem Backblech erkalten lassen.

Tipp: Nougat ist eine cremig-feste Rohmasse aus geschälten Nuss- oder Mandelkernen, Zucker und Kakaoerzeugnissen. Nuss-Nougat ist dunkel, Mandel-Nougat hell.

Pfirsich-Schmand-Schnitten I

Für die Party
20 Stücke

Pro Stück: E: 4 g, F: 23 g, Kh: 38 g,
kJ: 1595, kcal: 381, BE: 3,0

Für den Teig:

          4 Eier (Größe M)
      250 g Zucker
      1 Pck. Dr. Oetker Vanillin-Zucker
      125 ml Speiseöl, z. B. Sonnenblumenöl
      150 ml Orangen-Limonade
      250 g Weizenmehl
   3 gestr. TL Dr. Oetker Backin

Für den Belag:

      960 g abgetropfte Pfirsichhälften
              (aus der Dose)
      600 g gekühlte Schlagsahne
              (mind. 30 % Fett)
      3 Pck. Sahnesteif
      3 Pck. Dr. Oetker Vanillin-Zucker
      500 g Schmand (Sauerrahm)
      2 Pck. Dr. Oetker Vanillin-Zucker

Zum Bestreuen:

      2 EL Zucker
   1 gestr. TL gem. Zimt

Zubereitungszeit: 30 Minuten, ohne Abkühlzeit
Backzeit: etwa 25 Minuten

1. Den Backofen vorheizen.
Ober-/Unterhitze: etwa 180 °C
Heißluft: etwa 160 °C

2. Für den Teig Eier, Zucker und Vanillin-Zucker in eine Rührschüssel geben und mit einem Mixer (Rührstäbe) auf höchster Stufe schaumig schlagen. Öl und Limonade unterrühren.

3. Das Mehl mit Backpulver mischen und unterrühren. Den Teig auf ein Backblech (30 x 40 cm, gefettet) geben und verstreichen. Das Backblech in den vorgeheizten Backofen schieben. Den Boden **etwa 25 Minuten backen.**

4. Den Kuchen auf dem Backblech auf einen Kuchenrost stellen und erkalten lassen.

5. Für den Belag Pfirsiche in kleine Stücke schneiden. Sahne mit Sahnesteif und Vanillin-Zucker steif schlagen.

6. Schmand mit Vanillin-Zucker verrühren. Pfirsichstücke unter den Schmand heben und die Sahne locker unterheben. Die Masse gleichmäßig auf dem Kuchen verteilen und verstreichen.

7. Zucker mit Zimt mischen und die Creme damit bestreuen. Kuchen bis zum Servieren in den Kühlschrank stellen.

Tipps: Einen Teil der Pfirsiche in Spalten schneiden und auf den Kuchen legen. Anstelle der Pfirsiche 4 Dosen Mandarinen (je 175 g Abtropfgewicht) verwenden. Der Schmand kann auch gut durch Crème fraîche ersetzt werden.

Pflaumenmus-Nuss-Torte I

Für Gäste

16 Stücke

Pro Stück: E: 4 g, F: 22 g, Kh: 30 g, kJ: 1407, kcal: 336, BE: 2,5

Für die Creme:

    1 Pck. *Sahnesteif*
    50 g *Zucker*
    1 Pck. *Dr. Oetker Vanillin-Zucker*
    750 g *gekühlte Schlagsahne (mind. 30 % Fett)*
    125 g *gem. Haselnusskerne*

Zum Bestreichen:

    225 g *Pflaumenmus*

    3 Lagen *von 1 hellen Biskuitboden (Ø etwa 26 cm)*

Nach Belieben zum Garnieren:

    einige Haselnusskerne
    etwas Kakaopulver

Zubereitungszeit: 20 Minuten

1. Für die Creme Sahnesteif mit Zucker und Vanillin-Zucker mischen. Sahne in eine Rührschüssel geben und mit einem Mixer (Rührstäbe) steif schlagen, dabei die Sahnesteif-Zucker-Mischung nach und nach einrieseln lassen.

2. Von der Sahne etwa 3 Esslöffel abnehmen, in einen Spritzbeutel mit Sterntülle füllen und kalt stellen. Nusskerne unter die restliche Sahne heben.

3. Das Pflaumenmus durchrühren. Den untersten und mittleren Biskuitboden mit dem Pflaumenmus bestreichen, dabei einen kleinen Rand frei lassen. Einen bestrichenen Boden auf eine Tortenplatte legen.

4. Ein Drittel der Nuss-Sahne auf den unteren Boden streichen und den zweiten bestrichenen Boden darauflegen. Die Hälfte der restlichen Nuss-Sahne darauf verstreichen und den oberen unbestrichenen Boden auflegen.

5. Boden leicht andrücken und die Torte rundherum mit der übrigen Nuss-Sahne bestreichen. Sahne aus dem Spritzbeutel in Tuffs daraufspritzen. Die Torte mit Nusskernen und Kakaopulver garnieren.

Tipps: Noch aromatischer wird die Sahne, wenn Sie die Nusskerne zuvor kurz in einer Pfanne ohne Fett anrösten. Die Nusskerne gut auf einem Teller abkühlen lassen und anschließend unter die Sahne heben. Möchten Sie den **Biskuitteig** gern selbst backen, dann bereiten Sie den Teig wie folgt zu: 4 Eier (Größe M) mit einem Mixer (Rührstäbe) auf höchster Stufe in etwa 1 Minute schaumig schlagen. 125 g Zucker mit 1 Päckchen Vanillin-Zucker mischen, in etwa 1 Minute einstreuen, dann noch etwa 2 Minuten schlagen. 100 g Weizenmehl mit 50 g Speisestärke und 1 gestrichenem Teelöffel Backpulver mischen und kurz auf niedrigster Stufe unterrühren. Den Teig in einer Springform (Ø 26 cm, mit Backpapier belegt) glatt streichen. Die Form auf dem Rost im unteren Drittel in den vorgeheizten Backofen (Ober-/Unterhitze: etwa 180 °C, Heißluft: etwa 160 °C) schieben. Den Biskuitboden etwa 25 Minuten backen. Dann den Tortenboden aus der Form lösen, auf einen mit Backpapier belegten Kuchenrost stürzen und erkalten lassen. Das Backpapier vom Tortenboden vorsichtig abziehen und den Boden 2-mal waagerecht durchschneiden.

Pikante Franzbrötchen | Beliebt
10 Stück

Pro Stück: E: 6 g, F: 14 g, Kh: 28 g,
kJ: 1126, kcal: 269, BE: 2,5

Für den Hefeteig:

200 g	Weizenmehl (Type 550)
175 g	Weizenmehl (Type 1050)
1 Pck.	Hefeteig Garant
½ TL	Salz
etwa 150 ml	Wasser
1 Prise	Zucker
50 g	Butter oder Margarine (zimmerwarm)

Zum Belegen und Bestreuen:

1	Eiweiß
2–3 EL	Kümmelsamen
2 TL	grobes Salz
100 g	Butter oder Margarine (zimmerwarm)
1	Eigelb

Zubereitungszeit: 15 Minuten, ohne Abkühlzeit
Backzeit: etwa 25 Minuten

1. Den Backofen vorheizen.
Ober-/Unterhitze: etwa 200 °C
Heißluft: etwa 180 °C

2. Für den Teig beide Mehlsorten mit Hefeteig Garant in einer Rührschüssel sorgfältig vermischen. Salz, Wasser, Zucker und Butter oder Margarine dazugeben.

3. Die Zutaten mit Mixer (Knethaken) zunächst auf niedrigster, dann auf höchster Stufe in etwa 2 Minuten zu einem glatten Teig verarbeiten.

4. Den Teig auf einer leicht bemehlten Arbeitsfläche kurz durchkneten und zu einem Rechteck (etwa 20 x 40 cm) ausrollen.

5. Das Eiweiß verschlagen. Den Teig mit verschlagenem Eiweiß bestreichen, mit Kümmel und Salz bestreuen. 75 g Butter oder Margarine in kleinen Stückchen auf dem Teig verteilen.

6. Den Teig von der Längsseite aus aufrollen und in etwa 4 cm breite Stücke schneiden. Teigbrötchen auf ein Backblech (mit Backpapier belegt) verteilen. Mit einem bemehlten Kochlöffelstiel die Stücke zwischen den Schnittkanten in der Mitte herunterdrücken, sodass sich die Seiten stark hochwölben. Die restliche Butter oder Margarine in Stückchen jeweils in die Mitten legen.

7. Das Eigelb mit etwas Wasser verquirlen, die Brötchen damit bestreichen.

8. Das Backblech in den vorgeheizten Backofen schieben. Die Franzbrötchen **etwa 25 Minuten backen.**

9. Franzbrötchen mit dem Backpapier vom Backblech auf einen Kuchenrost ziehen und erkalten lassen.

Preiselbeer-Aprikosen-Kuchen I

Fürs Kuchenbuffet
20 Stücke

Pro Stück: E: 3 g, F: 12 g, Kh: 29 g,
kJ: 1013, kcal: 242, BE: 2,5

Für den All-in-Teig:

220 g	Weizenmehl
80 g	zarte Haferflocken
2 gestr. TL	Dr. Oetker Backin
120 g	Zucker
1 Pck.	Dr. Oetker Finesse Geriebene Zitronenschale
3	Eier (Größe M)
250 g	Butter oder Margarine (zimmerwarm)

Für den Belag:

400 g	Wild-Preiselbeeren (aus dem Glas)
480 g	abgetropfte Aprikosenhälften (aus der Dose)

Zubereitungszeit: 25 Minuten, ohne Abkühlzeit
Backzeit: etwa 25 Minuten

1. Den Backofen vorheizen.
Ober-/Unterhitze: etwa 200 °C
Heißluft: etwa 180 °C

2. Für den Teig Mehl mit Haferflocken und Backpulver in einer Rührschüssel mischen. Die restlichen Zutaten hinzufügen und alles mit einem Mixer (Rührstäbe) erst kurz auf niedrigster, dann auf höchster Stufe in etwa 2 Minuten zu einem glatten Teig verarbeiten.

3. Den Teig auf ein Backblech (30 x 40 cm, gefettet) geben und verstreichen.

4. Für den Belag die Preiselbeeren durchrühren, auf dem Teig verteilen und verstreichen. Die Aprikosen mit der Wölbung nach oben auf dem Teig verteilen. Das Backblech in den vorgeheizten Backofen schieben. Den Kuchen **etwa 25 Minuten backen.**

5. Das Backblech auf einen Kuchenrost stellen und den Kuchen darauf erkalten lassen.

Tipp: Einen schönen Glanz erhält der Kuchen, wenn er mit Aprikosenkonfitüre bestrichen wird. Dafür 100 g Aprikosenkonfitüre pürieren, aufkochen lassen und nach dem Backen die Aprikosen damit bestreichen.

Preiselbeertorte „Linzer Art" I

Klassisch
12 Stücke

Pro Stück: E: 3 g, F: 10 g, Kh: 32 g,
kJ: 980, kcal: 232, BE: 2,5

Für den Teig:
1 Pck. Dr. Oetker Grundmischung
für Streuselteig (400 g)
125 g Butter (zimmerwarm)
1 Ei (Größe M)

Für die Füllung:
125 g Wild-Preiselbeer-Konfitüre
(z. B. von Schwartau)
½ gestr. TL gem. Zimt

Zum Bestreichen:
1 EL Milch (3,5 % Fett)
1 Eigelb

Zubereitungszeit: 20 Minuten, ohne Abkühlzeit
Backzeit: etwa 30 Minuten

1. Die Grundmischung für den Streuselteig in eine Rührschüssel geben. Butter und Ei hinzufügen. Die Zutaten mit einem Mixer (Rührstäbe) auf niedrigster Stufe zu Streuseln verarbeiten. Die Hälfte der Streusel in einer Springform (Ø 26 cm, Boden gefettet) verteilen und mit einem Löffel zu einem Boden und einem kleinen Rand andrücken.

2. Die restlichen Streusel kurz zu einem glatten Teig verkneten. Den Teig zu einer Kugel formen und auf einer leicht bemehlten Arbeitsfläche zu einer Platte (Ø etwa 26 cm) ausrollen. Mit einem Teigrädchen oder einem scharfen Messer 15–20 Streifen für das Teiggitter schneiden.

3. Den Backofen vorheizen.
Ober-/Unterhitze: etwa 200 °C
Heißluft: etwa 180 °C

4. Die Wild-Preiselbeer-Konfitüre mit Zimt mischen, auf den Boden geben und verstreichen, dabei etwa 1 cm am Rand frei lassen.

5. Die Teigstreifen gitterartig auf den Kuchen legen. Milch mit Eigelb verschlagen und die Teigstreifen damit bestreichen. Die Springform auf dem Rost im unteren Drittel in den vorgeheizten Backofen schieben. Den Kuchen **etwa 30 Minuten backen.**

6. Den Kuchen in der Form auf einen Kuchenrost stellen und erkalten lassen.

Tipp: Sie können auch selbst einen **Streuselteig** (Knetteig) zubereiten. Dazu 300 g Weizenmehl und 1 gestrichenen Teelöffel Backpulver in einer Rührschüssel mischen. 100 g Zucker, 1 Päckchen Vanillin-Zucker und 175 g Butter oder Margarine hinzugeben, mit einem Mixer (Rührbesen) kurz auf niedrigster Stufe zu feinen Krümeln verarbeiten. Die Teigkrümel dann wie oben angegeben weiterverarbeiten.

Preußischer Zimtkuchen I

Einfach – mit Alkohol

20 Stücke

Pro Stück: E: 4 g, F: 11 g, Kh: 19 g,
kJ: 810, kcal: 194, BE: 1,5

> 1 Pck. *frischer Blätterteig
> (aus dem Kühlregal, 275 g,
> rechteckig, etwa 40 x 25 cm)*

Für den Belag:

> 250 g *gem. Mandeln*
> 1 EL *Mandellikör oder -sirup*
> 250 g *Zucker*
> 1 *Ei (Größe M)*
> 100 g *Schmand (Sauerrahm)*
> 1 gestr. TL *gem. Zimt*
> ½ Pck. *Dr. Oetker Finesse
> Geriebene Zitronenschale*

Zubereitungszeit: 10 Minuten, ohne Abkühlzeit
Backzeit: etwa 25 Minuten

1. Den Backofen vorheizen.
Ober-/Unterhitze: etwa 200 °C
Heißluft: etwa 180 °C

2. Die Teigplatte mit dem Backpapier auf ein Backblech (30 x 40 cm) legen. Den Teig mit einer Gabel dicht an dicht einstechen.

3. Für den Belag die Mandeln mit Likör oder Sirup, Zucker, Ei, Schmand, Zimt und Zitronenschale zu einer streichfähigen Masse verrühren.

4. Die Mandelmasse auf den Blätterteig streichen, dabei rundherum einen etwa 1 cm breiten Rand frei lassen.

5. Das Backblech in den vorgeheizten Backofen schieben. Den Kuchen **etwa 25 Minuten backen.**

6. Das Backblech auf einen Kuchenrost stellen. Den Kuchen etwa 4 Minuten abkühlen lassen, dann mit einem scharfen Messer in etwa 5 x 10 cm breite Streifen schneiden. Kuchenstreifen erkalten lassen.

Provenzalische Tomaten-Tarte I

Herzhaft

8 Stücke

Pro Stück: E: 7 g, F: 18 g, Kh: 20 g,
kJ: 1130, kcal: 271, BE: 1,5

Für den Streuselteig:

200 g *Weizenmehl*
½ TL *Salz*
100 g *Butter oder Margarine*
   (zimmerwarm)
1 Ei *(Größe M)*
1 EL *kaltes Wasser*

250 g *Cocktailtomaten*
3 Eier *(Größe M)*
150 g *Ziegenfrischkäse*
   Salz, gem. Pfeffer
1 TL *getrocknete Kräuter der Provence*

Zubereitungszeit: 15 Minuten, ohne Abkühlzeit
Backzeit: etwa 30 Minuten

1. Den Backofen vorheizen.
Ober-/Unterhitze: etwa 220 °C
Heißluft: etwa 200 °C

2. Für den Streuselteig das Mehl mit Salz, Butter oder Margarine, Ei und Wasser in eine Rührschüssel geben. Die Zutaten mit einem Mixer (Rührstäbe) zunächst kurz auf niedrigster, dann auf höchster Stufe zu feinen Streuseln verarbeiten.

3. Die Streusel in einer Springform (Ø 26 cm, gefettet, mit Backpapier belegt) verteilen, mit einem Löffelrücken oder leicht bemehlten Händen zu einem Boden andrücken und einen kleinen Rand formen.

4. Die Tomaten abspülen, abtrocknen, halbieren, die Stängelansätze herausschneiden. Tomaten auf dem Boden verteilen.

5. Eier mit Frischkäse, etwas Salz und Pfeffer in einen hohen Rührbecher geben und mit einem Mixer (Rührstäbe) verschlagen. Die Kräuter unter die Creme rühren. Creme gleichmäßig über die Tomaten gießen.

6. Die Form auf dem Rost im unteren Drittel in den vorgeheizten Backofen schieben. Die Tomaten-Tarte **etwa 30 Minuten backen.**

7. Die Tarte vor dem Anschneiden und Servieren etwa 5 Minuten abkühlen lassen.

Tipp: Wenn Sie frische Kräuter verwenden möchten, dann jeweils 2–3 Stängel Thymian, Rosmarin und Pfefferminze abspülen, trocken tupfen und die Blättchen oder Nadeln von den Stängeln zupfen und fein schneiden.

Rezeptvariante: Probieren Sie auch die **provenzalische Tunfisch-Tarte**. Dazu den Backofen auf Ober-/Unterhitze: etwa 180 °C oder Heißluft: etwa 160 °C vorheizen. 50 g abgetropfte, schwarze, entsteinte Oliven in dünne Scheiben schneiden. 280 g abgetropften Tunfisch in Öl mit einer Gabel in Stücke zupfen. Für den Teig 100 g Weizenmehl (Type 550), 50 g Maisgrieß (Polenta), 2 gestrichene Teelöffel Backpulver, 1 gestrichenen Teelöffel Salz und 1 Teelöffel getrocknete Kräuter der Provence in einer Rührschüssel vermischen. 50 ml Buttermilch, 2 Eier (Größe M) und 100 ml Olivenöl dazugeben, mit einem Mixer (Rührstäbe) unterrühren. 30 g abgetropfte Kapern, zwei Drittel der Tunfischstücke und zwei Drittel der Olivenscheiben kurz unter den Teig rühren. Den Teig in eine Tarteform (Ø 26–28 cm, gefettet, mit Semmelbröseln ausgestreut) geben und glatt streichen. Restliche Olivenscheiben darauf verteilen. Die Form auf dem Rost in den vorgeheizten Backofen schieben. Die Tarte etwa 35 Minuten backen. Die Form auf einen Kuchenrost stellen. Den restlichen Tunfisch auf der Tarte verteilen. Die Tarte in der Form erkalten lassen.

Puddingkuchen | Klassisch
10 Stücke

Pro Stück: E: 7 g, F: 27 g, Kh: 55 g,
kJ: 2096, kcal: 500, BE: 4,5

Für den Hefeteig:
>   300 g Weizenmehl
>   1 Pck. Hefeteig Garant
>   50 g Zucker
>   100 ml Milch (3,5 % Fett)
>   1 Ei (Größe M)
>   75 g Butter oder Margarine
>   (zimmerwarm)

>   50 g Butter
>   1 EL Honig
>   1 Pck. Dr. Oetker Vanillin-Zucker
>   50 g Schlagsahne

Für die Füllung:
>   1 Pck. Dr. Oetker Pudding-Pulver
>   Vanille-Geschmack
>   50 g Zucker
>   400 ml Milch (3,5 % Fett)
>   200 g Schmand (Sauerrahm)
>   2 EL Aprikosenkonfitüre

Für den Guss:
>   125 g dunkle Kuchenglasur
>   50 g Schokoladenraspel oder
>   -blättchen

Zubereitungszeit: 25 Minuten, ohne Abkühlzeit
Backzeit: 15–20 Minuten

1. Für den Teig Mehl und Hefeteig Garant in einer Rührschüssel mischen. Zucker, Milch, Ei und Butter oder Margarine hinzufügen, alles mit einem Mixer (Knethaken) erst kurz auf niedrigster, dann auf höchster Stufe in etwa 2 Minuten zu einem glatten Teig verarbeiten.

2. Den Teig leicht mit Mehl bestäuben, aus der Schüssel nehmen und auf einer leicht bemehlten Arbeitsfläche nochmals kurz durchkneten. Den Teig auf einem Backblech (30 x 40 cm, gefettet) ausrollen. Den Teig zugedeckt etwa 5 Minuten ruhen lassen.

3. In der Zwischenzeit den Backofen vorheizen.
Ober-/Unterhitze: etwa 180 °C
Heißluft: etwa 160 °C

4. Butter, Honig, Vanillin-Zucker und Sahne in einen kleinen Topf geben, kurz erhitzen, bis der Zucker geschmolzen ist. Den Kuchen mit einer Gabel dicht an dicht einstechen. Die Butter-Sahne-Mischung vorsichtig gleichmäßig darauf verstreichen bzw. träufeln. Das Backblech in den vorgeheizten Backofen schieben. Den Kuchen **15–20 Minuten backen.**

5. Kuchen auf dem Backblech auf einem Kuchenrost erkalten lassen.

6. Inzwischen für die Füllung aus Pudding-Pulver, Zucker und Milch nach Packungsanleitung einen Pudding zubereiten. Schmand und Aprikosenkonfitüre sofort gründlich unterrühren.

7. Die Kuchenplatte senkrecht halbieren, sodass zwei Platten (je etwa 20 x 30 cm) entstehen. Einen Backrahmen eng um eine Teigplatte stellen. Die Puddingfüllung auf den Teig geben und glatt streichen. Die zweite Teigplatte darauflegen und leicht andrücken.

8. Für den Guss die Glasur nach Packungsanleitung schmelzen. Den Kuchen mit der Glasur bestreichen und mit Schokoladenraspeln oder -blättchen bestreuen. Kuchen etwa 1 Stunde in den Kühlschrank stellen. Backrahmen lösen und entfernen.

Quarkbrötchen | Zum Frühstück

10–12 Stück

Pro Stück: E: 8 g, F: 5 g, Kh: 26 g,
kJ: 760, kcal: 182, BE: 2,0

Für den Hefeteig:

375 g	*Dinkelmehl (Type 630)*
1 Pck.	*Hefeteig Garant*
30 g	*Butter oder Margarine (zimmerwarm)*
175 ml	*Wasser*
1 gestr. TL	*Zucker*
1 gestr. TL	*Salz*
150 g	*Magerquark*
2 EL	*Wasser oder Milch (3,5 % Fett)*
15 g	*Kürbiskerne*
15 g	*geschälte Sesamsamen*
15 g	*Mohnsamen*

Zubereitungszeit: 15 Minuten, ohne Abkühlzeit
Backzeit: etwa 20 Minuten

1. Für den Teig Mehl mit Hefeteig Garant in einer Rührschüssel vermischen. Butter oder Margarine, Wasser, Zucker, Salz und Quark hinzufügen. Die Zutaten mit einem Mixer (Knethaken) zunächst kurz auf niedrigster, danach auf höchster Stufe in etwa 2 Minuten zu einem glatten Teig verarbeiten.

2. Den Teig leicht mit Mehl bestäuben und auf einer leicht bemehlten Arbeitsfläche zu einer Rolle formen. Die Rolle in 10–12 gleich große Stücke schneiden und die Stücke zwischen den Händen zu runden Brötchen formen.

3. Die Teigstücke mit etwas Abstand auf ein Backblech (mit Backpapier belegt) legen und zugedeckt etwa 5 Minuten ruhen lassen.

4. In der Zwischenzeit den Backofen vorheizen.
Ober-/Unterhitze: etwa 200 °C
Heißluft: etwa 180 °C

5. Die Teigstücke mit Wasser oder Milch bestreichen, mit Kürbiskernen, Sesam oder Mohn bestreuen. Das Backblech in den vorgeheizten Backofen schieben. Die Brötchen **etwa 20 Minuten backen.**

6. Die Brötchen vom Backpapier nehmen und auf einem Kuchenrost erkalten lassen.

Rennschnecken | Für Kinder
10 Stück

Pro Stück: E: 4 g, F: 6 g, Kh: 34 g,
kJ: 857, kcal: 205, BE: 3,0

Für den Quark-Öl-Teig:
150 g Weizenmehl
2 gestr. TL Dr. Oetker Backin
75 g Magerquark
30 ml Milch (3,5 % Fett)
30 ml Sonnenblumenöl
40 g Zucker
1 Pck. Dr. Oetker Vanillin-Zucker
1 Prise Salz

Für die Füllung:
100 g Pflaumenmus
30 g Sultaninen
20 g Korinthen
25 g gehackte Haselnusskerne

Für den Guss:
75 g Puderzucker
1–2 EL Zitronensaft oder
Wasser

Zum Garnieren:
20 Pinienkerne oder
gestiftelte Mandeln

Zubereitungszeit: 25 Minuten, ohne Abkühlzeit
Backzeit: 20–25 Minuten

1. Den Backofen vorheizen.
Ober-/Unterhitze: etwa 180 °C
Heißluft: etwa 160 °C

2. Für den Teig Mehl mit Backpulver in einer Rührschüssel mischen. Die restlichen Zutaten hinzufügen
und mit einem Mixer (Knethaken) auf höchster Stufe
in etwa 1 Minute zu einem Teig verarbeiten (nicht zu
lange, Teig klebt sonst).

3. Anschließend den Teig auf einer leicht bemehlten
Arbeitsfläche zu einer Rolle formen. Die Teigrolle zu
einem Rechteck (etwa 25 x 18 cm) ausrollen.

4. Für die Füllung den Teig mit Pflaumenmus bestreichen, mit Sultaninen, Korinthen und Haselnusskernen
bestreuen.

5. Den Teig von der Längsseite her fest aufrollen und
in etwa 2 ½ cm breite Rollen schneiden. Die Rollen
auf ein Backblech (30 x 40 cm, mit Backpapier belegt) legen und etwas flach drücken. Das Ende jeder
Rolle wieder 2–3 cm entrollen und zu einem Schne-
ckenkopf formen.

6. Das Backblech in den vorgeheizten Backofen
schieben. Die Schnecken **20–25 Minuten backen.**

7. Für den Guss Puderzucker mit Zitronensaft oder
Wasser verrühren, die noch heißen Schnecken da-
mit bestreichen und mit den Pinienkernen oder den
Mandelstiften garnieren.

Rhabarber-Amarettini-Schnitten I

Fruchtig
20 Stücke

Pro Stück: E: 4 g, F: 11 g, Kh: 29 g,
kJ: 983, kcal: 234, BE: 2,5

Für den Belag:
750 g Rhabarber

Für den All-in-Teig:
350 g Weizenmehl
1 Pck. Dr. Oetker Backin
200 g Zucker
1 Pck. Dr. Oetker Bourbon-
      Vanille-Zucker
200 g Butter oder Margarine
      (zimmerwarm)
5 Eier (Größe M)
150 g Joghurt (3,5 %)
125 g Amarettini
      (ital. Mandelmakronen)

Zubereitungszeit: 15 Minuten, ohne Abkühlzeit
Backzeit: etwa 40 Minuten

1. Für den Belag Rhabarber putzen, abspülen und abtropfen lassen. Stangen in etwa 2 cm lange Stücke schneiden.

2. Den Backofen vorheizen.
Ober-/Unterhitze: etwa 180 °C
Heißluft: etwa 160 °C

3. Für den All-in-Teig Mehl mit Backpulver in einer Rührschüssel mischen. Zucker, Vanille-Zucker, Butter oder Margarine, Eier und Joghurt hinzufügen, alles mit einem Mixer (Rührstäbe) in etwa 2 Minuten zu einem glatten Teig verarbeiten. Amarettini unterheben.

4. Den Teig auf ein Backblech (30 x 40 cm, gefettet) geben und glatt streichen. Rhabarberstücke darauf verteilen. Das Backblech in den vorgeheizten Back- ofen schieben. Kuchen **etwa 40 Minuten backen.**

5. Das Backblech auf einen Kuchenrost stellen und den Kuchen erkalten lassen. Den Kuchen zum Servie- ren in Schnitten Schneiden.

Tipp: Den Kuchen mit 2 Teelöffeln Puderzucker bestäuben.

Rhabarber-Sahne-Torte I
Für Gäste – fruchtig
14 Stücke

Pro Stück: E: 4 g, F: 18 g, Kh: 26 g,
kJ: 1198, kcal: 286, BE: 2,0

etwa 450 g Rhabarber

Für den All-in-Teig:
175 g Weizenmehl
2 gestr. TL Dr. Oetker Backin
1 Prise Salz
175 g Butter oder Margarine
(zimmerwarm)
150 g Zucker
1 Pck. Dr. Oetker Vanillin-Zucker
1 Pck. Dr. Oetker Finesse
Geriebene Zitronenschale
5 EL Milch (3,5 % Fett)
3 Eier (Größe M)

Für den Belag:
250 g gekühlte Schlagsahne
(mind. 30 % Fett)
1 Pck. Sahnesteif
3–4 EL Fruchtsirup,
z. B. Rhabarber, Erdbeere
oder Waldbeeren
25 g gehackte Pistazien

Zubereitungszeit: 25 Minuten, ohne Abkühlzeit
Backzeit: etwa 35 Minuten

1. Den Backofen vorheizen.
Ober-/Unterhitze: etwa 180 °C
Heißluft: etwa 160 °C

2. Rhabarber putzen, abspülen, abtropfen lassen, mit Küchenpapier trocken tupfen und in etwa 2 cm lange Stücke schneiden. 300 g Rhabarberstücke abwiegen.

3. Für den Teig Mehl mit Backpulver und Salz in einer Rührschüssel mischen. Butter oder Margarine, Zucker, Vanillin-Zucker, Zitronenschale, Milch und Eier hinzufügen, mit einem Mixer (Rührstäbe) zunächst kurz auf niedrigster, dann auf höchster Stufe in etwa 1 Minute zu einem glatten Teig verarbeiten. Rhabarberstückchen unterziehen.

4. Den Teig in eine Springform (Ø 26 cm, mit Backpapier belegt) geben und glatt streichen. Die Form auf dem Rost in den vorgeheizten Backofen schieben. Den Kuchen **etwa 35 Minuten backen.**

5. Die Form auf einen Kuchenrost stellen. Den Tortenboden etwas abkühlen lassen, dann aus der Form lösen. Den Tortenboden auf dem Springformboden auf ein Kuchenrost stellen und erkalten lassen.

6. Das Backpapier vom Tortenboden entfernen. Den Tortenboden auf eine Tortenplatte setzen.

7. Für den Belag Sahne mit Sahnesteif steif schlagen. Den Sirup unterziehen. Die Sahne in einen Spritzbeutel mit großer Lochtülle füllen und die Sahne als Tupfen dicht an dicht auf den Rand der Tortenoberfläche spritzen. Pistazien daraufstreuen.

Tipps: Die Rhabarberstangen sollen nicht abgezogen werden, damit der Rhabarber beim Backen nicht zerfällt. Rhabarber hält sich in ein feuchtes Tuch gewickelt und z.B. im Gemüsefach des Kühlschranks kühl gelagert einige Tage frisch. Statt des Rhabarbers schmecken auch Stachelbeeren oder ein Beeren-Mix sehr lecker in dieser Torte.

Rollmuffins | Etwas Besonderes

12 Stück

Pro Stück: E: 7 g, F: 10 g, Kh: 44 g,
kJ: 1228, kcal: 293, BE: 3,5

Für den Quark-Öl-Teig:

  400 g Weizenmehl
  1 Pck. Dr. Oetker Backin
  200 g Magerquark
  75 ml Milch (3,5 % Fett)
  75 ml Sonnenblumenöl
   75 g Zucker
  1 Pck. Dr. Oetker Vanillin-Zucker
  1 Prise Salz

Außerdem:

  200 g Pflaumenmus
  50 g Rosinen
  50 g gem. Mandeln zum Bestreuen
      der Form

Zubereitungszeit: 25 Minuten, ohne Abkühlzeit
Backzeit: etwa 30 Minuten

1. Für den Teig Mehl mit Backpulver in einer Rühr-schüssel mischen. Quark, Milch, Öl, Zucker, Vanillin-Zucker und Salz hinzufügen. Die Zutaten mit einem Mixer (Knethaken) zuerst auf niedrigster, dann auf höchster Stufe in etwa 1 Minute zu einem Teig ver-arbeiten (nicht zu lange, Teig klebt sonst).

2. Den Backofen vorheizen.
Ober-/Unterhitze: etwa 180 °C
Heißluft: etwa 160 °C

3. Den Teig auf einer leicht bemehlten Arbeitsfläche zu einer Rolle formen. Die Teigrolle zu einem Rechteck (etwa 36 x 45 cm) ausrollen, mit Pflaumenmus be-streichen, mit Rosinen bestreuen und von der kurzen Seite her aufrollen.

4. Die Rolle in 12 etwa 3 cm breite Röllchen schnei-den. Die Röllchen aufrecht in die Mulden einer Muffin-form (für 12 Muffins, gefettet, mit den gemahlenen Mandeln bestreut) stellen.

5. Die Muffinform auf einem Rost in den vorgeheizten Backofen schieben. Die Muffins **etwa 30 Minuten backen.**

6. Die Muffins etwa 10 Minuten in der Form auf einem Kuchenrost abkühlen lassen. Die Muffins aus der Form lösen, auf dem Kuchenrost erkalten lassen.

Roter Mandarinen-Kirsch-Kuchen | Raffiniert – fruchtig

14 Stücke

Pro Stück: E: 4 g, F: 17 g, Kh: 36 g,
kJ: 1326, kcal: 317, BE: 3,0

> 350 g abgetropfte Sauerkirschen
> (aus dem Glas)

Für den All-in-Teig:
> 250 g Weizenmehl
> 3 gestr. TL Dr. Oetker Backin
> 1 Pck. Rote Grütze Himbeer-
> Geschmack (Dessertpulver)
> 175 g Zucker
> 4 Eier (Größe M)
> 250 g Butter oder Margarine
> (zimmerwarm)
> 2 EL Kirschsaft (aus dem Glas)

> 175 g abgetropfte Mandarinen
> (aus der Dose)
> etwas Puderzucker

Zubereitungszeit: 15 Minuten, ohne Abkühlzeit
Backzeit: 40–45 Minuten

1. Von den Sauerkirschen den Kirschsaft auffangen und 2 Esslöffel für den Teig abmessen.

2. Den Backofen vorheizen.
Ober-/Unterhitze: etwa 180 °C
Heißluft: etwa 160 °C

3. Für den Teig Mehl mit Backpulver in einer Rührschüssel mischen. Restliche Zutaten hinzufügen und mit einem Mixer (Rührstäbe) zunächst kurz auf niedrigster, dann auf höchster Stufe in etwa 2 Minuten zu einem glatten Teig verarbeiten. Die Hälfte der Kirschen unterheben.

4. Teig in eine Springform (Ø 26 cm, Boden gefettet) füllen und glatt streichen. Die restlichen Kirschen und Mandarinen auf dem Teig verteilen.

5. Die Form auf dem Rost im unteren Drittel in den vorgeheizten Backofen schieben. und den Kuchen **40–45 Minuten backen.**

6. Die Form auf einen Kuchenrost stellen. Den Springformrand lösen und entfernen. Den Kuchen auf dem Springformboden auf dem Kuchenrost erkalten lassen. Den Kuchen vom Springformboden lösen, auf eine Tortenplatte setzen und mit Puderzucker bestäuben.

Rum-Pflaumen-Brownies mit Pinienkernen I

Einfach – mit Alkohol
24 Stücke

Pro Stück: E: 3 g, F: 10 g, Kh: 19 g,
kJ: 774, kcal: 185, BE: 1,5

Zum Vorbereiten:

200 g	Trockenpflaumen (ohne Stein)
3 EL	Rum

Für den Rührteig:

200 g	Zartbitter-Schokolade
125 ml	Sonnenblumenöl
125 g	Zucker
1 Pck.	Dr. Oetker Bourbon-Vanille-Zucker
1 Msp.	Salz
3	Eier (Größe M)
150 g	Weizenmehl
2 gestr. TL	Dr. Oetker Backin
60 g	Pinienkerne

Für den Guss:

30 g	Puderzucker
1–2 EL	Rum

Zubereitungszeit: 30 Minuten,
ohne Durchzieh- und Abkühlzeit
Backzeit: etwa 25 Minuten

1. Zum Vorbereiten die Trockenpflaumen in kleine Stücke schneiden, in eine Schale geben und mit Rum beträufeln.

2. Für den Teig Schokolade in kleine Stücke brechen. Zwei Drittel davon in einem Topf im Wasserbad bei schwacher Hitze unter Rühren schmelzen. Den Topf aus dem Wasserbad nehmen und die restliche Schokolade darin unter Rühren schmelzen.

3. Den Backofen vorheizen.
Ober-/Unterhitze: etwa 180 °C
Heißluft: etwa 160 °C

4. Schokolade in eine Rührschüssel geben. Speiseöl, Zucker, Vanille-Zucker, Salz und Eier hinzufügen. Die Zutaten mit einem Mixer (Rührstäbe) zunächst kurz auf niedrigster, dann auf höchster Stufe geschmeidig rühren. Mehl mit Backpulver mischen und kurz auf mittlerer Stufe unterrühren. Zuletzt Pflaumenstückchen und die Pinienkerne kurz auf niedrigster Stufe unterrühren.

5. Den Teig auf die hintere Hälfte eines Backblechs (15 x 40 cm, gefettet) geben und glatt verstreichen. Vor den Teig einen mehrfach geknickten Streifen Alufolie legen. Das Backblech in den vorgeheizten Backofen schieben. Teigplatte **etwa 25 Minuten backen.**

6. Das Backblech auf einen Kuchenrost stellen und die Brownie-Platte erkalten lassen.

7. Für den Guss Puderzucker mit so viel Rum verrühren, dass eine dickflüssige Masse entsteht. Den Guss in einen Gefrierbeutel geben und eine kleine Ecke abschneiden. Die Brownies mit dem Guss besprenkeln und den Guss trocknen lassen. Die Brownies vor dem Servieren in 24 Quadrate (etwa 5 x 5 cm) schneiden.

Tipps: Sie können die Trockenpflaumen auch über Nacht einlegen. Statt Rum können Sie auch Apfelsaft verwenden.

Russisch-Brot-Tarte mit Schmand | Einfach

12 Stücke

Pro Stück: E: 5 g, F: 18 g, Kh: 31 g, kJ: 1279, kcal: 305, BE: 2,5

Zum Vorbereiten:

100 g Russisch Brot
(Buchstabenkekse)

Für den Teig:

80 g Weizenmehl
3 gestr. TL Dr. Oetker Backin
120 g Zucker
1 Pck. Dr. Oetker Vanillin-Zucker
3 Eier (Größe M)
100 ml Sonnenblumenöl
100 ml Milch (3,5 % Fett)

Für den Belag:

300 g Schmand (Sauerrahm)
150 g gezuckerte Kondensmilch

Zum Bestäuben:

etwas Kakaopulver

Zubereitungszeit: 20 Minuten, ohne Abkühlzeit
Backzeit: 25–30 Minuten

1. Zum Vorbereiten Russisch Brot in einen Gefrierbeutel füllen. Den Beutel verschließen und das Gebäck mit der Teigrolle fein zerdrücken.

2. Den Backofen vorheizen.
Ober-/Unterhitze: etwa 200 °C
Heißluft: etwa 180 °C

3. Für den Teig das Mehl mit Backpulver in einer Rührschüssel mischen. Gebäckbrösel, Zucker und Vanillin-Zucker unterrühren. Eier, Öl und Milch hinzufügen und die Zutaten mit einem Mixer (Rührstäbe) zuerst auf niedrigster, dann auf höchster Stufe in etwa 2 Minuten zu einem Teig verarbeiten.

4. Den Teig in eine Tarteform (Ø etwa 28 cm, gefettet) füllen. Die Form auf dem Rost in den vorgeheizten Backofen schieben. Boden **25–30 Minuten backen.**

5. Die Form auf einen Kuchenrost stellen und den Tarteboden darin etwa 10 Minuten abkühlen lassen. Schmand mit Kondensmilch verrühren, auf den warmen Kuchen geben und glatt streichen. Die Tarte in der Form erkalten lassen.

6. Vor dem Servieren einen runden Kuchenrost oder eine Schablone auf die Form legen. Die Tarte mit Kakao bestäuben und den Kuchenrost oder die Schablone vorsichtig abnehmen.

Russische Streuseltorte I

Für Gäste

8–12 Stücke

Pro Stück: E: 8 g, F: 27 g, Kh: 52 g,
kJ: 2061, kcal: 492, BE: 4,5

Für die Streuselböden:

275 g Weizenmehl
150 g feiner Zucker
1 Prise Salz
1 gestr. TL Dr. Oetker Backin
1 Pck. Dr. Oetker Pudding-Pulver
Schokoladen-Geschmack
1 Ei (Größe M)
2 EL Wasser
125 g Butter
(zimmerwarm)

Für die Füllung:

175 g abgetropfte Mandarinen
(aus der Dose)
2 Pck. Dr. Oetker Vanillin-Zucker
200 g Doppelrahm-Frischkäse
300 g fettreduzierte Vanilla-
Frischkäse- oder Quarkcreme
3–4 EL Zitronensaft
250 g gekühlte Schlagsahne
(mind. 30 % Fett)
3 Pck. Sahnesteif

Zum Bestäuben:

etwas Puderzucker

Zubereitungszeit: 30 Minuten, ohne Abkühlzeit
Backzeit: etwa 25 Minuten

1. Den Backofen vorheizen.
Ober-/Unterhitze: etwa 180 °C
Heißluft: etwa 160 °C

2. Für die Streuselböden Mehl mit Zucker, Salz, Backpulver und Pudding-Pulver in einer Rührschüssel mischen. Ei und Wasser verschlagen und mit der Butter
dazugeben. Die Zutaten mit einem Mixer (Rührstäbe)
zuerst auf niedrigster, dann auf höchster Stufe zu feinen Streuseln verarbeiten.

3. Einen Tortenring auf knapp 20 cm Durchmesser
einstellen und so auf ein Backblech (gefettet, mit
Backpapier belegt) setzen, dass 2 Böden aus Streuselteig darauf passen. Die Hälfte der Streusel in den
Tortenring geben, gleichmäßig auf dem Boden verteilen und leicht andrücken.

4. Tortenring vorsichtig abheben, auf die noch freie
Fläche des Backblechs setzen und die restlichen
Streusel auf gleiche Weise zu einem zweiten Boden
formen. Tortenring ebenfalls abheben.

5. Das Backblech im unteren Drittel in den vorgeheizten Backofen schieben. Die Streuselböden **etwa
25 Minuten backen.**

6. Das Backblech auf einen Kuchenrost stellen. Einen
der Böden sofort und noch heiß mit einem scharfen,
langen Messer in 8–12 gleich große Tortenstücke
teilen. Boden und Tortenstücke auf dem Backblech
erkalten lassen. Den ganzen Streuselboden vorsichtig auf eine Tortenplatte legen und den Tortenring
darumstellen.

7. Für die Füllung Mandarinen auf Küchenpapier
legen. Vanillin-Zucker mit Frischkäse in einer Rührschüssel verrühren. Vanilla-Frischkäse- oder Quarkcreme und Zitronensaft unterrühren.

8. Die Sahne mit Sahnesteif steif schlagen. Sahne in
2 Portionen mit einem Schneebesen unter die Creme
heben.

9. Die Creme auf dem Tortenboden verstreichen. Die
Mandarinen darauf verteilen und leicht eindrücken.
Streusel-Tortenstücke aufsetzen und die Torte bis zum
Servieren in den Kühlschrank stellen.

10. Kurz vor dem Servieren den Tortenring lösen
und entfernen. Die russische Streuseltorte üppig mit
Puderzucker bestäuben.

Tipp: Statt den oberen Boden in Tortenstücke zu
teilen, können Sie ihn auch einfach grob in Streusel
zerbröckeln. Die abgekühlten Streusel dann auf die
Creme streuen – auch so lässt sich die Torte gut
schneiden.

Sächsischer Kirmeskuchen I

Für Gäste – mit Alkohol
20 Stücke

Pro Stück: E: 10 g, F: 16 g, Kh: 39 g,
kJ: 1425, kcal: 341, BE: 3,5

Für den Quark-Öl-Teig:

300 g Weizenmehl
3 gestr. TL Dr. Oetker Backin
125 g Magerquark
100 ml Milch (3,5 % Fett)
100 g Speiseöl,
z. B. Sonnenblumenöl
75 g Zucker
1 Pck. Dr. Oetker Vanillin-Zucker
1 Prise Salz

Für den Quarkbelag:

50 g Butter (zimmerwarm)
125 g Zucker
1 Prise Salz
2 Eier (Größe M)
750 g Magerquark
2–3 EL Milch (3,5 % Fett)
1 Pck. Dr. Oetker Pudding-Pulver
Vanille-Geschmack
1 Pck. Dr. Oetker Finesse
Geriebene Zitronenschale
50 g Rosinen

Außerdem:

2 Eier (Größe M)
60 g Zucker
2 EL Rum
80 g zerlassene, abgekühlte
Butter

Für die Streusel:

150 g Weizenmehl
75 g Zucker
1 Pck. Dr. Oetker Vanillin-Zucker
75 g Butter oder Margarine
(zimmerwarm)

Zubereitungszeit: 25 Minuten, ohne Abkühlzeit
Backzeit: etwa 35 Minuten

1. Für den Teig Mehl mit Backpulver in einer Rühr-schüssel mischen. Quark, Milch, Öl, Zucker, Vanillin-Zucker und Salz hinzufügen. Die Zutaten mit einem Mixer (Knethaken) zunächst auf niedrigster, dann auf höchster Stufe in etwa 1 Minute zu einem Teig verarbeiten (nicht zu lange, Teig klebt sonst). Teig auf einem tiefen Backblech (30 x 40 cm, gefettet) ausrollen.

2. Den Backofen vorheizen.
Ober-/Unterhitze: etwa 180 °C
Heißluft: etwa 160 °C

3. Für den Quarkbelag Butter mit einem Mixer (Rühr-stäbe) schaumig rühren. Nach und nach Zucker, Salz, Eier, Quark, Milch, Pudding-Pulver und Zitronenschale hinzugeben und zu einer cremigen Masse verrühren. Rosinen unterrühren. Die Quarkmasse auf den Teig geben und glatt streichen.

4. Eier, Zucker, Rum und flüssige Butter gut verrüh-ren, vorsichtig auf dem Quarkbelag verstreichen.

5. Für die Streusel Mehl mit Zucker und Vanillin-Zucker in einer Rührschüssel mischen. Butter hin-zufügen. Alle Zutaten mit einem Mixer (Rührstäbe) zunächst auf niedrigster, dann auf höchster Stufe zu Streuseln von gewünschter Größe verarbeiten. Die Streusel gleichmäßig auf der Quarkmasse verteilen.

6. Das Backblech in den vorgeheizten Backofen schieben. Den Kuchen **etwa 35 Minuten backen.**

7. Das Backblech auf einen Kuchenrost stellen und den Kuchen erkalten lassen.

Saftiger Zuckerkuchen I

Beliebt – klassisch
20 Stücke

Pro Stück: E: 3 g, F: 7 g, Kh: 25 g,
kJ: 744, kcal: 178, BE: 2,0

Für den Hefeteig:

- 50 g Butter
- 375 g Weizenmehl
- 1 Pck. Hefeteig Garant
- 75 g Zucker
- 1 Pck. Dr. Oetker Vanillin-Zucker
- 1 Prise Salz
- 1 Ei (Größe M)
- 150 ml Milch (3,5 % Fett)

Für den Belag:

- 75 g kalte Butter
- 120 g Zucker
- 150 g saure Sahne

Zubereitungszeit: 20 Minuten, ohne Abkühlzeit
Backzeit: etwa 20 Minuten

1. Für den Teig Butter zerlassen und abkühlen lassen. Das Mehl in einer Rührschüssel sorgfältig mit Hefeteig Garant vermischen. Zucker, Vanillin-Zucker, Salz, Ei, Milch und Butter hinzufügen. Die Zutaten mit einem Mixer (Knethaken) zunächst kurz auf niedrigster, dann auf höchster Stufe in etwa 2 Minuten zu einem glatten Teig verarbeiten.

2. Den Teig auf der leicht bemehlten Arbeitsfläche zu einer Rolle verkneten. Die Teigrolle auf einem Backblech (30 x 40 cm, gefettet) ausrollen.

3. Den Backofen vorheizen.
Ober-/Unterhitze: etwa 200 °C
Heißluft: etwa 180 °C

4. Für den Belag Butter in Flöckchen gleichmäßig auf den Teig setzen. Zucker daraufstreuen. Das Backblech in den vorgeheizten Backofen schieben. Den Kuchen **etwa 20 Minuten backen.**

5. Den Kuchen etwa 5 Minuten vor Ende der Backzeit gleichmäßig mit saurer Sahne bestreichen und fertig backen. Das Backblech auf einen Kuchenrost stellen. Den Kuchen erkalten lassen.

Sambuca-Kaffee-Törtchen I

Mit Alkohol
12 Stück

Pro Stück: E: 5 g, F: 15 g, Kh: 34 g,
kJ: 1261, kcal: 301, BE: 3,0

Für den All-in-Teig:
             125 g Weizenmehl
        1 geh. TL Kakaopulver
    2 gestr. TL Dr. Oetker Backin
             125 g Zucker
          1 Pck. Dr. Oetker Vanillin-Zucker
                3 Eier (Größe M)
             125 g Butter oder Margarine
                      (zimmerwarm)
              50 g Mokka-Schokolade

Für die Creme:
            4 cl Sambuca-Likör
      1 geh. EL Instant-Kaffeepulver
        2 Pck. Paradiescreme Sahne-
                    Karamell-Geschmack
                    (Dessertpulver)
        400 ml Milch (3,5 % Fett)

Zum Garnieren:
      1 gestr. EL Kakaopulver
              12 Schoko-Mokka-Bohnen

Zubereitungszeit: 20 Minuten, ohne Abkühlzeit
Backzeit: etwa 15 Minuten

1. Den Backofen vorheizen.
Ober-/Unterhitze: etwa 200 °C
Heißluft: etwa 180 °C

2. Für den Teig Mehl, Kakao und Backpulver in einer Rührschüssel mischen. Zucker, Vanillin-Zucker, Eier und Butter oder Margarine dazugeben und mit einem Mixer (Rührstäbe) zuerst auf niedrigster, dann auf höchster Stufe in etwa 2 Minuten zu einem glatten Teig verarbeiten. Mokka-Schokolade fein hacken und unterrühren.

3. Den Teig in 12 Tortelettförmchen (Ø 12 cm, gefettet) verteilen und glatt streichen. Die Förmchen auf

dem Rost in den vorgeheizten Backofen schieben. Die Torteletts **etwa 15 Minuten backen.**

4. Die Torteletts etwa 5 Minuten in den Förmchen auf einem Küchenrost abkühlen lassen, dann auf den Kuchenrost stürzen und erkalten lassen.

5. Für die Creme Sambuca leicht erwärmen (nicht kochen lassen). Kaffee darin auflösen. Die Paradiescreme nach Packungsanleitung, aber nur mit 400 ml Milch und der Sambuca-Kaffee-Mischung zubereiten. Die Creme in einen Spritzbeutel mit Lochtülle füllen und in jedes Tortelett 5 flache Tupfen im Kreis und 1 Tupfen auf die Mitte spritzen. Die Törtchen bis zum Servieren in den Kühlschrank stellen.

6. Vor dem Servieren die Törtchen mit Kakaopulver bestäuben und mit Mokkabohnen garnieren.

Tipps: Wenn Sie keinen Sambuca mögen oder im Haus haben, können Sie ihn auch gegen Kaffeelikör austauschen. Wer es fruchtiger mag, kann die gebackenen Törtchen erst mit Aprikosenkonfitüre oder Orangenmarmelade bestreichen.

Sandschnitten I Einfach

20 Stücke

Pro Stück: E: 3 g, F: 14 g, Kh: 34 g,
kJ: 1147, kcal: 274, BE: 3,0

Für den Rührteig:

125 g Butterschmalz
125 g Butter
200 g feiner Zucker
1 Pck. Dr. Oetker Vanillin-Zucker
4 Eier (Größe M)
1 Prise Salz
125 g Weizenmehl
125 g Speisestärke
1 gestr. TL Dr. Oetker Backin

Zum Bestreuen:

50 g gehobelte Mandeln

Für den Guss:

150 g Puderzucker
5 EL Orangensaft
3 EL Zitronensaft

Zum Verzieren:

100 g Puderzucker
etwas gelbe Speisefarbe

Zubereitungszeit: 25 Minuten, ohne Abkühlzeit
Backzeit: etwa 20 Minuten

1. Den Backofen vorheizen.
Ober-/Unterhitze: etwa 180 °C
Heißluft: etwa 160 °C

2. Für den Teig Butterschmalz und Butter in kleine Stücke schneiden, mit Zucker und Vanillin-Zucker in eine Rührschüssel geben und mit einem Mixer (Rührstäbe) so lange rühren, bis Butter und Zucker weiß-schaumig geworden sind. Nach und nach Eier (jedes Ei etwa ½ Minute) und Salz unterrühren.

3. Mehl mit Speisestärke und Backpulver mischen, in 2 Portionen kurz auf mittlerer Stufe unterrühren. Den Teig auf ein Backblech (30 x 40 cm, gefettet, bemehlt) geben, glatt streichen und mit Mandeln bestreuen.

Das Backblech in den vorgeheizten Backofen schieben. Den Kuchen **etwa 20 Minuten backen.**

4. Für den Guss den Puderzucker mit Orangen- und Zitronensaft verrühren. Ein Drittel davon abnehmen und zum Verzieren beiseitestellen. Mit dem restlichen Guss den noch warmen Kuchen bestreichen, Guss einziehen lassen.

5. Zum Verzieren den beiseitegestellten Guss nach und nach mit Puderzucker zu einer dickflüssigen Masse verrühren. Die Hälfte davon mit Speisefarbe etwas einfärben. Den weißen und gelben Guss getrennt in Pergamentpapiertütchen füllen und eine kleine Ecke abschneiden. Den Kuchen mit dem Guss beliebig verzieren. Guss fest werden lassen.

Sauerkirschkuchen | Beliebt
20 Stücke

Pro Stück: E: 6 g, F: 17 g, Kh: 43 g,
kJ: 1459, kcal: 349, BE: 3,5

Für den Rührteig:

250 g	Butter oder Margarine (zimmerwarm)
250 g	Puderzucker
1 Prise	Salz
1 Pck.	Dr. Oetker Finesse Geriebene Zitronenschale
6	Eier (Größe M)
300 g	Weizenmehl
100 g	Speisestärke
1 gestr. TL	Dr. Oetker Backin
4 EL	saure Sahne

750 g	abgetropfte Sauerkirschen (aus dem Glas)
150 g	blanchierte Mandeln (abgezogene Mandelkerne)

Für den Guss:

150 g	Puderzucker
3–4 EL	Zitronensaft

Zubereitungszeit: 25 Minuten, ohne Abkühlzeit
Backzeit: etwa 30 Minuten

1. Den Backofen vorheizen.
Ober-/Unterhitze: etwa 180 °C
Heißluft: etwa 160 °C

2. Für den Teig Butter oder Margarine in einer Rührschüssel mit einem Mixer (Rührstäbe) auf höchster Stufe geschmeidig rühren.

3. Nach und nach Puderzucker, Salz und Zitronenschale unterrühren. So lange rühren, bis eine gebundene Masse entstanden ist. Eier nach und nach unterrühren (jedes Ei etwa 1/2 Minute).

4. Mehl mit Speisestärke und Backpulver mischen, in 2 Portionen abwechselnd mit der sauren Sahne kurz auf mittlerer Stufe unterrühren.

5. Den Teig auf ein Backblech (30 x 40 cm, gefettet, mit Backpapier belegt) geben und glatt streichen. Sauerkirschen auf dem Teig verteilen. Die Mandeln halbieren und daraufstreuen. Das Backblech in den vorgeheizten Backofen schieben. Den Kuchen **etwa 30 Minuten backen.**

6. Das Backblech auf einen Kuchenrost stellen. Den Kuchen etwa 15 Minuten abkühlen lassen.

7. Für den Guss den Puderzucker mit Zitronensaft zu einer dickflüssigen Masse verrühren. Den Kuchen damit besprenkeln. Den Guss fest werden lassen.

Tipps: Möchten Sie frische Sauerkirschen verwenden, dann können Sie 1 kg Sauerkirschen abspülen, abtropfen lassen, entstielen, entsteinen und wie im Rezept beschrieben verarbeiten. Statt mit Zitronensaft können Sie den Guss auch mit Kirschsaft (aus dem Glas) zubereiten.

Schinkenmuffins mit Suppengrün | Herzhafter Snack
12 Stück

Pro Stück: E: 6 g, F: 9 g, Kh: 9 g,
kJ: 589, kcal: 141, BE: 1,0

100 g	TK-Suppengrün
70 g	Frühstücksspeck in Scheiben (Bacon)
150 g	Vollkorn-Weizenmehl
3 gestr. TL	Dr. Oetker Backin
½ TL	Salz
125 ml	Buttermilch
2	Eier (Größe M)
70 ml	Olivenöl
125 g	gewürfelter Katenschinken

Zubereitungszeit: 25 Minuten, ohne Abkühlzeit
Backzeit: 30–35 Minuten

1. Suppengrün sehr fein hacken. Bacon quer in dünne Streifen schneiden.

2. Den Backofen vorheizen.
Ober-/Unterhitze: etwa 180 °C
Heißluft: etwa 160 °C

3. Für den Teig Mehl mit Backpulver und Salz in einer Rührschüssel mischen. Buttermilch, Eier und Olivenöl hinzufügen. Die Zutaten mit einem Mixer (Rührstäbe) zuerst auf niedrigster, dann auf höchster Stufe in etwa 1 Minute zu einem Teig verarbeiten. Schinkenwürfel und Suppengrün kurz unterrühren.

4. Den Teig in eine Muffinform (für 12 Muffins, gefettet, mit Semmelbröseln bestreut) füllen und mit Bacon bestreuen. Die Form auf dem Rost in den vorgeheizten Backofen schieben. Muffins **30–35 Minuten backen.**

5. Die Form auf einen Kuchenrost stellen. Die Muffins etwa 10 Minuten in der Form stehen lassen, dann aus der Form lösen und auf einen mit Backpapier belegten Kuchenrost setzen. Muffins erkalten lassen.

Tipp: Die Schinkenmuffins mit Schmand (Sauerrahm) und etwas Petersilie servieren.

Schmandkuchen I

Für Kinder

20 Stücke

Pro Stück: E: 4 g, F: 11 g, Kh: 27 g,
kJ: 959, kcal: 229, BE: 2,5

> 150 g Rosinen

Für den Quark-Öl-Teig:
> 300 g Weizenmehl
> 3 gestr. TL Dr. Oetker Backin
> 150 g Magerquark
> 100 ml Milch (3,5 % Fett)
> 75 ml Speiseöl, z. B. Sonnenblumenöl
> 75 g Zucker
> 1 Prise Salz

Für den Belag:
> 1 Pck. Dr. Oetker Pudding-Pulver
> Vanille-Geschmack
> 75 g Zucker
> 375 ml Milch (3,5 % Fett)
> 500 g Schmand (Sauerrahm)

Zubereitungszeit: 20 Minuten, ohne Abkühlzeit
Backzeit: etwa 30 Minuten

1. Rosinen mit kochendem Wasser übergießen und kurz ziehen lassen.

2. In der Zwischenzeit für den Teig Mehl mit Backpulver in einer Rührschüssel mischen. Quark, Milch, Öl, Zucker und Salz hinzufügen. Die Zutaten mit einem Mixer (Knethaken) zunächst auf niedrigster, dann auf höchster Stufe in etwa 1 Minute zu einem Teig verarbeiten (nicht zu lange, Teig klebt sonst).

3. Den Teig auf einem Backblech (30 x 40 cm, gefettet) ausrollen. Die Rosinen abtropfen lassen, trocken tupfen und auf den Teig streuen.

4. Den Backofen vorheizen.
Ober-/Unterhitze: etwa 200 °C
Heißluft: etwa 180 °C

5. Für den Belag aus Pudding-Pulver, Zucker und Milch nach Packungsanleitung (aber mit den hier angegebenen Zutaten) einen Pudding zubereiten. Den Schmand unterrühren, Puddingcreme auf dem Teig verstreichen. Backblech in den vorgeheizten Backofen schieben. Den Kuchen **etwa 30 Minuten backen.**

Tipp: Statt der Rosinen getrocknete Cranberrys oder Kirschen auf den Teig streuen.

Schoko-Erdnuss-Taler I
Für Schoko- und Nussliebhaber
25 Stück

Pro Stück: E: 4 g, F: 12 g, Kh: 28 g,
kJ: 1154, kcal: 238, BE: 2,5

Zum Vorbereiten:
125 g *ungesalzene Erdnuss-*
       kerne
250 g *Zartbitter-Kuvertüre*
       (mind. 50 % Kakaoanteil)

Für den Teig:
150 g *Butter*
       (zimmerwarm)
1 EL *Erdnusscreme*
250 g *brauner Zucker*
125 g *Zucker*
1 Pck. *Dr. Oetker Bourbon-*
        Vanille-Zucker
2 *Eier (Größe M)*
300 g *Weizenmehl*
½ TL *Salz*
1 gestr. TL *Natron*

Zubereitungszeit: 30 Minuten, ohne Abkühlzeit
Backzeit: 10–12 Minuten je Backblech

1. Zum Vorbereiten die Erdnüsse und die Kuvertüre grob hacken.

2. Den Backofen vorheizen.
Ober-/Unterhitze: etwa 180 °C
Heißluft: etwa 160 °C

3. Für den Teig die Butter und Erdnusscreme in eine Rührschüssel geben und mit einem Mixer (Rührstäbe) auf höchster Stufe in etwa 3 Minuten schaumig schlagen. Beide Zuckersorten mit dem Vanille-Zucker mischen und nach und nach unterrühren. So lange rühren, bis eine gebundene Masse entstanden ist.

4. Die Eier nach und nach unterrühren (jedes Ei etwa ½ Minute). Mehl mit Salz und Natron mischen und in 2 Portionen auf mittlerer Stufe kurz unter den Teig rühren.

5. Erdnüsse und Schokoladenstückchen hinzufügen und unterheben.

6. Teig in esslöffelgroßen Portionen auf zwei Backbleche (gefettet, mit Backpapier belegt) setzen. Dabei genügend Abstand zwischen den Teighäufchen lassen. Die Backbleche nacheinander (bei Heißluft zusammen) in den vorgeheizten Backofen schieben. Die Schoko-Erdnuss-Taler **10–12 Minuten je Backblech backen.**

7. Die Schoko-Erdnuss-Taler mit dem Backpapier von den Backblechen auf Kuchenroste ziehen und erkalten lassen, dann vom Backpapier lösen.

Tipp: Die Schoko-Erdnuss-Taler halten sich in gut schließenden Dosen etwa 3 Wochen.

Schokokissen | Für Gäste
20 Stück

Pro Stück: E: 4 g, F: 16 g, Kh: 19 g,
kJ: 984, kcal: 235, BE: 1,5

Für den Blätterteig:

450 g TK-Blätterteig
(10 quadratische Platten)
3 EL Milch (3,5 % Fett)
50 g Schokoladenstreusel
100 g gehobelte Mandeln

Außerdem:

1 kleine, reife Mango

Für die Füllung:

1 Pck. Paradiescreme Vanille-
Geschmack (Dessertpulver)
1 Pck. Paradiescreme Schokoladen-
Geschmack (Dessertpulver)
400 g gekühlte Schlagsahne
(mind. 30 % Fett)
200 ml Milch (3,5 % Fett)
25 g Schokoladenstreusel

Zubereitungszeit: 30 Minuten,
ohne Auftau- und Abkühlzeit
Backzeit: etwa 10 Minuten je Backblech

1. Für die Dreiecke die Blätterteigplatten nebenein-ander nach Packungsanleitung auftauen lassen.

2. Den Backofen vorheizen.
Ober-/Unterhitze: etwa 200 °C
Heißluft: etwa 180 °C

3. Die Blätterteigquadrate diagonal durchschneiden und mit der Milch bestreichen. Die Schokoladenstreu-sel mit Mandeln vermischen und auf den Blätterteig-dreiecken verteilen.

4. Dreiecke auf zwei Backbleche (mit Backpapier be-legt) verteilen und die Backbleche nacheinander (bei Heißluft zusammen) in den vorgeheizten Backofen schieben. Die Dreiecke **etwa 10 Minuten je Back-blech backen.**

5. Das Gebäck mit dem Backpapier auf Kuchenroste ziehen und erkalten lassen. Anschließend die Blätter-teigdreiecke waagerecht durchschneiden. Die Mango halbieren. Das Fruchtfleisch vom Stein schneiden, schälen und fein würfeln.

6. Für die Füllung die Dessertpulver voneinander ge-trennt nach Packungsanleitung, aber mit je 200 g Schlagsahne und je 100 ml Milch zubereiten. Unter die Schokoladencreme die Schokoladenstreusel rühren.

7. Cremes jeweils in einen Spritzbeutel mit großer Lochtülle füllen und die Unterteile der Kissen abwech-selnd mit dicken Cremestreifen füllen. Die Mango-würfel daraufstreuen und die Oberteile der Kissen aufsetzen.

Tipps: Wenn Sie nur ein Backblech haben, können Sie die zweite Hälfte der Blätterteigdreiecke auf zu-geschnittenem Backpapier vorbereiten. Ziehen Sie dann einfach das Backpapier auf das Backblech. Die Schokokissen erst kurz vor dem Servieren füllen, da der Blätterteig sonst weich wird.

Schoko-Knusper-Torte I

Einfach – mit Alkohol
14 Stücke

Pro Stück: E: 8 g, F: 15 g, Kh: 33 g,
kJ: 1248, kcal: 298, BE: 2,5

Für den Biskuitteig:

3	Eier (Größe M)
3 EL	heißes Wasser
100 g	Zucker
1 Prise	Salz
1 Pck.	Dr. Oetker Vanillin-Zucker
125 g	Weizenmehl
1 gestr. TL	Dr. Oetker Backin
15 g	Kakaopulver

Für die Füllung:

250 g	Magerquark
400 g	gekühlte Schlagsahne (mind. 30 % Fett)
3 Pck.	Sahnesteif
150 g	Nuss-Nougat-Creme

Zum Tränken:

2–3 EL	Schokoladen-Sahnelikör oder Schokoladen-Sirup

Zum Garnieren:

150 g	Eier-Biskuit-Plätzchen
2–3 TL	Puderzucker

Zubereitungszeit: 25 Minuten, ohne Abkühlzeit
Backzeit: etwa 25 Minuten

1. Den Backofen vorheizen.
Ober-/Unterhitze: etwa 180 °C
Heißluft: etwa 160 °C

2. Für den Teig Eier und Wasser mit einem Mixer (Rührstäbe) auf höchster Stufe in etwa 1 Minute schaumig schlagen. Zucker, Salz und Vanillin-Zucker mischen, in etwa 1 Minute einstreuen, dann noch etwa 2 Minuten schlagen.

3. Mehl mit Backpulver und Kakao mischen, auf die Eiercreme geben und kurz auf niedrigster Stufe unter-

rühren. Den Teig in eine Springform (Ø 26 cm, Boden gefettet, mit Backpapier belegt) geben und glatt streichen.

4. Die Form auf dem Rost in den vorgeheizten Backofen schieben. Den Tortenboden **etwa 25 Minuten backen.**

5. Den Biskuitboden in der Form erkalten lassen. Dann aus der Form lösen und mitgebackenes Backpapier abziehen. Den Biskuitboden einmal waagerecht durchschneiden.

6. Für die Füllung den Quark mit 2 Esslöffeln von der Sahne und 1 Päckchen Sahnesteif mit einem Schneebesen gut verrühren. Die Nuss-Nougat-Creme zugeben und unterrühren. Restliche Sahne mit 2 Päckchen Sahnesteif steif schlagen. Die geschlagene Sahne in 2 Portionen unter den Nougatquark ziehen.

7. Den unteren Boden mit dem Likör tränken und mit etwa einem Drittel der Nougat-Quark-Creme bestreichen. Den oberen Boden daraufsetzen. Die Tortenoberfläche und den Tortenrand mit der restlichen Nougat-Quark-Creme bestreichen.

8. Kekse in einen Gefrierbeutel geben. Den Beutel verschließen und die Kekse grob zerbröseln. Torte mit den Keksbröseln umhüllen, mit Puderzucker bestäuben und servieren.

Schokoladen-Aprikosen-Kuchen I

Für Kinder
20 Stücke

Pro Stück: E: 4 g, F: 11 g, Kh: 24 g, kJ: 911, kcal: 218, BE: 2,0

Für den Teig:

200 g	Weizenmehl
2 ½ TL	Dr. Oetker Backin
3 EL	Kakaopulver
5	Eier (Größe M)
125 g	Zucker
200 g	Butter (zimmerwarm)
150 g	Schokoladen-Pudding (aus dem Kühlregal)
960 g	abgetropfte Aprikosenhälften (aus der Dose)
2 EL	Fruchtaufstrich Aprikose (ohne Fruchtstücke) oder Aprikosenkonfitüre

Zubereitungszeit: 15 Minuten, ohne Abkühlzeit
Backzeit: etwa 30 Minuten

1. Den Backofen vorheizen.
Ober-/Unterhitze: etwa 180 °C
Heißluft: etwa 160 °C

2. Für den Teig Mehl mit Back- und Kakaopulver in einer Rührschüssel mischen. Restliche Zutaten hinzufügen und mit einem Mixer (Rührstäbe) auf höchster Stufe in etwa 2 Minuten zu einem glatten Teig verarbeiten.

3. Einen Backrahmen in der Größe des Backbleches auf ein Backblech (30 x 40 cm, gefettet) stellen. Den Teig einfüllen und glatt streichen.

4. Die Aprikosenhälften mit der Wölbung nach oben auf dem Teig verteilen.

5. Das Backblech im unteren Drittel in den vorgeheizten Backofen schieben. Den Kuchen **etwa 30 Minuten backen.**

6. Das Backblech auf einen Kuchenrost stellen. Den Kuchen erkalten lassen.

7. Den Fruchtaufstrich oder die Aprikosenkonfitüre in einem kleinen Topf zum Kochen bringen und die Aprikosen damit bestreichen.

Rezeptvariante: Für einen saftigen **Schokoladen-Pfirsich-Kuchen** verwenden Sie statt der Aprikosen Tortenpfirsche aus der Dose. Zum Bestreichen des Schokoladen-Pfirsich-Kuchens brauchen Sie dann 3 Esslöffel Aprikosenkonfitüre.

Schoko-Minz-Torte | Raffiniert
14 Stücke

Pro Stück: E: 3 g, F: 24 g, Kh: 32 g,
kJ: 1512, kcal: 361, BE: 2,5

Für den All-in-Teig:

80 g	*Weizenmehl*
1 Pck.	*Dr. Oetker Pudding-Pulver Schokoladen-Geschmack*
1 gestr. TL	*Dr. Oetker Backin*
120 g	*Zucker*
1 Pck.	*Dr. Oetker Vanillin-Zucker*
1 Prise	*Salz*
125 g	*Butter oder Margarine (zimmerwarm)*
2	*Eier (Größe M)*
2 EL	*Milch (3,5 % Fett)*

Für die Schoko-Minz-Creme:

500 g	*gekühlte Schlagsahne (mind. 30 % Fett)*
200 g	*Schmand (Sauerrahm)*
30 g	*Zucker*
3 Pck.	*Sahnesteif*
	evtl. grüne Speisefarbe
200 g	*Schoko-Minz-Täfelchen*

Zubereitungszeit: 25 Minuten,
ohne Abkühl- und Kühlzeit
Backzeit: 25–30 Minuten

1. Den Backofen vorheizen.
Ober-/Unterhitze: etwa 180 °C
Heißluft: etwa 160 °C

2. Für den Teig Mehl mit Pudding-Pulver und Backpulver in einer Rührschüssel mischen. Restliche Teigzutaten hinzufügen, mit einem Mixer (Rührstäbe) erst kurz auf niedrigster Stufe, dann auf höchster Stufe in etwa 2 Minuten zu einem glatten Teig verarbeiten.

3. Den Teig in eine Springform (Ø 26 cm, Boden gefettet, mit Backpapier belegt) geben und glatt streichen. Die Form auf dem Rost im unteren Drittel in den vorgeheizten Backofen schieben und den Boden **25–30 Minuten backen.**

4. Den Boden aus der Form lösen und auf einem Kuchenrost erkalten lassen. Anschließend mitgebackenes Backpapier entfernen. Boden auf eine Tortenplatte legen, einen Tortenring oder den gesäuberten Springformrand darumstellen.

5. Für die Schoko-Minz-Creme Sahne mit Schmand in einer Rührschüssel zuerst auf niedrigster Stufe mit einem Mixer (Rührstäbe) kurz anschlagen, dann Zucker mit Sahnesteif mischen und die Sahne vollständig steif schlagen. Die Creme nach Belieben mit einigen Tropfen Speisefarbe hellgrün einfärben.

6. Von den Schoko-Minz-Täfelchen 150 g fein zerhacken und unter die Creme rühren. Schoko-Minz-Creme auf der Torte verstreichen. Die Oberfläche mit einem Tortenkamm oder einer Gabel verzieren. Die Torte bis zum Servieren in den Kühlschrank stellen.

7. Vor dem Servieren den Tortenring oder Springformrand lösen und entfernen. Die Torte mit den restlichen Schoko-Minz-Täfelchen garnieren.

Tipps: Die Schoko-Minz-Täfelchen am besten einige Zeit vor dem Gebrauch in den Kühlschrank oder das Gefrierfach legen – so lassen sie sich besser hacken und in der Sahnecreme verrühren. Garnieren Sie die Torte vor dem Servieren mit einigen Minzeblättchen.

Schokomuffins
mit Glühweinsirup | Mit Alkohol
12 Stück

Pro Stück: E: 4 g, F: 15 g, Kh: 38 g,
kJ: 1317, kcal: 315, BE: 3,0

Für den Rührteig:
       200 g Weizenmehl
2 gestr. TL Dr. Oetker Backin
        25 g Kakaopulver
       150 g Butter oder Margarine
              (zimmerwarm)
       100 g Zucker
     1 Pck. Dr. Oetker Vanillin-Zucker
          2 Eier (Größe M)
       3 EL Milch (3,5 % Fett)
       100 g Zartbitter-Raspelschokolade

Für den Glühweinsirup:
     250 ml trockener Rotwein
       125 g Zucker
          1 Zimtstange
     1 Pck. Dr. Oetker Finesse
              Orangenschalen-Aroma
etwas gem. Nelke und gem. Kardamom

Zubereitungszeit: 30 Minuten, ohne Abkühlzeit
Backzeit: etwa 25 Minuten

1. Den Backofen vorheizen.
Ober-/Unterhitze: etwa 180 °C
Heißluft: etwa 160 °C

2. Für den Teig Mehl mit Backpulver und Kakao in einer Rührschüssel vermischen. Butter oder Margarine mit einem Mixer (Rührstäbe) auf höchster Stufe geschmeidig rühren. Nach und nach Zucker und Vanillin-Zucker unterrühren, so lange rühren, bis eine gebundene Masse entstanden ist. Die Eier nach und nach unterrühren (jedes Ei etwa ½ Minute).

3. Das Mehl-Kakao-Gemisch kurz unterrühren. Milch und Raspelschokolade unterrühren. Den Teig in eine Muffinform (für 12 Muffins, gefettet, bemehlt) füllen. Die Form auf dem Rost in den vorgeheizten Backofen schieben. Die Muffins **etwa 25 Minuten backen.**

4. Dien Form auf einen Kuchenrost stellen, nach etwa 10 Minuten die Muffins aus der Form lösen und auf einem mit Backpapier belegten Kuchenrost erkalten lassen.

5. Für den Glühweinsirup in der Zwischenzeit Rotwein, Zucker, Zimtstange, Orangenschale und gemahlene Gewürze in einen breiten Kochtopf geben, zum Kochen bringen und etwa 10 Minuten bei schwacher Hitze einkochen lassen. Den Sirup abkühlen lassen und zu den Muffins reichen.

Tipps: Die Muffins auf einem Teller anrichten und mit Raspelschokolade bestreuen. Der Glühweinsirup ist im Kühlschrank mehrere Tage haltbar.

Schoko-Nougat-Stücke | Beliebt
12 Stücke

Pro Stück: E: 7 g, F: 26 g, Kh: 34 g,
kJ: 1691, kcal: 404, BE: 3,0

Für den Biskuitteig:
5 Eier (Größe M)
2 EL heißes Wasser
150 g Zucker
1 Prise Salz
1 Pck. Dr. Oetker Bourbon-
Vanille-Zucker
100 g Weizenmehl
30 g gesiebtes Kakaopulver
1 gestr. TL Dr. Oetker Backin

Zum Bestreuen:
100 g gehobelte Haselnusskerne
1 EL Zucker

Für die Füllung:
200 g Nuss-Nougat-Creme
(zimmerwarm)
200 g Mascarpone (ital. Frischkäse)
200 g gekühlte Schlagsahne
(mind. 30 % Fett)
1 Pck. Sahnesteif

Zubereitungszeit: 30 Minuten,
ohne Abkühl- und Kühlzeit
Backzeit: etwa 15 Minuten

1. Den Backofen vorheizen.
Ober-/Unterhitze: etwa 200 °C
Heißluft: etwa 180 °C

2. Für den Teig Eier und Wasser in einer Rührschüssel mit einem Mixer (Rührstäbe) auf höchster Stufe in etwa 1 Minute schaumig schlagen. Zucker, Salz und Vanille-Zucker mischen, in etwa 1 Minute einstreuen, dann noch etwa 2 Minuten schlagen.

3. Mehl mit Kakao und Backpulver mischen, auf die Eiercreme geben und kurz auf niedrigster Stufe unterrühren. Den Teig auf ein Backblech (30 x 40 cm, gefettet, bemehlt) geben und glatt streichen. Zuerst

Nusskerne, dann Zucker gleichmäßig auf den Teig streuen. Das Backblech in den vorgeheizten Backofen schieben. Die Biskuitplatte **etwa 15 Minuten backen.**

4. Das Backblech auf einen Kuchenrost stellen. Die Biskuitplatte erkalten lassen.

5. Für die Füllung Nuss-Nougat und Mascarpone mit einem Mixer (Rührstäbe) zu einer Creme aufschlagen. Die Sahne mit Sahnesteif steif schlagen. Die Hälfte der Sahne kurz unter die Mascarpone-Nougat-Creme rühren. Restliche Sahne vorsichtig unterheben.

6. Biskuitplatte vierteln und vom Backblech lösen. 2 Biskuitstücke auf der Nussseite mit der Creme bestreichen und mit den restlichen Biskuitstücken (Nussseite nach oben) belegen. Den Kuchen bis zum Servieren mindestens 30 Minuten in den Kühlschrank stellen.

Schoko-Trauben-Nuss-Torte I

Raffiniert – einfach

14 Stücke

Pro Stück: E: 5 g, F: 17 g, Kh: 21 g,
kJ: 1093, kcal: 261, BE: 2,0

Für den Biskuitteig:

200 g	kernlose, grüne Weintrauben
3	Eier (Größe M)
60 g	Zucker
1 Pck.	Dr. Oetker Vanillin-Zucker
60 g	Weizenmehl
15 g	gesiebtes Kakaopulver
2 gestr. TL	Dr. Oetker Backin
100 g	gem. Haselnusskerne

Für den Belag:

100 g	Trauben-Nuss-Schokolade
400 g	gekühlte Schlagsahne (mind. 30 % Fett)
30 g	Zucker
1 Pck.	Dr. Oetker Vanillin-Zucker
2 Pck.	Sahnesteif

Zum Garnieren:

etwa 25 g	Zartbitter-Schokolade
75–100 g	kernlose, grüne Weintrauben

Zubereitungszeit: 30 Minuten,
ohne Abkühl- und Kühlzeit
Backzeit: etwa 25 Minuten

1. Den Backofen vorheizen.
Ober-/Unterhitze: etwa 180 °C
Heißluft: etwa 160 °C

2. Für den Teig Weintrauben abspülen, trocken tupfen, entstielen und halbieren. Eier in einer Rührschüssel mit einem Mixer (Rührstäbe) auf höchster Stufe in etwa 1 Minute schaumig schlagen. Zucker mit Vanillin-Zucker mischen, in etwa 1 Minute einstreuen, dann noch etwa 2 Minuten weiterschlagen.

3. Mehl mit Kakao und Backpulver mischen, kurz auf niedrigster Stufe unterrühren. Haselnusskerne unterheben. Den Teig in eine Springform (Ø 26 cm, Boden

gefettet, mit Backpapier belegt) geben und glatt streichen. Weintraubenhälften darauf verteilen. Die Form auf dem Rost in den vorgeheizten Backofen schieben. Den Biskuitboden **etwa 25 Minuten backen.**

4. Springformrand lösen und entfernen. Den Boden auf dem Springformboden auf einem Kuchenrost erkalten lassen. Den Boden vom Backpapier lösen und auf eine Tortenplatte legen.

5. Für den Belag die Trauben-Nuss-Schokolade fein hacken. Die Sahne mit Zucker, Vanillin-Zucker und Sahnesteif steif schlagen. Die gehackte Schokolade unterheben. Die Schokosahne auf den Biskuitboden geben und wellenartig verstreichen. Die Torte etwa 1 Stunde in den Kühlschrank stellen.

6. Zum Garnieren Schokolade in Stücke brechen, in einem Topf im heißen Wasserbad bei schwacher Hitze unter Rühren schmelzen. Weintrauben abspülen, trocken tupfen und entstielen. Weintrauben zur Hälfte in die Schokolade tauchen und auf ein Stück Backpapier legen. Schokolade fest werden lassen. Tortenoberfläche vor dem Servieren mit den Schoko-Weintrauben garnieren.

Schwedenrolle | Mit Alkohol

16 Stücke

Pro Stück: E: 5 g, F: 11 g, Kh: 23 g,
kJ: 910, kcal: 217, BE: 2,0

Für den Biskuitteig:

       4 Eier (Größe M)
       1 Eigelb (Größe M)
   125 g Zucker
   1 Pck. Dr. Oetker Vanillin-Zucker
   125 g Weizenmehl
   ½ TL Dr. Oetker Backin
     60 g gehobelte Mandeln

Für die Füllung:

   3 Beutel Gelatine Fix (je 15 g)
     350 g Apfelmus (aus dem Glas)
     300 g gekühlte Schlagsahne
              (mind. 30 % Fett)
     150 g Vanille-Sahne-Pudding
              (aus dem Kühlregal)
     75 ml Eierlikör

      etwas Puderzucker

Zubereitungszeit: 30 Minuten,
ohne Abkühl- und Kühlzeit
Backzeit: 8–10 Minuten

1. Den Backofen vorheizen.
Ober-/Unterhitze: etwa 200 °C
Heißluft: etwa 180 °C

2. Für den Teig Eier und Eigelb mit einem Mixer (Rühr-stäbe) auf höchster Stufe in etwa 1 Minute schaumig schlagen. Den Zucker und Vanillin-Zucker mischen, in etwa 1 Minute unter Rühren einstreuen, dann etwa 2 Minuten weiterschlagen.

3. Mehl mit Backpulver mischen, auf die Eiercreme geben und kurz auf niedrigster Stufe unterrühren. Den Biskuitteig auf ein Backblech (30 x 40 cm, gefettet, mit Backpapier belegt) geben, verstreichen und mit den Mandeln bestreuen. Das Backblech in den vor-geheizten Backofen schieben und die Biskuitplatte **8–10 Minuten backen.**

4. Den Biskuit nach dem Backen vom Rand lösen, auf ein mit Zucker bestreutes Backpapier stürzen, mitge-backenes Backpapier abziehen und die Biskuitplatte erkalten lassen.

5. Für die Füllung 1 Beutel Gelatine Fix und Apfelmus mit einem Schneebesen etwa 1 Minute gründlich ver-rühren. Apfelmus auf dem Biskuit verstreichen.

6. Sahne steif schlagen, dabei 2 Päckchen Gelatine Fix einrieseln lassen. Dann den Pudding und Eierlikör unterrühren. Die Füllung auf der Apfelschicht verstrei-chen. Die Platte von der längeren Seite aus aufrollen und etwa 2 Stunden in den Kühlschrank stellen.

7. Vor dem Servieren die Rolle mit Puderzucker bestäuben.

Scones

Klassisch

12 Stück

Pro Stück: E: 4 g, F: 8 g, Kh: 23 g,
kJ: 755, kcal: 180, BE: 2,0

Für den Knetteig:

350 g	Weizenmehl (Type 550)
4 gestr. TL	Dr. Oetker Backin
1 gestr. TL	Salz
2 gestr. TL	Zucker
200 ml	Buttermilch
100 g	Butter oder Margarine (zimmerwarm)

Zum Bestreichen:

1	Eigelb
1 EL	Milch (3,5 % Fett)

Zubereitungszeit: 20 Minuten, ohne Abkühlzeit
Backzeit: 20–30 Minuten

1. Für den Teig Mehl mit Backpulver, Salz und Zucker in einer Rührschüssel mischen. Restliche Zutaten hinzufügen, mit einem Mixer (Knethaken) in etwa 5 Minuten zu einem glatten Teig verarbeiten.

2. Den Backofen vorheizen.
Ober-/Unterhitze: etwa 180 °C
Heißluft: etwa 160 °C

3. Den Teig auf einer leicht bemehlten Arbeitsfläche nochmals kurz durchkneten, zu einem Rechteck (etwa 15 x 20 cm) ausrollen und in 12 Quadrate (jeweils etwa 5 x 5 cm) schneiden. Die Teigquadrate auf ein Backblech (mit Backpapier belegt) legen.

4. Zum Bestreichen Eigelb und Milch verschlagen. Die Teigquadrate damit bestreichen. Das Backblech in den vorgeheizten Backofen schieben und die Scones **20–30 Minuten backen.**

5. Scones vom Backpapier nehmen und auf einem Kuchenrost erkalten lassen.

Sehr feine Schokoschnitten I

Mit Alkohol

20 Stücke

Pro Stück: E: 6 g, F: 26 g, Kh: 37 g,
kJ: 1751, kcal: 418, BE: 3,0

Für den Rührteig:

300 g	Zartbitter-Schokolade
250 g	Butter oder Margarine
250 g	brauner Zucker
1 Pck.	Dr. Oetker Bourbon-Vanille-Zucker
1 Prise	Salz
6	Eier (Größe M)
150 g	Crème fraîche
300 g	Weizenmehl
50 g	Speisestärke
30 g	Kakaopulver
3 gestr. TL	Dr. Oetker Backin
100 ml	Rum
50 g	gestiftelte Mandeln

Für den Guss:

200 g	Zartbitter-Schokolade
1–2 EL	Speiseöl, z. B. Sonnenblumenöl

Zubereitungszeit: 30 Minuten, ohne Abkühlzeit
Backzeit: etwa 30 Minuten

1. Für den Teig die Schokolade in Stücke brechen und mit Butter oder Margarine in einem kleinen Topf schmelzen. Die Masse in eine Rührschüssel geben und etwas abkühlen lassen.

2. Den Backofen vorheizen.
Ober-/Unterhitze: etwa 180 °C
Heißluft: etwa 160 °C

3. Zur Schoko-Butter-Masse in die Rührschüssel nach und nach Zucker, Vanille-Zucker und Salz unter Rühren hinzugeben. Mit einem Mixer (Rührstäbe) rühren, bis eine gebundene Masse entstanden ist.

4. Eier nach und nach auf höchster Stufe unterrühren (jedes Ei etwa ½ Minute). Crème fraîche unterrühren.

Mehl mit Stärke, Kakao- und Backpulver mischen und abwechselnd mit dem Rum in 2 Portionen kurz auf mittlerer Stufe unterrühren.

5. Den Teig auf ein Backblech (30 x 40 cm, gefettet) geben und glatt streichen. Vor den Teig einen mehrfach geknickten Streifen Alufolie legen. Das Backblech in den vorgeheizten Backofen schieben. Den Kuchenboden **etwa 10 Minuten vorbacken.**

6. Dann die Mandeln auf den Kuchen streuen. Den Kuchenboden bei gleicher Backofeneinstellung wieder in den heißen Backofen schieben und den Kuchenboden **weitere etwa 20 Minuten backen.**

7. Den gebackenen Boden mit dem Backblech auf einen Kuchenrost stellen. Den Kuchenboden erkalten lassen.

8. Für den Guss Schokolade in Stücke brechen. Zwei Drittel davon mit Speiseöl in einem Topf im Wasserbad bei schwacher Hitze unter Rühren schmelzen. Den Topf aus dem Wasserbad nehmen und die restliche Schokolade darin unter Rühren schmelzen. Den Kuchen damit überziehen. Guss fest werden lassen.

Sesammuffins mit Aprikosen I
Raffiniert
12 Stück

Pro Stück: E: 4 g, F: 13 g, Kh: 29 g,
kJ: 1054, kcal: 252, BE: 2,5

50 g *geschälte Sesamsamen*
100 g *Soft-Aprikosen*
180 g *Weizenmehl*
3 gestr. TL *Dr. Oetker Backin*
1 Prise *Salz*
120 g *brauner Zucker*
1 Pck. *Dr. Oetker Vanillin-Zucker*
150 g *Joghurt (1,5 % Fett)*
50 ml *Milch (3,5 % Fett)*
100 ml *Speiseöl, z. B. Sonnenblumenöl*
1 *Ei (Größe M)*

Zum Bestreuen:
20 g *geschälte Sesamsamen*
1–2 EL *brauner Zucker*

Zubereitungszeit: 20 Minuten, ohne Abkühlzeit
Backzeit: etwa 25 Minuten

1. Den Backofen vorheizen.
Ober-/Unterhitze: etwa 180 °C
Heißluft: etwa 160 °C

2. Sesam in einer Pfanne ohne Fett unter Rühren goldbraun rösten, herausnehmen, auf einen Teller geben und erkalten lassen. Aprikosen in sehr kleine Würfel schneiden.

3. Mehl, Backpulver, gerösteten Sesam, Salz, Zucker und Vanillin-Zucker in einer Rührschüssel mit einem Schneebesen verrühren.

4. Joghurt, Milch, Speiseöl und Ei in einem Rührbecher mit einem Schneebesen verrühren. Die flüssigen Zutaten zu der Sesam-Mehl-Mischung in die Rührschüssel geben und zu einem glatten Teig verrühren. Aprikosenwürfel kurz unterheben.

5. Den Teig in eine Muffinform (für 12 Muffins, gefettet, bemehlt) geben und glatt streichen. Zuerst Sesam, dann Zucker auf den Teig streuen. Die Form auf dem Rost in den vorgeheizten Backofen schieben. Sesammuffins **etwa 25 Minuten backen.**

6. Die Form auf einen Kuchenrost stellen. Muffins etwa 5 Minuten in der Form abkühlen lassen, dann vorsichtig aus der Form lösen und auf dem Kuchenrost erkalten lassen.

Tipps: Geschälte Sesamsamen erhalten Sie in Asia- und Bio-Läden. Durch das Rösten wird der Geschmack noch intensiver.

Shortbread-Streifen | Fruchtig

etwa 50 Stück

Pro Stück: E: 1 g, F: 4 g, Kh: 10 g,
kJ: 365, kcal: 87, BE: 1,0

Für den Knetteig:

100 g	Orangeat
50 g	kandierter Ingwer
1	Bio-Limette
	(unbehandelt, ungewachst)
370 g	Weizenmehl
30 g	Speisestärke
120 g	Zucker
1 Prise	Salz
1	Ei (Größe M)
250 g	Butter oder Margarine

Für den Guss und zum Garnieren:

100 g	Puderzucker
1–2 EL	Wasser oder Zitronensaft
	Zuckersterne und -herzen

Zubereitungszeit: 30 Minuten, ohne Abkühlzeit
Backzeit: 20–25 Minuten

1. Für den Teig Orangeat und Ingwer fein hacken. Die Limette heiß abspülen, abtrocknen und die Schale abreiben. Die Limette halbieren, den Saft auspressen. Ingwer mit Orangeat und Limettenschale mischen.

2. Den Backofen vorheizen.
Ober-/Unterhitze: etwa 180 °C
Heißluft: etwa 160 °C

3. Das Mehl mit Speisestärke in einer Rührschüssel mischen. Orangeat-Ingwer-Mischung, Limettensaft und die restlichen Zutaten hinzufügen und mit einem Mixer (Knethaken) zunächst kurz auf niedrigster, dann auf höchster Stufe gut durcharbeiten. Den Teig auf einer leicht bemehlten Arbeitsfläche kurz verkneten.

4. Den Teig auf einem Backblech (30 x 40 cm, gefettet) ausrollen. Das Backblech in den vorgeheizten Backofen schieben. Das Gebäck **20–25 Minuten backen.**

5. Das Backblech auf einen Kuchenrost stellen. Das Gebäck etwas abkühlen lassen. Dann das Gebäck in Rechtecke (etwa 4 x 6 cm) schneiden und vollständig erkalten lassen.

6. Für den Guss Puderzucker mit so viel Wasser oder Zitronensaft verrühren, dass ein dickflüssiger Guss entsteht. Den Guss in einen Gefrierbeutel füllen, eine kleine Ecke abschneiden und dicke Streifen über das Gebäck spritzen. Den Guss sofort mit Zuckersternen und -herzen bestreuen und fest werden lassen.

Tipp: Die Shortbread-Streifen halten sich in gut schließenden Dosen etwa 3 Wochen.

Smoothie-Muffins | Laktosefrei

12 Stück

Pro Stück: E: 3 g, F: 10 g, Kh: 39 g,
kJ: 1069, kcal: 255, BE: 3,0

Zum Vorbereiten:

1 Bio-Zitrone
(unbehandelt, ungewachst)

Für den Teig:

250 g Weizenmehl
3 gestr. TL Dr. Oetker Backin
1 Prise Salz
120 g Zucker
250 ml Smoothie (Fruchtmark und -saft
aus Erdbeeren, Bananen, Äpfeln,
aus dem Kühlregal)
100 ml Speiseöl, z.B. Maiskeimöl
1 Ei (Größe M)

Zum Garnieren:

6 Erdbeeren (etwa 80 g)
120 g Puderzucker

Zubereitungszeit: 25 Minuten, ohne Abkühlzeit
Backzeit: etwa 25 Minuten

1. Zum Vorbereiten Zitrone heiß abwaschen, abtrocknen und die Schale fein abreiben. Zitrone halbieren und den Saft auspressen. 1–2 Esslöffel von dem Zitronensaft abmessen und für den Guss beiseitestellen.

2. Den Backofen vorheizen.
Ober-/Unterhitze: etwa 180 °C
Heißluft: etwa 160 °C

3. Für den Teig Mehl, Backpulver, Salz, Zitronenschale und Zucker in einer Rührschüssel mit einem Schneebesen verrühren.

4. Fruchtmark, Speiseöl und Ei in einem Rührbecher mit dem Schneebesen verrühren. Die flüssigen Zutaten zu der Mehlmischung in die Rührschüssel geben und zu einem glatten Teig verrühren. Den Teig in eine Muffinform (für 12 Muffins, mit lactosefreiem Fett gefettet, bemehlt) geben und glatt streichen.

5. Die Form auf dem Rost in den vorgeheizten Backofen schieben. Muffins **etwa 25 Minuten backen.**

6. Die Form auf einen Kuchenrost stellen. Muffins etwa 5 Minuten in der Form abkühlen lassen, dann aus der Form lösen und auf dem Kuchenrost erkalten lassen.

7. Zum Garnieren Erdbeeren abspülen, trocken tupfen, entstielen und vierteln.

8. Puderzucker mit dem beiseitegestellten Zitronensaft zu einem dicken Guss verrühren, auf den Muffins verteilen und mit den Erdbeervierteln belegen. Guss fest werden lassen.

Sonnenblumenkern-Brötchen I

Zum Frühstück

12–14 Stück

Pro Stück: E: 7 g, F: 3 g, Kh: 33 g,
kJ: 844, kcal: 201, BE: 3,0

1 Pck.	*Natur-Sauerteig*
	(75 g, Fertigprodukt)
300 ml	*lauwarmes Wasser*
300 g	*Weizen-Vollkornmehl*
200 g	*Roggenmehl (Type 1150)*
1 Pck.	*Hefeteig Garant*
1 TL	*Honig*
1 geh. TL	*Salz*
125 g	*Sonnenblumenkerne*

Zubereitungszeit: 15 Minuten, ohne Abkühlzeit
Backzeit: etwa 20 Minuten

1. Für den Teig Sauerteig und Wasser verrühren.
Weizen- und Roggenmehl in eine Rührschüssel geben, mit Hefeteig Garant sorgfältig vermischen.

2. Die restlichen Zutaten (außer die Sonnenblumenkerne) hinzufügen und mit einem Mixer (Knethaken)
zunächst kurz auf niedrigster, dann auf höchster Stufe
in etwa 3 Minuten zu einem glatten, geschmeidigen
Teig verarbeiten.

3. Kurz vor Ende der Knetzeit 75 g der Sonnenblumenkerne unterarbeiten.

4. Den Backofen vorheizen.
Ober-/Unterhitze: etwa 200 °C
Heißluft: etwa 180 °C

5. Teig leicht mit Mehl bestäuben, aus der Schüssel
nehmen und auf einer gut bemehlten Arbeitsfläche
nochmals kurz durchkneten. Den Teig zu einer Rolle
formen und in 12–14 gleich große Stücke schneiden.

6. Die Teigstücke jeweils rund formen und mit etwas
Abstand auf ein Backblech (mit Backpapier belegt)
legen.

7. Die Teigoberfläche der Brötchen mit einem Messer
kreuzweise einschneiden, mit Wasser bestreichen und
mit den restlichen Sonnenblumenkernen bestreuen,
diese etwas andrücken. Das Backblech in den vorgeheizten Backofen schieben und die Brötchen **etwa
20 Minuten backen.**

8. Die Brötchen auf einem Kuchenrost erkalten
lassen.

Tipps: Servieren Sie die Brötchen z.B. mit Kräuterquark. Wer es noch würziger mag, mischt 1–2 Teelöffel Brotgewürz (Fertigmischung) unter das Mehl.

Sonnenblumen-Kürbiskern-Knusperchen | Knuspergenuss
etwa 48 Stück

Pro Stück: E: 1 g, F: 4 g, Kh: 4 g,
kJ: 216, kcal: 52, BE: 0,5

Für die Körnermasse:

          40 g Butter
           1   Bio-Zitrone
                (unbehandelt, ungewachst)
         170 g Sonnenblumenkerne
         100 g Kürbiskerne
         120 g Zucker
          20 g Weizenmehl
           1   Eigelb (Größe M)

Zubereitungszeit: 20 Minuten, ohne Abkühlzeit
Backzeit: etwa 12 Minuten

1. Für die Körnermasse die Butter zerlassen und abkühlen lassen. Zitrone heiß abwaschen, abtrocknen
und die Schale fein abreiben. Die Zitrone halbieren
und den Saft auspressen.

2. Den Backofen vorheizen.
Ober-/Unterhitze: etwa 200 °C
Heißluft: etwa 180 °C

3. Sonnenblumenkerne mit Kürbiskernen, Zitronenschale, Zucker und Mehl mischen. Die zerlassene
Butter, 2–3 Esslöffel Zitronensaft und das Eigelb
unterrühren.

4. Die Körnermasse auf ein Backblech (30 x 40 cm,
gefettet, mit Backpapier belegt) geben und mit einem
Löffel gleichmäßig verstreichen. Das Backblech in
den vorgeheizten Backofen schieben. Die Körnerplatte
etwa 12 Minuten backen.

5. Das Backblech auf einen Kuchenrost stellen. Die
Körnerplatte etwas abkühlen lassen, anschließend
noch warm mit einem Sägemesser in Quadrate (etwa
5 x 5 cm) schneiden und erkalten lassen.

Tipps: Das lauwarme Gebäck mit Raspelschokolade
oder gehackter, weißer Schokolade (Foto) bestreuen.
Die Knusperchen halten sich in gut schließenden
Dosen etwa 2 Wochen.

Spaghetti-Torte | Für Kinder
16 Stücke

Pro Stück: E: 7 g, F: 28 g, Kh: 22 g,
kJ: 1565, kcal: 374, BE: 2,0

Für den All-in-Teig:
125 g Weizenmehl
2 gestr. TL Dr. Oetker Backin
125 g Zucker
1 Pck. Dr. Oetker Vanillin-Zucker
3 Eier (Größe M)
125 g Butter oder Margarine
(zimmerwarm)

Für den Belag und die Spaghetti:
250 g Erdbeeren
3 Blatt weiße Gelatine
600 g Doppelrahm-Frischkäse
Saft von
1 Zitrone
25 g Zucker
2 Pck. Dr. Oetker Vanillin-Zucker
400 g gekühlte Schlagsahne
(mind. 30 % Fett)

Für die Erdbeersauce:
100 g Erdbeeren
25 g Puderzucker

etwas weiße Schokolade

Zubereitungszeit: 25 Minuten,
ohne Abkühl- und Kühlzeit
Backzeit: etwa 20 Minuten

1. Den Backofen vorheizen.
Ober-/Unterhitze: etwa 180 °C
Heißluft: etwa 160 °C

2. Für den Teig Mehl mit Backpulver in einer Rührschüssel mischen. Restliche Zutaten hinzufügen und
alles mit einem Mixer (Rührstäbe) auf höchster Stufe
in etwa 2 Minuten zu einem glatten Teig verarbeiten.

3. Teig in eine Obstbodenform (Ø 26 cm, gefettet,
bemehlt) füllen und glatt streichen. Die Form auf dem

Rost in den vorgeheizten Backofen schieben. Den
Boden **etwa 20 Minuten backen.**

4. Boden etwa 5 Minuten in der Form stehen lassen,
auf einen Kuchenrost stürzen und erkalten lassen.

5. Für den Belag und die Spaghetti Erdbeeren abspülen, abtropfen lassen, entstielen, evtl. halbieren und
auf dem Tortenboden verteilen.

6. Die Gelatine nach Packungsanleitung einweichen.
Den Frischkäse mit Zitronensaft, Zucker und Vanillin-
Zucker in einer Schüssel verrühren. Gelatine auflösen,
zunächst mit etwas Frischkäsemasse verrühren, dann
die Mischung unter die restliche Frischkäsemasse
rühren. Sahne steif schlagen und unterheben.

7. Die Hälfte der Creme auf den Erdbeeren glatt streichen. Restliche Creme portionsweise in eine Kartoffel-
presse geben und als Spaghetti auf die Oberfläche
drücken. Die Torte etwa 1 Stunde bis zum Servieren
in den Kühlschrank stellen.

8. Für die Sauce Erdbeeren abspülen, abtropfen
lassen, entstielen und mit Puderzucker pürieren.
Erdbeerpüree kurz vor dem Servieren als Sauce auf
den Spaghetti verteilen. Weiße Schokolade raspeln,
die Tortenoberfläche damit bestreuen.

Speckkuchen | Für Gäste

10 Stücke

Pro Stück: E: 10 g, F: 7 g, Kh: 28 g,
kJ: 939, kcal: 224, BE: 2,5

Für den Hefeteig:

        350 g Weizenmehl (Type 550)
        1 Pck. Hefeteig Garant
        1 TL Salz
            1 Ei (Größe M)
        125 ml Wasser
        ½ TL Zucker
        3 EL Sonnenblumenöl

Für den Belag:

        2 große Zwiebeln
        1 EL Sonnenblumenöl
        250 g magere Schinkenspeckwürfel
                (aus dem Kühlregal)
        1 EL Kümmelsamen

Zubereitungszeit: 20 Minuten
Backzeit: etwa 30 Minuten

1. Für den Teig Mehl mit Hefeteig Garant in einer Rührschüssel vermischen. Salz, Ei, Wasser, Zucker und Sonnenblumenöl hinzufügen. Die Zutaten mit einem Mixer (Knethaken) zunächst auf niedrigster, dann auf höchster Stufe in etwa 2 Minuten zu einem glatten Teig verarbeiten.

2. Den Hefeteig auf einer leicht bemehlten Arbeitsfläche nochmals kurz durchkneten, in eine Springform (Ø 28 cm, gefettet) geben und zu einem Boden andrücken, dabei einen Rand hochziehen. Den Teigboden etwa 5 Minuten ruhen lassen.

3. In der Zwischenzeit den Backofen vorheizen.
Ober-/Unterhitze: etwa 180 °C
Heißluft: etwa 160 °C

4. Für den Belag die Zwiebeln abziehen und würfeln. Sonnenblumenöl in einer Pfanne erhitzen. Die Zwiebelwürfel darin glasig andünsten.

5. Mit einem bemehlten Kochlöffelstiel oder mit bemehlten Fingern Vertiefungen in den Teig drücken. Speck- und Zwiebelwürfel auf dem Teig verteilen und mit Kümmel bestreuen.

6. Die Form auf dem Rost in den vorgeheizten Backofen schieben. Den Speckkuchen **etwa 30 Minuten backen.**

Spiegelkuchen in Rot I

Fruchtig – gut vorzubereiten
20 Stücke

Pro Stück: E: 8 g, F: 17 g, Kh: 36 g,
kJ: 1375, kcal: 328, BE: 3,0

Für den Streuselteig:
>   350 g Weizenmehl
>   1 geh. TL Dr. Oetker Backin
>   30 g Kakaopulver
>   1 Prise Salz
>   175 g Zucker
>   175 g Butter oder Margarine
>   1 Ei (Größe M)

Für die Füllung:
>   750 g Erdbeeren

Für den Belag:
>   500 g gekühlte Schlagsahne
>   (mind. 30 % Fett)
>   1 Pck. Käse-Sahne-Tortencreme
>   (Cremepulver)
>   200 ml warmes Wasser
>   500 g Magerquark

Für den Spiegel-Guss:
>   6 Blatt weiße Gelatine
>   600 ml Kirsch- oder roter Traubensaft

Zubereitungszeit: 30 Minuten,
ohne Abkühl- und Kühlzeit
Backzeit: etwa 20 Minuten

1. Den Backofen vorheizen.
Ober-/Unterhitze: etwa 200 °C
Heißluft: etwa 180 °C

2. Für den Teig Mehl mit Backpulver und Kakao in einer Rührschüssel mischen. Restliche Zutaten hinzufügen und mit einem Mixer (Rührstäbe) zuerst auf niedrigster, dann auf höchster Stufe zu feinen Streuseln verarbeiten. Einen Backrahmen auf ein Backblech (30 x 40 cm, gefettet) stellen. Die Streusel einfüllen, als Boden andrücken. Den Boden mit einer Gabel mehrfach einstechen.

3. Das Backblech in den vorgeheizten Backofen schieben. Den Kuchenboden **etwa 20 Minuten backen.** Das Backblech auf einen Kuchenrost stellen. Den Kuchenboden erkalten lassen.

4. Für die Füllung Erdbeeren abspülen, gut abtropfen lassen und entstielen. Große Früchte evtl. halbieren oder vierteln. Erdbeeren auf dem Boden verteilen.

5. Für den Belag Sahne steif schlagen. Cremepulver aus der Packung in eine Rührschüssel geben. 200 ml warmes Wasser zugießen und alles mit einem Schneebesen etwa 1/2 Minute gründlich verrühren. Den Quark portionsweise unterrühren, dann die Sahne unterheben. Den Belag auf den Boden geben und verstreichen. Den Kuchen in den Kühlschrank stellen.

6. In der Zwischenzeit den Guss zubereiten. Gelatine nach Packungsanleitung einweichen. 100 ml vom Saft erwärmen. Die Gelatine in dem erwärmten Saft unter Rühren auflösen. Den restlichen Saft unter Rühren hinzugießen.

7. Die Saft-Gelatine-Flüssigkeit vorsichtig auf die Füllung gießen und verteilen. Den Spiegelkuchen etwa 1 Stunde in den Kühlschrank stellen.

8. Zum Servieren den Backrahmen rundherum mit einem Messer vorsichtig lösen und entfernen. Kuchen nach Belieben in Streifen oder Stücke schneiden.

Splitter-Torte | Raffiniert
12 Stücke

Pro Stück: E: 5 g, F: 23 g, Kh: 34 g,
kJ: 1496, kcal: 357, BE: 3,0

Für den Teig:

170 g	Weizenmehl
2 gestr. EL	gesiebtes Kakaopulver
2 gestr. TL	Dr. Oetker Backin
150 g	Zucker
1 Pck.	Dr. Oetker Bourbon-
	Vanille-Zucker
3	Eier (Größe M)
100 ml	Sonnenblumenöl
6 EL	Milch (3,5 % Fett)

Für den Belag:

250 g	gekühlte Schlagsahne
	(mind. 30 % Fett)
125 g	Mascarpone
	(ital. Frischkäse)
2 EL	Puderzucker
etwa 60 ml	Karamell-Dessertsauce
6–8	dünne, belgische Waffeln

Zubereitungszeit: 30 Minuten,
ohne Abkühl- und Kühlzeit
Backzeit: 25–30 Minuten

1. Den Backofen vorheizen.
Ober-/Unterhitze: etwa 180 °C
Heißluft: etwa 160 °C

2. Für den Teig das Mehl mit Kakao und Backpulver in einer Rührschüssel mischen. Die restlichen Zutaten hinzufügen und mit einem Mixer (Rührstäbe) zunächst kurz auf niedrigster, dann auf höchster Stufe in etwa 2 Minuten zu einem glatten Teig verarbeiten.

3. Den Teig in eine Springform (Ø 26 cm, Boden gefettet) geben und glatt streichen. Die Form auf dem Rost in den vorgeheizten Backofen schieben. Den Tortenboden **25–30 Minuten backen.**

4. Die Form auf einen Kuchenrost stellen. Den Tortenboden etwa 10 Minuten in der Form stehen lassen, dann aus der Form lösen und auf dem Kuchenrost erkalten lassen.

5. Für den Belag Sahne mit Mascarpone und Puderzucker in einen hohen Rührbecher geben und mit einem Mixer (Rührstäbe) zu einer steifen Creme aufschlagen. Die Creme mit einem Esslöffel auf den Tortenboden streichen. Karamell-Dessertsauce daraufsprenkeln und mit einem Löffel vorsichtig unterheben, sodass ein Marmormuster entsteht. Torte in Stücke einteilen und in den Kühlschrank stellen.

6. Vor dem Servieren die Waffeln in große Splitter brechen. Die Waffelsplitter in die Tortenstücke stecken. Die Torte sofort servieren.

Stachelbeer-Haselnuss-Kuchen I
Einfach
20 Stücke

Pro Stück: E: 5 g, F: 20 g, Kh: 31 g,
kJ: 1353, kcal: 323, BE: 2,5

Zum Vorbereiten:
100 g Nuss-Nougat (schnittfest)

Für den Teig:
200 g Butter oder Margarine
(zimmerwarm)
200 g Zucker
1 Prise Salz
4 Eier (Größe M)
200 g Weizenmehl
2 gestr. TL Dr. Oetker Backin
200 g gem. Haselnusskerne
3 EL Milch (3,5 % Fett)

720 g abgetropfte Stachelbeeren
(aus dem Glas)

Für die Baiserstreusel:
50 g Schaumgebäck
(Baisertropfen, Fertigprodukt)

Zum Garnieren:
100 g Nuss-Nougat (schnittfest)

Zubereitungszeit: 30 Minuten, ohne Abkühlzeit
Backzeit: etwa 30 Minuten

1. Den Backofen vorheizen.
Ober-/Unterhitze: etwa 180 °C
Heißluft: etwa 160 °C

2. Zum Vorbereiten Nuss-Nougat in kleine Würfel schneiden.

3. Für den Teig die Butter oder Margarine mit einem Mixer (Rührstäbe) auf höchster Stufe geschmeidig rühren. Nach und nach Zucker und Salz unterrühren. So lange rühren, bis eine gebundene Masse entstanden ist. Eier nach und nach unterrühren (jedes Ei etwa ½ Minute).

4. Das Mehl mit Backpulver und Haselnusskernen mischen und nach und nach auf mittlerer Stufe kurz unterrühren. Dann die Milch unterrühren. Nougatwürfel unterheben.

5. Den Teig in eine Fettpfanne (30 x 40 cm, gefettet) geben und glatt streichen. Die Stachelbeeren darauf verteilen.

6. Für die Streusel Schaumgebäck grob hacken und auf den Stachelbeeren verteilen.

7. Fettpfanne in den vorgeheizten Backofen schieben. Den Kuchen **etwa 30 Minuten backen.**

8. Inzwischen den Nougat zum Garnieren in kleine Würfel schneiden.

9. Die Fettpfanne auf einen Kuchenrost stellen. Nach 3–5 Minuten die Nougatwürfel auf dem Kuchen verteilen. Sobald sie zu schmelzen beginnen, die Würfel mit einem Teelöffel leicht verstreichen. Den Kuchen erkalten lassen und in Stücke schneiden.

Stachelbeerkuchen mit Saure-Sahne-Guss I

Fruchtig

20 Stücke

Pro Stück: E: 4 g, F: 6 g, Kh: 26 g, kJ: 766, kcal: 183, BE: 2,0

Für den Hefeteig:

375 g Weizenmehl (Type 550)
1 Pck. Hefeteig Garant
175 ml Milch (3,5 % Fett)
50 g Butter oder Margarine
       (zimmerwarm)
50 g Zucker
1 Prise Salz

Für den Guss:

2 Eier (Größe M)
50 g brauner Zucker
300 g saure Sahne
       (stichfest, 10 % Fett)

780 g abgetropfte Stachelbeeren
       (aus dem Glas)
40 g fein gehackte Pistazienkerne

Zubereitungszeit: 20 Minuten, ohne Abkühlzeit
Backzeit: etwa 30 Minuten

1. Für den Teig das Mehl mit Garant Hefeteig in einer Rührschüssel vermischen. Milch, Butter oder Margarine, Zucker und Salz hinzufügen. Zutaten mit einem Mixer (Knethaken) zunächst kurz auf niedrigster, dann auf höchster Stufe in etwa 2 Minuten zu einem glatten Teig verarbeiten.

2. Den Teig auf einem tiefen Backblech (30 x 40 cm, gefettet) ausrollen und in die Ecken drücken. Teig kurz ruhen lassen.

3. In der Zwischenzeit den Backofen vorheizen.
Ober-/Unterhitze: etwa 200 °C
Heißluft: etwa 180 °C

4. Für den Guss Eier und Zucker in einer Rührschüssel mit einem Mixer (Rührstäbe) zu einer schaumigen

Masse aufschlagen. Saure Sahne kurz auf niedrigster Stufe unterrühren.

5. Die Stachelbeeren auf der Teigplatte verteilen, leicht eindrücken. Dann den Saure-Sahne-Guss daraufgeben und verstreichen. Das Backblech in den vorgeheizten Backofen schieben. Den Kuchen **etwa 30 Minuten backen.**

6. Das Backblech auf einen Kuchenrost stellen. Den Kuchen mit Pistazienkernen bestreuen und erkalten lassen.

Tipps: Damit der Kuchen schön glänzt, 100 g erhitztes Apfel- oder Quittengelee mit einem Backpinsel auf den Kuchen streichen und dann mit den Pistazienkernen bestreuen. Wenn Sie keine gehackten Pistazienkerne bekommen, verwenden Sie gehackte Mandeln und rösten Sie diese kurz in einer Pfanne ohne Fett goldbraun. Dann schmecken sie aromatischer.

Stachelbeerschnitten mit Marzipanraspeln I
Mit Alkohol
20 Stücke

Pro Stück: E: 5 g, F: 17 g, Kh: 35 g,
kJ: 1336, kcal: 319, BE: 3,0

Für den Rührteig:
- 250 g Butter oder Margarine (zimmerwarm)
- 200 g Zucker
- 1 Pck. Dr. Oetker Vanillin-Zucker
- 4 Eier (Größe M)
- 300 g Weizenmehl
- 50 g Speisestärke
- 3 TL Dr. Oetker Backin
- 100 ml Eierlikör
- 30 g Mohnsamen

Für den Belag:
- 780 g abgetropfte Stachelbeeren (aus dem Glas)

Zum Bestreuen:
- 200 g kalte Marzipan-Rohmasse

Zubereitungszeit: 15 Minuten, ohne Abkühlzeit
Backzeit: 35–40 Minuten

1. Den Backofen vorheizen.
Ober-/Unterhitze: etwa 180 °C
Heißluft: etwa 160 °C

2. Für den Teig Butter oder Margarine mit einem Mixer (Rührstäbe) auf höchster Stufe geschmeidig rühren. Nach und nach Zucker und Vanillin-Zucker unterrühren. So lange rühren, bis eine gebundene Masse entstanden ist.

3. Die Eier nach und nach unterrühren (jedes Ei etwa 1/2 Minute). Mehl mit Speisestärke und Backpulver vermischen, abwechselnd mit Eierlikör und Mohn auf mittlerer Stufe unterrühren.

4. Teig auf das vorbereitete Backblech (30 x 40 cm, gefettet) geben und glatt streichen. Die Stachelbeeren darauf verteilen.

5. Zum Bestreuen Marzipan-Rohmasse direkt grob auf den Teig raspeln. Das Backblech im unteren Drittel in den vorgeheizten Backofen schieben. Den Kuchen **35–40 Minuten backen.**

6. Das Backblech auf einen Kuchenrost stellen und den Kuchen erkalten lassen.

Tipp: Der Eierlikör kann durch die gleiche Menge Stachelbeersaft (aus dem Glas) ersetzt werden.

Streuselecken I

Für Kinder
24 Stück

Pro Stück: E: 3 g, F: 14 g, Kh: 22 g,
kJ: 977, kcal: 234, BE: 2,0

Für den Teig:

    250 g Weizenmehl
    2 Pck. Dr. Oetker Vanillin-Zucker
    1 Prise Salz
    175 g kalte Butter
    150 g Crème fraîche

Für die Streusel:

    300 g Weizenmehl
    100 g Puderzucker
    1 Pck. Dr. Oetker Vanillin-Zucker
    175 g kalte Butter

Zum Bestreichen:

    2 EL Milch (3,5 % Fett)

Zum Bestäuben:

    1–2 TL Puderzucker

Zubereitungszeit: 25 Minuten, ohne Abkühlzeit
Backzeit: etwa 30 Minuten

1. Für den Teig Mehl mit Vanillin-Zucker und Salz in einer Rührschüssel mischen. Butter in Stücke schneiden und daraufgeben.

2. Von der Crème fraîche 1 Esslöffel zum Bestreichen abnehmen. Die restliche Crème hinzufügen und die Zutaten mit einem Mixer (Knethaken) zunächst kurz auf niedrigster, dann auf höchster Stufe gut durcharbeiten.

3. Anschließend auf einer leicht bemehlten Arbeitsfläche kurz zu einem Teig verkneten. Sollte er kleben, ihn in Frischhaltefolie gewickelt eine Zeit lang in den Kühlschrank legen.

4. Den Backofen vorheizen.
Ober-/Unterhitze: etwa 200 °C
Heißluft: etwa 180 °C

5. Für die Streusel Mehl mit Puderzucker und Vanillin-Zucker mischen. Butter in Flöckchen dazugeben. Die Zutaten mit einem Mixer (Rührstäbe) zunächst kurz auf niedrigster, dann auf höchster Stufe zu Streuseln von gewünschter Größe verarbeiten.

6. Den Teig auf einem Backblech (30 x 40 cm, gefettet) ausrollen. Abgenommene Crème fraîche mit Milch verrühren, den Teig damit bestreichen und mehrmals mit einer Gabel einstechen. Die Streusel darauf verteilen.

7. Das Backblech in den vorgeheizten Backofen schieben. Den Kuchen **etwa 30 Minuten backen.**

8. Das Backblech auf einen Kuchenrost stellen und den Kuchen sofort nach dem Backen in 12 etwa 10 x 10 cm große Quadrate schneiden, diese diagonal halbieren und mit Puderzucker bestäuben. Streuselecken erkalten lassen.

Tipp: Den Teigboden anstatt mit Crème fraîche mit 2–3 Esslöffeln erwärmter Konfitüre bestreichen.

Streuselkuchen | Klassisch
20 Stücke

Pro Stück: E: 4 g, F: 14 g, Kh: 46 g,
kJ: 1354, kcal: 324, BE: 4,0

Für den All-in-Teig:

300 g *Weizenmehl*
1 Pck. *Dr. Oetker Backin*
300 g *Zucker*
1 Pck. *Dr. Oetker Vanillin-Zucker*
1 Prise *Salz*
3 *Eier (Größe M)*
300 g *Schlagsahne*

Für die Streusel:

300 g *Weizenmehl*
150 g *Zucker*
1 Pck. *Dr. Oetker Vanillin-Zucker*
175 g *Butter oder Margarine*
 (zimmerwarm)

Zubereitungszeit: 25 Minuten, ohne Abkühlzeit
Backzeit: etwa 25 Minuten

1. Den Backofen vorheizen.
Ober-/Unterhitze: etwa 200 °C
Heißluft: etwa 180 °C

2. Für den Teig Mehl mit Backpulver in einer Rührschüssel mischen. Übrige Zutaten hinzufügen und mit einem Mixer (Rührstäbe) zunächst auf niedrigster, dann auf höchster Stufe in etwa 2 Minuten zu einem glatten Teig verarbeiten. Den Teig auf einem Backblech (30 x 40 cm, gefettet) verstreichen.

3. Für die Streusel Mehl, Zucker, Vanillin-Zucker und Butter oder Margarine in eine Rührschüssel geben. Die Zutaten mit einem Mixer (Rührstäbe) zunächst kurz auf niedrigster, dann auf höchster Stufe zu Streuseln von gewünschter Größe verarbeiten (je länger man rührt, desto größer die Streusel).

4. Die Streusel auf dem Kuchenteig verteilen. Das Backblech in den vorgeheizten Backofen schieben. Den Kuchen **etwa 25 Minuten backen.**

5. Das Backblech auf einen Kuchenrost stellen. Den Kuchen erkalten lassen.

Streuselplätzchen I

Einfach
18–20 Stück

Pro Stück: E: 2 g, F: 10 g, Kh: 27 g,
kJ: 856, kcal: 204, BE: 2,5

> 1 Pck. *frischer Blätterteig (aus dem Kühlregal, 275 g, rechteckig, etwa 40 x 25 cm)*

Zum Bestreichen:
> 150 g *rote Konfitüre, z. B. Kirschkonfitüre*

Für die Streusel:
> 75 g *getrocknete Cranberrys*
> 200 g *Weizenmehl*
> 125 g *Zucker*
> 1 Pck. *Dr. Oetker Vanillin-Zucker*
> ¼ TL *gem. Zimt*
> 1 Prise *Salz*
> 150 g *Butter oder Margarine (zimmerwarm)*

Zubereitungszeit: 20 Minuten, ohne Abkühlzeit
Backzeit: etwa 15 Minuten

1. Die Blätterteigplatte mit dem Backpapier auf einem Backblech (30 x 40 cm, gefettet) ausrollen.

2. Aus dem Blätterteig mit einer runden Ausstechform (Ø 7–8 cm) oder einem Wasserglas Plätzchen ausstechen. Den Teig aus den Zwischenräumen vorsichtig herauslösen, evtl. anderweitig verwenden. Jedes Plätzchen mit einer Gabel mehrmals einstechen. Jeweils etwas Konfitüre in die Mitte der Plätzchen setzen.

3. Den Backofen vorheizen.
Ober-/Unterhitze: etwa 200 °C
Heißluft: etwa 180 °C

4. Für die Streusel Cranberrys fein würfeln. Mehl in einer Rührschüssel mit Zucker, Vanillin-Zucker, Zimt und Salz mischen. Butter oder Margarine hinzufügen.

5. Die Zutaten mit einem Mixer (Rührstäbe) zunächst auf niedrigster, dann auf höchster Stufe zu Streuseln von gewünschter Größe verarbeiten. Cranberrys untermischen. Die Streusel auf den Teigplätzchen verteilen.

6. Das Backblech in den vorgeheizten Backofen schieben. Die Streuselplätzchen **etwa 15 Minuten backen.** Die Streuselplätzchen vom Backpapier lösen und auf einem Kuchenrost erkalten lassen.

Strudelmuffins à la Mexicana I

Fürs Kuchenbuffet

12 Stück

Pro Stück: E: 6 g, F: 10 g, Kh: 12 g,
kJ: 680, kcal: 163, BE: 1,0

Für die Füllung:

5	*Eier (Größe M)*
100 g	*Crème fraîche*
100 g	*Cabanossi*

1	*Ei (Größe M)*
1 EL	*Milch*
6 Blätter	*frischer Strudel-, Filo- oder Yufkateig (etwa 30 x 30 cm, etwa 200 g, aus dem Kühlregal)*

140 g	*abgetropfter Gemüsemais-Mix (aus der Dose)*
100 g	*Taco-Sauce (aus dem Glas)*

Zubereitungszeit: 15 Minuten, ohne Abkühlzeit
Backzeit: etwa 25 Minuten

1. Den Backofen vorheizen.
Ober-/Unterhitze: etwa 180 °C
Heißluft: etwa 160 °C

2. Für die Füllung Eier und Crème fraîche in eine Rührschüssel geben, mit einem Mixer (Rührstäbe) kurz verschlagen. Cabanossi längs halbieren und in dünne Scheiben schneiden.

3. Ei mit Milch verschlagen. Die Strudelblätter aufeinanderlegen und in je 6 gleich große Teigblättchen (etwa 10 x 15 cm) schneiden. Jede Mulde einer Muffinform (für 12 Muffins, gut gefettet) etwas versetzt mit 2 Teigblättchen auslegen, dabei den Teig etwas über den Mulden stehen lassen. Die Blättchen mit Eiermilch bestreichen und darauf jeweils 1 weiteres Teigblättchen legen, mit der Eiermilch bestreichen. Evtl. restliche Eiermilch unter die Eier-Crème-fraîche rühren.

4. Cabanossischeiben und Gemüse-Mix auf dem Teig verteilen, jeweils 1 Teelöffel Taco-Sauce daraufgeben. Die Eier-Crème-fraîche gleichmäßig darübergießen.

5. Die Form auf dem Rost in den vorgeheizten Backofen schieben. Muffins **etwa 25 Minuten backen.**

6. Die Muffins etwa 5 Minuten in der Form auf einem Kuchenrost abkühlen lassen. Dann aus der Form heben und servieren.

Tipp: Statt Cabanossi können Sie auch gewürfelte, geräucherte Putenbrust verwenden.

Studentenfutter-Joghurt-Muffins I

Beliebt
12 Stück

Pro Stück: E: 5 g, F: 17 g, Kh: 22 g,
kJ: 1084, kcal: 260, BE: 2,0

Für den Teig:

200 g	*Studentenfutter*
100 g	*Weizenmehl*
30 g	*blütenzarte Haferflocken*
3 gestr. TL	*Dr. Oetker Backin*
1 Prise	*Salz*
100 g	*brauner Zucker*
150 g	*Joghurt*
	(3,5 % Fett)
2	*Eier (Größe M)*
100 ml	*Speiseöl,*
	z. B. Sonnenblumenöl

Zubereitungszeit: 20 Minuten, ohne Abkühlzeit
Backzeit: etwa 25 Minuten

1. Den Backofen vorheizen.
Ober-/Unterhitze: etwa 180 °C
Heißluft: etwa 160 °C

2. Für den Teig Studentenfutter fein hacken. Mehl, Haferflocken, Backpulver, Salz, Zucker und fein gehacktes Studentenfutter in einer Rührschüssel mit einem Schneebesen verrühren.

3. Joghurt, Eier und Speiseöl in einem Rührbecher mit dem Schneebesen glatt rühren. Die flüssigen Zutaten zu der Mehl-Nuss-Mischung in die Rührschüssel geben und zu einem glatten Teig verrühren.

4. Den Teig in eine Muffinform (für 12 Muffins, gefettet, bemehlt) geben. Die Form auf dem Rost in den vorgeheizten Backofen schieben. Die Muffins **etwa 25 Minuten backen.**

5. Die Form auf einen Kuchenrost stellen. Muffins etwa 5 Minuten in der Form abkühlen lassen, dann aus der Form lösen und auf dem Rost erkalten lassen.

Tipp: Zusätzlich für den Belag (Foto) 50 g Vollmilch-Schokolade klein hacken, mit ½ Teelöffel Speiseöl in einem kleinen Topf im heißen Wasserbad bei schwacher Hitze unter Rühren schmelzen. 50 g Studentenfutter fein hacken und unter die Schokolade rühren. Die Schoko-Nuss-Masse auf den erkalteten Muffins verteilen und fest werden lassen.

Sunshine-Torte | Für Gäste

16 Stücke

Pro Stück: E: 3 g, F: 16 g, Kh: 22 g,
kJ: 1039, kcal: 248, BE: 2,0

Für den All-in-Teig:

100 g Weizenmehl
2 gestr. TL Dr. Oetker Backin
100 g Zucker
1 Pck. Dr. Oetker Vanillin-Zucker
3 Eier (Größe M)
100 g Butter oder Margarine
(zimmerwarm)

Für den Belag:

500 g abgetropfte Pfirsichhälften
(aus der Dose)
500 g gekühlte Schlagsahne
(mind. 30 % Fett)
2 Pck. Sahnesteif
1 Pck. Dr. Oetker Vanillin-Zucker

Für den Guss:

200 ml Multivitamin- oder Pfirsich-
Maracuja-Saft
1 Pck. Saucenpulver Vanille-
Geschmack ohne Kochen

Zubereitungszeit: 20 Minuten,
ohne Abkühl- und Kühlzeit
Backzeit: 15–20 Minuten

1. Den Backofen vorheizen.
Ober-/Unterhitze: etwa 200 °C
Heißluft: etwa 180 °C

2. Für den Teig das Mehl und Backpulver mischen,
in eine Rührschüssel geben. Die restlichen Zutaten
hinzufügen und mit einem Mixer (Rührstäbe) zunächst
kurz auf niedrigster, dann auf höchster Stufe in etwa
2 Minuten zu einem glatten Teig verarbeiten.

3. Den Teig in eine Springform (Ø 26 cm, Boden gefettet, mit Backpapier belegt) geben, glatt streichen.
Die Form auf dem Rost in den vorgeheizten Backofen
schieben. Gebäckboden **15–20 Minuten backen.**

4. Den Boden aus der Form lösen, auf einen mit
Backpapier belegten Kuchenrost stürzen und erkalten
lassen. Mitgebackenes Backpapier entfernen.

5. Für den Belag Pfirsichhälften in kleine Stückchen
schneiden. Sahne mit Sahnesteif und Vanillin-Zucker
steif schlagen. Pfirsichstückchen unterheben.

6. Die Creme kuppelartig auf den Gebäckboden streichen und in den Kühlschrank stellen.

7. Für den Guss aus Saft und Saucenpulver einen
Guss nach Packungsanleitung, aber nur mit 200 ml
Saft zubereiten, mit dem Schneebesen gut verrühren.
Den Guss auf die Sahnekuppel geben. Die Torte bis
zum Servieren nochmals etwa 1 Stunde in den Kühl-
schrank stellen.

Tipps: Sie können auch den Saft der abgetropften
Pfirsiche nehmen, allerdings ist Pfirsich-Maracuja-
oder Multivitamin-Saft kräftiger in der Farbe und aromatischer. Nach Belieben den Tortenrand mit gebräun-
ten, gehobelten Mandeln garnieren.

Süße Früchte-Pizza I

Fruchtig

12 Stücke

Pro Stück: E: 4 g, F: 11 g, Kh: 31 g,
kJ: 994, kcal: 237, BE: 2,5

Für den Quark-Öl-Teig:

200 g Weizenmehl
2 gestr. TL Dr. Oetker Backin
100 g Magerquark
75 ml Milch (3,5 % Fett)
75 ml Speiseöl, z. B. Sonnenblumenöl
50 g Zucker
1 Prise Salz

Für den Guss:

150 g Schmand (Sauerrahm)
1 Eigelb (Größe M)
75 g Puderzucker
1 Pck. Dr. Oetker Finesse
Geriebene Zitronenschale

Für den Belag:

je 1–2 grün- und rotschalige Äpfel
3 EL Zitronensaft
150 g kernlose, blaue Weintrauben

Zubereitungszeit: 20 Minuten, ohne Abkühlzeit
Backzeit: etwa 30 Minuten

1. Für den Teig Mehl mit Backpulver in einer Rührschüssel mischen. Quark, Milch, Öl, Zucker und Salz hinzufügen.

2. Die Zutaten mit einem Mixer (Knethaken) zunächst kurz auf niedrigster, dann auf höchster Stufe in etwa 1 Minute zu einem Teig verarbeiten (nicht zu lange, Teig klebt sonst).

3. Den Teig in einer Pizza- oder Tarteform (Ø etwa 28 cm, gefettet) gut zu einem Boden und einem Rand andrücken.

4. Den Backofen vorheizen.
Ober-/Unterhitze: etwa 200 °C
Heißluft: etwa 180 °C

5. Für den Guss Schmand in einer Rührschüssel mit Eigelb, Puderzucker und Zitronenschale glatt rühren. Den Guss auf dem Teig verstreichen.

6. Für den Belag Äpfel abspülen, abtrocknen, vierteln, entkernen und mit der Schale in dünne Spalten schneiden. Apfelspalten mit Zitronensaft beträufeln. Weintrauben abspülen, gut trocken tupfen und entstielen. Den Schmandguss mit Apfelspalten und Weintrauben belegen.

7. Die Form auf dem Rost in den vorgeheizten Backofen schieben. Die Früchte-Pizza **etwa 30 Minuten backen.**

8. Die Form auf einen Kuchenrost stellen. Die Pizza etwas abkühlen lassen und lauwarm servieren.

Tipp: Den Pizzarand mit Puderzucker bestäuben.

Süße Mohn- und Sesamhörnchen I

Zum Frühstück
12 Stück

Pro Stück: E: 5 g, F: 11 g, Kh: 26 g,
kJ: 956, kcal: 228, BE: 2,0

Für den Quark-Öl-Teig:

300 g Weizenmehl (Type 405)
1 Pck. Dr. Oetker Backin
150 g Magerquark
100 ml Milch (3,5 % Fett)
100 ml Speiseöl, z. B. Sonnenblumenöl
80 g Zucker
1 Prise Salz

Zum Bestreichen und Bestreuen:

1 Eigelb
1 EL Milch (3,5 % Fett)
1–2 EL Mohnsamen
1–2 EL Sesamsamen

Zubereitungszeit: 30 Minuten, ohne Abkühlzeit
Backzeit: etwa 20 Minuten

1. Den Backofen vorheizen.
Ober-/Unterhitze: etwa 200 °C
Heißluft: etwa 180 °C

2. Für den Teig Mehl mit Backpulver in einer Rührschüssel mischen. Übrige Zutaten für den Teig hinzufügen und alles mit einem Mixer (Knethaken) kurz zu einem glatten Teig verarbeiten (nicht zu lange, der Teig klebt sonst). Anschließend den Teig auf einer leicht bemehlten Arbeitsfläche zu einer Rolle formen.

3. Die Teigrolle in 12 gleich große Stücke schneiden und die Teigstücke zu etwa 18 cm langen Rollen formen, dabei die Enden der Rollen etwas dünner formen.

4. Eigelb mit Milch verschlagen. Die Oberfläche der Teigrollen damit bestreichen. Die Hälfte der Teigrollen mit Mohn und die andere Hälfte mit Sesam bestreuen. Die Rollen in Form von Hörnchen auf ein Backblech (mit Backpapier belegt) legen. Das Backblech in den

vorgeheizten Backofen schieben. Die Hörnchen **etwa 20 Minuten backen.**

5. Die Brötchen vom Backpapier nehmen, auf einen Kuchenrost legen und erkalten lassen.

Tipp: Die Hörnchen schmecken frisch am besten, können aber auch eingefroren werden. Die aufgetauten Hörnchen im vorgeheizten Backofen bei 200 °C (Ober-/Unterhitze) aufbacken.

Rezeptvariante: Für **Mohn- und Sesambrötchen** bereiten Sie den Teig wie im Rezept angegeben zu. Danach die Teigrolle in 12 Stücke schneiden und zu Kugeln formen. Schneiden Sie die Oberseite mit einem scharfen Messer kreuzweise ein. Bestreichen, bestreuen und backen Sie die Teigstücke wie im Rezept angegeben.

Süßer Flammkuchen mit Birnen | Raffiniert

10–12 Stücke

Pro Stück: E: 7 g, F: 18 g, Kh: 33 g,
kJ: 1358, kcal: 325, BE: 3,0

Für den Quark-Öl-Teig:
250 g Weizenmehl
2 gestr. TL Dr. Oetker Backin
125 g Magerquark
80 ml Milch (3,5 % Fett)
80 ml Speiseöl, z. B. Sonnenblumenöl
1 Prise Zucker
¼ TL Salz

Für den Belag:
3 mittelgroße Birnen
2 EL Zitronensaft
250 g Crème fraîche
100 g Korinthen
75 g gehobelte Mandeln

Zum Bestreuen:
2–3 EL Zucker

Zubereitungszeit: 20 Minuten, ohne Abkühlzeit
Backzeit: 10–15 Minuten

1. Für den Teig Mehl mit Backpulver in einer Rührschüssel mischen. Quark, Milch, Öl, Zucker und Salz hinzufügen. Die Zutaten mit einem Mixer (Knethaken) zuerst auf niedrigster, dann auf höchster Stufe in etwa 1 Minute zu einem Teig verarbeiten (nicht zu lange, Teig klebt sonst).

2. Den Teig auf einem Backblech (30 x 40 cm, gefettet, mit Backpapier belegt) dünn ausrollen.

3. Den Backofen vorheizen.
Ober-/Unterhitze: etwa 220 °C
Heißluft: etwa 200 °C

4. Für den Belag Birnen schälen, vierteln, entkernen und in feine Spalten schneiden. Birnenspalten mit Zitronensaft mischen.

5. Crème fraîche auf den Teigboden verstreichen. Birnen, Korinthen und Mandeln darauf verteilen. Zucker daraufstreuen.

6. Das Backblech in den vorgeheizten Backofen schieben. Flammkuchen **10–15 Minuten backen.**

7. Das Backblech auf einen Kuchenrost stellen. Den Kuchen nach Belieben noch warm oder abgekühlt servieren.

Teilchen mit Marzipanfüllung I

Einfach

10 Stück

Pro Stück: E: 7 g, F: 20 g, Kh: 30 g,
kJ: 1360, kcal: 325, BE: 2,5

Für den Teig:
> 450 g TK-Blätterteig
> (10 quadratische Platten)

Für die Marzipanfüllung:
> 200 g Marzipan-Rohmasse
> 50 g Puderzucker
> 1 Pck. Dr. Oetker Finesse
> Orangenschalen-Aroma
> 1 Ei (Größe M)

Zum Bestreichen und Bestreuen:
> 1 Ei
> einige gehobelte Mandeln

Zubereitungszeit: 25 Minuten,
ohne Auftau- und Abkühlzeit
Backzeit: etwa 15 Minuten

1. Blätterteigplatten nebeneinander auf die Arbeitsfläche legen und nach Packungsanleitung auftauen lassen.

2. Den Backofen vorheizen.
Ober-/Unterhitze: etwa 200 °C
Heißluft: etwa 180 °C

3. Für die Füllung Marzipan klein schneiden und in eine Rührschüssel geben. Puderzucker und Aroma dazugeben und mit einem Mixer (Rührstäbe) auf niedrigster Stufe kurz verrühren. Das Ei verquirlen und auf höchster Stufe nach und nach dazugeben, bis eine geschmeidige Masse entsteht.

4. Marzipanmasse mit zwei Teelöffeln auf jeweils eine Seite der 10 Teigquadrate verteilen. Die Teigränder mit etwas verquirltem Ei bestreichen und eine Teighälfte so überschlagen, dass ein Rechteck entsteht. Die Teigränder gut andrücken.

5. Die lange Teigkante mehrmals mit einem Messer einschneiden (1 cm lange Schnitte) und die Teilchen auf ein Backblech (mit Backpapier belegt) legen. Die Teilchen mit etwas von dem restlichen Ei bestreichen und die Mandeln daraufstreuen.

6. Das Backblech in den vorgeheizten Backofen schieben. Teilchen **etwa 15 Minuten backen.**

7. Die Blätterteigteilchen mit dem Backpapier vom Backblech auf einen Kuchenrost ziehen. Die Blätterteigteilchen erkalten lassen.

Tomaten-Mozzarella-Muffins I

Beliebt – herzhaft

12 Stück

Pro Stück: E: 7 g, F: 11 g, Kh: 17 g,
kJ: 798, kcal: 191, BE: 1,5

Für den Teig:

125 g	abgetropfter Mozzarella
75 g	abgetropfte, getrocknete Tomaten (in Öl eingelegt)
250 g	Weizenmehl
3 gestr. TL	Dr. Oetker Backin
½ gestr. TL	Salz
3	Eier (Größe M)
125 ml	Buttermilch
75 ml	Olivenöl
1 EL	gehackte Basilikumblättchen

Außerdem:

12 Papierbackförmchen

Zubereitungszeit: 30 Minuten, ohne Abkühlzeit
Backzeit: etwa 25 Minuten

1. Mozzarella und die Tomaten fein würfeln. Einige Mozzarella-Würfel zum Bestreuen beiseitelegen.

2. Den Backofen vorheizen.
Ober-/Unterhitze: etwa 180 °C
Heißluft: etwa 160 °C

3. Mehl mit Backpulver und Salz in einer Rührschüssel mischen. Eier, Buttermilch und Öl hinzufügen und alles mit einem Mixer (Rührstäbe) zu einem Teig verarbeiten. Basilikum, Mozzarella- und Tomatenwürfel unterheben.

4. Teig gleichmäßig in einer Muffinform (für 12 Muffins, mit Papierbackförmchen ausgelegt) verteilen. Anschließend die beiseitegelegten Mozzarella-Würfel daraufstreuen.

5. Die Muffinform auf dem Rost in den vorgeheizten Backofen schieben. Die Muffins **etwa 25 Minuten backen.**

6. Nach dem Backen die Muffins etwa 5 Minuten in der Form stehen lassen, dann aus der Form nehmen und lauwarm servieren.

Tipp: Die Muffins können auch tiefgefroren werden. Dann vor dem Verzehr etwa 2 Stunden auftauen lassen und etwa 5 Minuten bei Ober-/Unterhitze: 180 °C aufbacken.

Traubenkuchen mit Eierguss I

Beliebt
14 Stücke

Pro Stück: E: 8 g, F: 13 g, Kh: 29 g,
kJ: 1128, kcal: 270, BE: 2,5

Für den Hefeteig:

200 g	Weizenmehl
1 Pck.	Hefeteig Garant
50 g	Zucker
1 Pck.	Dr. Oetker Vanillin-Zucker
100 g	Magerquark
1	Ei (Größe M)
25 g	Butter oder Margarine

Für die Quarkmasse:

300 g	grüne und blaue Weintrauben
250 g	Schlagsahne
3 EL	Zucker
1 Pck.	Saucenpulver Vanille-
	Geschmack zum Kochen
250 g	Magerquark
1	Eigelb (Größe M)

Für den Eierguss:

3	Eiweiß (Größe M)
60 g	Butter
60 g	Zucker
2	Eigelb (Größe M)
1 TL	Speisestärke

Zubereitungszeit: 30 Minuten, ohne Abkühlzeit
Backzeit: etwa 30 Minuten

1. Für den Hefeteig Mehl mit Hefeteig Garant in einer Rührschüssel vermischen. Zucker, Vanillin-Zucker, Quark, Ei und Butter oder Margarine hinzufügen.

2. Die Zutaten mit einem Mixer (Knethaken) zunächst auf niedrigster, dann auf höchster Stufe in etwa 2 Minuten zu einem Teig verarbeiten.

3. Teig leicht mit Mehl bestäuben, aus der Schüssel nehmen und auf der Arbeitsfläche kurz durchkneten. Teig mit leicht bemehlten Händen in eine Springform (Ø 26 cm, Boden gefettet) geben und einen 2–3 cm hohen Rand hochdrücken.

4. Den Backofen vorheizen.
Ober-/Unterhitze: etwa 180 °C
Heißluft: etwa 160 °C

5. Für die Quarkmasse Weintrauben abspülen, trocken tupfen, halbieren und entkernen. Aus Sahne, Zucker und Saucenpulver nach Packungsanleitung einen Pudding zubereiten. Pudding etwas abkühlen lassen, dabei gelegentlich umrühren. Quark und Eigelb unterrühren. Die Quarkcreme lauwarm auf den Hefeteig geben, verstreichen und mit den Traubenhälften belegen.

6. Für den Eierguss Eiweiß sehr steif schlagen. Butter mit Zucker in eine Rührschüssel geben und mit einem Mixer (Rührstäbe) auf höchster Stufe geschmeidig rühren. Eigelb nach und nach unterrühren.

7. Eischnee auf die Eigelbmasse geben, mit Speisestärke bestäuben und vorsichtig unterheben. Den Guss vorsichtig auf den Trauben verteilen. Die Form auf dem Rost in den vorgeheizten Backofen schieben. Den Kuchen **etwa 30 Minuten backen.**

8. Den Kuchen in der Form auf einen Kuchenrost stellen und etwas abkühlen lassen, dann aus der Form lösen und auf einem Kuchenrost erkalten lassen.

Tipp: Den Kuchen vor dem Backen mit Mandeln bestreuen.

Trauben-Wähe | Fruchtig

14 Stücke

Pro Stück: E: 3 g, F: 9 g, Kh: 24 g,
kJ: 815, kcal: 195, BE: 2,0

Für den Quark-Öl-Teig:

    200 g Weizenmehl
    ½ Pck. Dr. Oetker Backin
    100 g Magerquark
    50 ml Milch (3,5 % Fett)
    50 ml Speiseöl, z. B. Sonnenblumenöl
     35 g Zucker
    1 Pck. Dr. Oetker Vanillin-Zucker
    1 Prise Salz

    je 250 g grüne und blaue Weintrauben

Für den Guss:

    200 g Schlagsahne
       1   Eigelb (Größe M)
    1 Pck. Saucenpulver Vanille-
           Geschmack ohne Kochen
    1 EL   Zucker

Zubereitungszeit: 25 Minuten, ohne Abkühlzeit
Backzeit: etwa 30 Minuten

1. Für den Teig Mehl mit Backpulver in einer Rühr-schüssel mischen. Quark, Milch, Öl, Zucker, Vanillin-Zucker und Salz hinzufügen. Die Zutaten mit einem Mixer (Knethaken) zunächst auf niedrigster, dann auf höchster Stufe in etwa 1 Minute zu einem Teig verar-beiten (nicht zu lange, Teig klebt sonst).

2. Den Teig auf einer leicht bemehlten Arbeitsfläche zu einer runden Platte (Ø etwa 32 cm) ausrollen und in eine Wähen- oder Tarteform (Ø etwa 28 cm, ge-fettet) legen, am Rand leicht andrücken.

3. Den Backofen vorheizen.
Ober-/Unterhitze: etwa 200 °C
Heißluft: etwa 180 °C

4. Anschließend die Weintrauben abspülen, trocken tupfen, halbieren und entkernen. Die Trauben auf dem Teig verteilen.

5. Für den Guss Sahne mit Eigelb, Saucenpulver und Zucker verrühren. Guss über die Trauben gießen. Die Form auf dem Rost in den vorgeheizten Backofen schieben. Die Wähe **etwa 30 Minuten backen.**

6. Die Form auf einen Kuchenrost stellen. Die Trauben-Wähe in der Form erkalten lassen.

Überraschungstorte „Ratz-Fatz" I
Für Gäste
14 Stücke

Pro Stück: E: 5 g, F: 7 g, Kh: 27 g,
kJ: 827, kcal: 198, BE: 2,5

Für den All-in-Teig:

    100 g Weizenmehl
     30 g Speisestärke
     15 g Kakaopulver
2 gestr. TL Dr. Oetker Backin
    150 g Zucker
   1 Pck. Dr. Oetker Vanillin-Zucker
     3 Eier (Größe M)

Für den Belag:

    250 g Magerquark
     2 EL Milch (3,5 % Fett)
    175 g abgetropfte Wild-Preiselbeeren
           (aus dem Glas)
    250 g gekühlte Schlagsahne
           (mind. 30 % Fett)
   1 Pck. Dr. Oetker Vanillin-Zucker
   1 Pck. Sahnesteif

Zubereitungszeit: 30 Minuten, ohne Abkühlzeit
Backzeit: etwa 20 Minuten

1. Den Backofen vorheizen.
Ober-/Unterhitze: etwa 180 °C
Heißluft: etwa 160 °C

2. Für den Teig Mehl mit Speisestärke, Kakao und Backpulver in einer Rührschüssel mischen. Zucker, Vanillin-Zucker und Eier hinzufügen.

3. Die Zutaten mit einem Mixer (Rührstäbe) zunächst kurz auf niedrigster, dann auf höchster Stufe in etwa 1 Minute zu einem glatten Teig verarbeiten.

4. Den Teig in eine Springform (Ø 26 cm, Boden gefettet, mit Backpapier belegt) füllen und vorsichtig glatt streichen.

5. Die Form auf dem Rost in den vorgeheizten Backofen schieben. Boden **etwa 20 Minuten backen.**

6. Den Tortenboden aus der Form lösen, auf einen Kuchenrost stürzen, mitgebackenes Backpapier abziehen. Tortenboden erkalten lassen.

7. Für den Belag Quark und Milch verrühren. Von den Preiselbeeren etwa 1 Esslöffel Preiselbeeren zum Garnieren beiseitelegen. Restliche Preiselbeeren unter die Quarkmasse rühren.

8. Die Sahne mit Vanillin-Zucker und Sahnesteif steif schlagen und anschließend unter die Quark-Preiselbeer-Masse heben.

9. Den Tortenboden auf eine Platte legen. Tortenoberfläche und -rand mit der Quark-Preiselbeer-Creme bestreichen.

10. Mit einem Esslöffel Vertiefungen in die Tortenoberfläche drücken und mit den beiseitegelegten Preiselbeeren garnieren.

Tipps: Anstelle der Preiselbeeren können Sie auch die gleiche Menge andere Früchte verwenden, z.B. Erdbeeren, klein geschnittene Aprikosen, Pfirsiche oder Kirschen. Bestreuen Sie die Torte zusätzlich mit geriebener oder geraspelter Zartbitter-Schokolade. Oder bestäuben Sie den Rand der Tortenoberfläche mit etwas Kakaopulver.

Umgedrehter Himbeerkuchen I
Raffiniert
12 Stücke

Pro Stück: E: 4 g, F: 14 g, Kh: 33 g,
kJ: 1178, kcal: 282, BE: 2,5

Für den All-in-Teig:
165 g Weizenmehl
4 gestr. TL Dr. Oetker Backin
150 g Zucker
50 g Instant-Getränkepulver
Himbeer-Geschmack
1 Pck. Dr. Oetker Finesse
Geriebene Zitronenschale
4 Eier (Größe M)
165 g Butter oder Margarine
(zimmerwarm)

250 g TK-Himbeeren

3 EL Himbeerkonfitüre
1/2 EL Wasser
1–2 EL gehobelte Mandeln

Zubereitungszeit: 20 Minuten, ohne Abkühlzeit
Backzeit: 30–35 Minuten

1. Den Backofen vorheizen.
Ober-/Unterhitze: etwa 180 °C
Heißluft: etwa 160 °C

2. Für den Teig Mehl mit Backpulver in einer Rühr-schüssel mischen. Restliche Zutaten hinzufügen und mit einem Mixer (Rührstäbe) zunächst kurz auf nied-rigster, dann auf höchster Stufe in etwa 2 Minuten zu einem glatten Teig verarbeiten.

3. Gefrorene Himbeeren auf dem Boden einer Spring-form (Ø 26 cm, Boden gefettet, mit Backpapier belegt) verteilen, dabei einen 1–2 cm breiten Rand frei las-sen. Den Teig vorsichtig vom Rand her daraufgeben und glatt streichen. Die Form auf dem Rost in den vorgeheizten Backofen schieben und den Kuchen **30–35 Minuten backen.**

4. Form auf einen Kuchenrost stellen. Kuchen etwas abkühlen lassen, aus der Form lösen, auf einen mit Backpapier belegten Kuchenrost stürzen. Mitgebacke-nes Backpapier abziehen. Kuchen erkalten lassen.

5. Die Konfitüre durch ein Sieb in einen Topf strei-chen, mit Wasser unter Rühren kurz aufkochen. Die Kuchenoberfläche und den -rand damit bestreichen. Den Kuchenrand mit Mandeln bestreuen.

Walnusshappen I

Mit Alkohol

20 Stücke

Pro Stück: E: 5 g, F: 24 g, Kh: 22 g,
kJ: 1365, kcal: 327, BE: 2,0

Zum Vorbereiten:

       75 g *Zartbitter-Schokolade*

Für den Rührteig:

      200 g *Butter oder Margarine*
              (zimmerwarm)
      150 g *Puderzucker*
    1 Pck. *Dr. Oetker Vanillin-Zucker*
    1 Prise *Salz*
      1 EL *Rum*
        4 *Eier (Größe M)*
      200 g *Weizenmehl*
1 gestr. TL *Dr. Oetker Backin*
      200 g *gehackte Walnusskerne*

Für den Guss und zum Garnieren:

      200 g *dunkle Kuchenglasur*
       20 *Walnusskernhälften*

Zubereitungszeit: 30 Minuten, ohne Abkühlzeit
Backzeit: etwa 30 Minuten

1. Zum Vorbereiten Schokolade in Stücke brechen. Zwei Drittel davon in einem Topf im Wasserbad bei schwacher Hitze unter Rühren schmelzen. Den Topf aus dem Wasserbad nehmen und die restliche Schokolade darin unter Rühren schmelzen. Schokolade abkühlen lassen.

2. Den Backofen vorheizen.
Ober-/Unterhitze: etwa 180 °C
Heißluft: etwa 160 °C

3. Für den Teig Butter oder Margarine in einer Rührschüssel mit einem Mixer (Rührstäbe) auf höchster Stufe geschmeidig rühren.

4. Nach und nach Puderzucker, Vanillin-Zucker, Salz und Rum unterrühren. So lange rühren, bis eine gebundene Masse entstanden ist.

5. Die Eier nach und nach unterrühren (jedes Ei etwa ½ Minute). Geschmolzene Schokolade unterrühren. Mehl mit Backpulver und Walnusskernen mischen und in 2 Portionen kurz auf mittlerer Stufe unterrühren.

6. Den Teig auf ein Backblech (30 x 40 cm, gefettet, bemehlt) geben und glatt streichen. Das Backblech in den vorgeheizten Backofen schieben. Den Kuchen **etwa 30 Minuten backen.**

7. Das Backblech auf einen Kuchenrost stellen. Den Kuchen erkalten lassen.

8. Für den Guss die Kuchenglasur nach Packungsanleitung schmelzen. Die Kuchenoberfläche dick damit bestreichen. Die Kuchenstücke auf dem Guss mit einem Messer markieren und mit je 1 Walnusskernhälfte belegen. Die Glasur fest werden lassen.

Walnussmuffins mit Ahornsirup |

Raffiniert
12 Stück

Pro Stück: E: 5 g, F: 16 g, Kh: 27 g,
kJ: 1155, kcal: 276, BE: 2,5

Zum Vorbereiten:
100 g Walnusskerne

Für den Teig:
50 g Vollkorn-Weizenmehl
150 g Weizenmehl
3 gestr. TL Dr. Oetker Backin
1 Prise Salz
100 g brauner Zucker
1 Pck. Dr. Oetker Vanillin-Zucker
150 ml Buttermilch
80 ml Speiseöl, z. B. Sonnenblumenöl
2 Eier (Größe M)

Zum Garnieren und Bestreichen:
12 Walnusskerne
80 ml Ahornsirup (Grad A)

Außerdem:
Holzstäbchen
(Schaschlikstäbchen)

Zubereitungszeit: 25 Minuten, ohne Abkühlzeit
Backzeit: etwa 25 Minuten

1. Zum Vorbereiten Walnusskerne sehr fein hacken, evtl. in einem Blitzhacker oder Universalzerkleinerer.

2. Den Backofen vorheizen.
Ober-/Unterhitze: etwa 180 °C
Heißluft: etwa 160 °C

3. Für den Teig beide Mehlsorten, Backpulver, Salz, Zucker, Vanillin-Zucker und gehackte Walnusskerne in einer Rührschüssel mit einem Schneebesen verrühren.

4. Buttermilch, Speiseöl und Eier in einem Rührbecher mit einem Schneebesen glatt rühren. Die flüssigen Zutaten zu der Mehl-Walnusskern-Mischung in die Rührschüssel geben und zu einem glatten Teig verrühren.

5. Den Teig in eine Muffinform (für 12 Muffins, gefettet, bemehlt) geben. Zum Garnieren die Walnusskerne auf dem Teig verteilen.

6. Die Form auf dem Rost in den vorgeheizten Backofen schieben. Muffins **etwa 25 Minuten backen.**

7. Die Form auf einen Kuchenrost stellen. Die heißen Muffins sofort mit einem Holzstäbchen jeweils um die Nusshälften herum mehrmals einstechen und mit Ahornsirup bestreichen. Muffins aus der Form nehmen, sobald der Sirup aufgesogen ist, und auf dem Kuchenrost erkalten lassen.

Weincreme-Schnitten I

Einfach – mit Alkohol

10–12 Stücke

Pro Stück: E: 5 g, F: 26 g, Kh: 53 g,
kJ: 2037, kcal: 484, BE: 4,5

Für den Teig:

 1 Pck. *Backmischung Zitronenkuchen*
 (485 g)
 150 g *Butter oder Margarine*
 (zimmerwarm)
 3 *Eier (Größe M)*
 100 ml *Milch (3,5 % Fett)*

Für die Füllung:

 400 g *gekühlte Schlagsahne*
 (mind. 30 % Fett)
 2 Pck. *Paradiescreme Zitronen-*
 Geschmack (Dessertpulver)
 350 ml *Weißwein (oder heller*
 Traubensaft)

 2 TL *Puderzucker*

Zubereitungszeit: 25 Minuten,
ohne Abkühl- und Kühlzeit
Backzeit: etwa 15 Minuten

1. Den Backofen vorheizen.
Ober-/Unterhitze: etwa 180 °C
Heißluft: etwa 160 °C

2. Für den Teig die Backmischung mit Butter oder Margarine, Eiern und Milch nach Packungsanleitung zubereiten. Den Teig auf ein Backblech (30 x 40 cm, gefettet, mit Backpapier belegt) geben und glatt verstreichen.

3. Das Backblech in den vorgeheizten Backofen schieben. Die Gebäckplatte **etwa 15 Minuten backen.**

4. Die Gebäckplatte mit dem Backpapier auf einen Kuchenrost ziehen und erkalten lassen. Die Gebäckplatte senkrecht halbieren. Backpapier vorsichtig abziehen. Eine Gebäckplatte als Boden auf eine große Platte legen, die Ränder möglichst gerade schneiden. Einen Backrahmen darumstellen.

5. Für die Füllung die Schlagsahne steif schlagen. Paradiescreme nach Packungsanleitung, aber nur mit dem Wein zubereiten. Die Sahne unter die Weincreme heben.

6. Die Weincreme auf den Gebäckboden streichen und die zweite Gebäckhälfte darauflegen. Den Kuchen etwa 30 Minuten in den Kühlschrank stellen, bis die Creme schnittfest ist.

7. Den Backrahmen lösen und entfernen. Den Kuchen mit einem scharfen Messer in Schnitten schneiden. Zum Servieren die Weincreme-Schnitten mit Puderzucker bestäuben.

Tipp: Als Teig bietet sich auch ein schnell gebackener Biskuitboden (Rezept siehe Seite 203) an. Die Biskuitmasse dann auf einem Backblech (30 x 40 cm, gefettet, mit Backpapier belegt) verstreichen und 10–12 Minuten backen.

Ziegenkäse-Tarte I

Pikant – für Gäste

12 Stücke

Pro Stück: E: 6 g, F: 15 g, Kh: 10 g,
kJ: 807, kcal: 193, BE: 1,0

> ½ Bund **Thymian**
> 5 **Ziegenfrischkäsetaler**
> (je 40 g)

Für den Teig:

> 100 g **Weizenmehl (Type 550)**
> 30 g **Hartweizengrieß**
> 3 gestr. TL **Dr. Oetker Backin**
> 1 gestr. TL **Salz**
> 80 ml **Buttermilch**
> 2 **Eier (Größe M)**
> 100 ml **Olivenöl**

Außerdem:

> etwa 1 TL **rosa Pfefferbeeren**
> 1–2 EL **Olivenöl**

Zubereitungszeit: 25 Minuten, ohne Abkühlzeit
Backzeit: 25–35 Minuten

1. Den Backofen vorheizen.
Ober-/Unterhitze: etwa 200 °C
Heißluft: etwa 180 °C

2. Thymian abspülen und trocken tupfen. Von 4 Stängeln Thymian die Blätter abstreifen. Die Käsetaler mit einem Sägemesser mit abgespülter Klinge waagerecht halbieren.

3. Für den Teig Mehl, Grieß, Backpulver, Salz und Thymianblätter in einer Rührschüssel verrühren. Buttermilch, Eier und Olivenöl dazugeben, mit einem Mixer (Rührstäbe) unterrühren.

4. Den Teig in eine Tarteform (Ø 26–28 cm, gefettet mit Semmelbröseln bestreut) füllen und gleichmäßig verstreichen.

5. Ziegenkäsetaler auf dem Teig verteilen und mit restlichen Thymianzweigen belegen.

6. Rosa Pfefferbeeren mit den Fingern zerdrücken, auf die Taler streuen und mit Olivenöl beträufeln.

7. Die Form auf dem Rost in den vorgeheizten Backofen schieben. Die Tarte **25–35 Minuten backen.**

8. Die Form auf einen Kuchenrost stellen. Die Tarte in der Form erkalten lassen.

Tipps: Die Tarte kann gut vorbereitet und vor dem Servieren in etwa 5 Minuten bei Ober-/Unterhitze: etwa 200 °C, Heißluft: etwa 180 °C aufgebacken werden. Sie schmeckt lauwarm am besten. Wer keinen Ziegenkäse mag, kann ihn durch Mozzarellascheiben ersetzen.

Extra-Tipp: Servieren Sie die Ziegenkäse-Tarte zusätzlich mit einem **grünen Pesto.** Für das Pesto 30 g Parmesan in kleine Würfel schneiden. 8 Stängel Basilikum abspülen, trocken tupfen und die Blättchen von den Stängeln zupfen. Die Parmesanwürfel mit Basilikumblättchen, 40 g gehackten Rauchmandeln, 9 Esslöffeln Olivenöl und 40 g abgetropften, entsteinten, grünen Oliven in einen hohen Rührbecher geben. Das Ganze fein pürieren. Das Pesto mit Salz und Pfeffer würzen und zur Tarte reichen.

Zitronencreme-Quarksahne-Torte I **Für Gäste – fruchtig**

14 Stücke

Pro Stück: E: 6 g, F: 16 g, Kh: 35 g,
kJ: 1320, kcal: 315, BE: 3,0

Für den Biskuitteig:

        3 Eier (Größe M)
        3 EL heißes Wasser
        100 g Zucker
        1 Pck. Dr. Oetker Vanillin-Zucker
        100 g Weizenmehl
        1/2 TL Dr. Oetker Backin
        1/2 Pck. Dr. Oetker Finesse
                Geriebene Zitronenschale

Für die Zitronencreme:

        150 ml Zitronensaft
        125 g Zucker
        20 g Speisestärke
        2 EL Wasser
        1 Ei (Größe M)
        2 Eigelb (Größe M)
        75 g Butter

Für die Quarksahne:

        250 g Magerquark
        400 g gekühlte Schlagsahne
                (mind. 30 % Fett)
        50 ml Zitronensaft
        30 g Puderzucker
        1/2 Pck. Dr. Oetker Finesse
                Geriebene Zitronenschale
        1 Pck. Quarkfein Zitrone
                (Dessertpulver)

Zum Garnieren:

        80 g Dekor-Geleefrüchte Zitronen
                und Orangen

Zubereitungszeit: 30 Minuten, ohne Abkühlzeit
Backzeit: 20–25 Minuten

1. Den Backofen vorheizen.
Ober-/Unterhitze: etwa 180 °C
Heißluft: etwa 160 °C

2. Für den Biskuitteig Eier und Wasser mit einem Mixer (Rührstäbe) auf höchster Stufe in etwa 1 Minute schaumig schlagen. Zucker und Vanillin-Zucker mischen, in etwa 1 Minute einstreuen, dann noch etwa 2 Minuten schlagen.

3. Mehl mit Backpulver und Zitronenschale mischen, auf die Eiercreme geben und kurz auf niedrigster Stufe unterrühren. Den Teig in eine Springform (Ø 26 cm, mit Backpapier belegt) geben und glatt streichen.

4. Die Form auf dem Rost in den vorgeheizten Backofen schieben. Den Tortenboden **20–25 Minuten backen.**

5. Den Biskuitboden in der Form auf einem Kuchenrost erkalten lassen. Dann den Biskuitboden aus der Form lösen und mitgebackenes Backpapier abziehen. Biskuitboden einmal waagerecht durchschneiden.

6. Für die Zitronencreme Zitronensaft und Zucker in einem Topf mischen, unter gelegentlichem Rühren erhitzen. Inzwischen Stärke, Wasser, Ei und Eigelb in einer Rührschüssel gründlich verschlagen. Die heiße Zitronensaft-Zucker-Mischung unter ständigem kräftigen Schlagen mit einem Schneebesen unter die Eiermischung schlagen. Die Mischung zurück in den Topf geben und unter ständigem Schlagen aufkochen, bis die Creme andickt. Den Topf von der Kochstelle nehmen. Butter in feine Stückchen schneiden und kräftig unterschlagen.

7. Die Böden mit der Zitronencreme bestreichen. Creme erkalten lassen, dazu die Böden in den Kühlschrank stellen.

8. In der Zwischenzeit für die Quarksahne Quark mit 50 g von der Sahne, Zitronensaft, Puderzucker und Zitronenschale gut verrühren. Das Dessertpulver mit einem Schneebesen gründlich unterrühren. Die restliche Sahne steif schlagen, in 2 Portionen unter den Quark ziehen. Etwa ein Drittel der Quarksahne auf einem Boden verstreichen. Den zweiten Boden daraufsetzen. Die Tortenoberfläche und den -rand mit der restlichen Quarksahne bestreichen. Die Torte bis zum Servieren in den Kühlschrank stellen. Zum Servieren die Torte mit Geleefrüchten garnieren.

Zitronenkuchen | Für Kinder
20 Stücke

Pro Stück: E: 3 g, F: 17 g, Kh: 46 g,
kJ: 1458, kcal: 349, BE: 4,0

Für den Rührteig:

350	Butter oder Margarine (zimmerwarm)
350 g	Zucker
2 Pck.	Dr. Oetker Finesse Geriebene Zitronenschale
5	Eier (Größe M)
275 g	Weizenmehl
120 g	Speisestärke
2 gestr. TL	Dr. Oetker Backin

Für den Guss:

250 g	Puderzucker
etwa 7 EL	Zitronensaft

Zubereitungszeit: 35 Minuten, ohne Abkühlzeit
Backzeit: etwa 25 Minuten

1. Den Backofen vorheizen.
Ober-/Unterhitze: etwa 180 °C
Heißluft: etwa 160 °C

2. Für den Teig Butter oder Margarine in einer Rührschüssel mit einem Mixer (Rührstäbe) geschmeidig rühren.

3. Nach und nach Zucker und Zitronenschale unter Rühren hinzufügen und so lange rühren, bis eine gebundene Masse entstanden ist. Die Eier nach und nach auf höchster Stufe unterrühren (jedes Ei etwa $\frac{1}{2}$ Minute).

4. Mehl mit Speisestärke und Backpulver mischen und auf mittlerer Stufe in 2 Portionen kurz unterrühren. Den Teig in eine Fettpfanne (30 x 40 cm, gefettet, bemehlt) geben und glatt streichen.

5. Die Fettpfanne in den vorgeheizten Backofen schieben. Den Kuchen **etwa 25 Minuten backen.**

6. Für den Guss Puderzucker mit so viel Zitronensaft glatt rühren, dass ein dickflüssiger Guss entsteht.

7. Die Fettpfanne auf einen Kuchenrost stellen und den Kuchen noch heiß mit dem Guss bestreichen (je heißer der Kuchen, desto stärker zieht der Guss ein).

8. Den Kuchen in der Fettpfanne auf dem Kuchenrost erkalten lassen.

Zwei auf einen Streich I

Kirschkuchen & Studentenmuffins

10 Kuchenstücke
6 Muffins

Pro Kuchenstück: E: 4 g, F: 12 g, Kh: 31 g,
kJ: 1023, kcal: 245, BE: 2,5
Pro Muffin: E: 5 g, F: 14 g, Kh: 26 g,
kJ: 1047, kcal: 251, BE: 2,0

Für den Rührteig:

175 g Butter oder Margarine
(zimmerwarm)
150 g Zucker
1 Pck. Dr. Oetker Vanillin-Zucker
4 Eier (Größe M)
300 g Weizenmehl
2 gestr. TL Dr. Oetker Backin
etwa 50 ml Milch (3,5 % Fett)

Für den Kuchenbelag:

250 g abgetropfte Sauerkirschen
(aus dem Glas)

Für die Studentenmuffins:

75 g Studentenfutter

Außerdem:

1–2 TL Puderzucker
6–12 Papierbackförmchen

Zubereitungszeit: 20 Minuten, ohne Abkühlzeit
Backzeit: etwa 25 Minuten

1. Den Backofen vorheizen.
Ober-/Unterhitze: etwa 180 °C
Heißluft: etwa 160 °C

2. Einen Bogen Backpapier so falten, dass in der
Mitte des Backbleches ein Rand steht. Ein Backblech
(30 x 40 cm) auf einer Hälfte fetten und das Backpapier darauflegen.

3. Für den Teig Butter oder Margarine in eine Rührschüssel geben und mit einem Mixer (Rührstäbe)
auf höchster Stufe geschmeidig rühren. Zucker und
Vanillin-Zucker nach und nach unterrühren, so lange

rühren, bis eine gebundene Masse entstanden ist. Eier
nach und nach unterrühren (jedes Ei etwa ½ Minute).

4. Mehl mit Backpulver mischen und abwechselnd
portionsweise mit Milch auf mittlerer Stufe unterrühren (nur so viel Milch verwenden, dass der Teig
schwerreißend vom Löffel fällt).

5. Für den **Kirschkuchen** gut zwei Drittel des Teiges
auf die mit dem Backpapier belegte Seite des Backbleches geben und verstreichen. Die Kirschen darauf
verteilen.

6. Für die **Studentenmuffins** das Studentenfutter
grob hacken und unter den restlichen Teig heben
(2 Esslöffel zum Bestreuen zurücklassen).

7. Sechs Papierbackförmchen auf die andere Hälfte
des Backbleches stellen (bei sehr dünnem Papier evtl.
2 Förmchen ineinanderstellen). Den Teig darin verteilen. Restliches Studentenfutter daraufstreuen.

8. Das Backblech in den vorgeheizten Backofen
schieben. Kirschkuchen und Muffins **etwa 25 Minuten backen.**

9. Den Kirschkuchen und die Muffins auf dem Blech
auf einem Kuchenrost erkalten lassen und mit Puderzucker bestäuben.

Zwergenröllchen | Für Gäste

12–14 Stücke

Pro Stück: E: 4 g, F: 10 g, Kh: 18 g,
kJ: 754, kcal: 181, BE: 1,5

Für den Biskuitteig:

3 *Eier (Größe M)*
1 *Eigelb (Größe M)*
75 g *Zucker*
1 Pck. *Dr. Oetker Finesse*
Geriebene Zitronenschale
75 g *Weizenmehl*
15 g *Speisestärke*
½ gestr. TL *Dr. Oetker Backin*

Für die Füllung:

300 g *Frischkäse mit Frucht-*
geschmack, z. B. Erdbeere
125 g *gekühlte Schlagsahne*
(mind. 30 % Fett)
1 Pck. *Sahnesteif*
1 EL *Zartbitter-Raspelschokolade*

Zum Garnieren:

6–7 *Erdbeeren mit Grün*

Zubereitungszeit: 40 Minuten,
ohne Abkühl- und Kühlzeit
Backzeit: etwa 10 Minuten

1. Den Backofen vorheizen.
Ober-/Unterhitze: etwa 200 °C
Heißluft: etwa 180 °C

2. Für den Teig Eier und Eigelb mit einem Mixer (Rührstäbe) auf höchster Stufe in etwa 1 Minute schaumig
schlagen. Zucker und Zitronenschale mischen, in etwa
1 Minute einstreuen, dann noch etwa 2 Minuten weiterschlagen. Mehl mit Speisestärke und Backpulver
mischen, auf die Eiercreme geben und kurz auf niedrigster Stufe unterrühren.

3. Den Teig auf ein Backblech (30 x 40 cm, gefettet,
mit Backpapier belegt) geben und glatt streichen.
Das Backblech sofort in den Backofen schieben. Die
Biskuitplatte **etwa 10 Minuten backen.**

4. Den Gebäckrand mit einem Messer lösen, dann die
Biskuitplatte auf ein mit Zucker bestreutes Backpapier
stürzen. Mitgebackenes Backpapier vorsichtig abziehen und die Platte erkalten lassen. Anschließend die
Platte längs halbieren.

5. Für die Füllung Frischkäse in einer Rührschüssel
verrühren. Sahne mit Sahnesteif steif schlagen und
unter den Frischkäse rühren. Raspelschokolade unterheben. Die Füllung nebeneinander in je drei breiten
Streifen auf den Gebäckhälften verstreichen und von
der längeren Seite aus zu 2 langen Rollen aufrollen.
Die Rollen bis zum Servieren (mindestens 1 Stunde)
in den Kühlschrank stellen.

6. Vor dem Servieren die Erdbeeren kurz abspülen,
trocken tupfen und halbieren. Jede Rolle in 6–7 Stücke schneiden, hochkant in Papierförmchen setzen
und mit je ½ Erdbeere garnieren.

Tipp: Ein einfacher Biskuitteig ist Ihnen zu langwei-
lig? Dann probieren Sie doch mal einen gestreiften
(siehe Foto). Dazu den Teig halbieren. Die Hälfte des
Teiges in einen Gefrierbeutel füllen. Unter die andere
Teighälfte einige Tropfen rote Speisefarbe rühren
und den Teig ebenfalls in einen Gefrierbeutel füllen.
Vom Gefrierbeutel mit dem roten Teig eine kleine
Ecke abschneiden und den Teig mit 1–2 cm Abstand
diagonal als Streifen auf das Backblech spritzen. Den
hellen Teig in die Zwischenräume spritzen und die
Biskuitplatte wie im Rezept beschrieben backen und
weiterverarbeiten.

Kuchen vom Blech

Herzhaft Gebackenes

Mit Alkohol

Versuch macht klug!

Selbst mitmachen und die Dr. Oetker Versuchsküche live erleben – heißt es in Bielefeld. Dort finden regelmäßig Seminare und Vorführungen statt, bei denen den Profis der Versuchsküche über die Schulter geschaut und selbst Hand angelegt werden kann.

Es gibt wertvolle Tipps und so manch raffinierter Trick wird verraten. Zum Abschluss kann das Selbstgemachte in gemütlicher Runde probiert werden. Erleben Sie einen schönen Tag in der Dr. Oetker Versuchsküche. Wir freuen uns auf Sie.

Alle Infos unter www.oetker.de oder unter 00800 71 72 73 74 (gebührenfrei in Deutschland).

Dr. Oetker

Qualität ist das beste Rezept

Für Fragen, Vorschläge oder Anregungen stehen Ihnen der Verbraucherservice der Dr. Oetker Versuchsküche Telefon: 00800 71 72 73 74 Mo.–Fr. 8:00–18:00 Uhr, Sa. 9:00–15:00 Uhr (gebührenfrei in Deutschland) oder die Mitarbeiter des Dr. Oetker Verlages Telefon: +49 (0) 521 520645 Mo.–Fr. 9:00–15:00 Uhr zur Verfügung.

Schreiben Sie uns:
Dr. Oetker Verlag KG, Am Bach 11, 33602 Bielefeld oder besuchen Sie uns im Internet unter www.oetker-verlag.de oder www.oetker.de.

Umwelthinweis	Dieses Buch und der Einband wurden auf chlorfrei gebleichtem Papier gedruckt. Die Einschrumpffolie – zum Schutz vor Verschmutzung – ist aus umweltfreundlichem und recyclingfähigem PE-Material.
Copyright	© 2012 by Dr. Oetker Verlag KG, Bielefeld
Redaktion	Andrea Gloß
Innenfotos	Walter Cimbal, Hamburg (S. 17, 20, 40, 59, 101, 108, 137, 151, 156, 218, 230, 267)
	Fotostudio Diercks (Thomas Diercks, Kai Boxhammer, Christiane Krüger), Hamburg (S. 8, 10, 15, 16, 22, 24, 25, 28, 33, 36, 37, 39, 41, 42, 45, 47, 48, 49, 51, 52, 54, 55, 60, 61, 62, 64, 66, 68, 69, 71, 72, 75, 76, 80, 82, 89, 90, 92, 93, 96, 99, 104, 105, 106, 107, 109, 110, 113, 115, 116, 117, 119, 120, 124, 126, 127, 129, 130, 131, 132, 134, 135, 138, 139, 140, 142, 143, 147, 148, 152, 153, 157, 158, 159, 161, 162, 163, 165, 167, 168, 169, 173, 174, 176, 178, 179, 180, 182, 187, 189, 190, 193, 195, 196, 199, 200, 201, 203, 204, 205, 206, 209, 212, 215, 216, 220, 223, 224, 225, 226, 227, 228, 233, 235, 236, 237, 240, 241, 242, 244, 245, 247, 248, 249, 252, 255, 258, 259, 260, 261, 262, 263, 264, 268, 269, 270, 271, 272, 275, 276)
	Ulli Hartmann, Halle/Westf. (S. 74, 94, 95, 114, 136, 150, 160, 181, 191, 213, 217, 234, 253)
	Ulrich Kopp, Sindelfingen (S. 103, 133, 257)
	Bernd Lippert (S. 7, 9, 12, 14, 19, 21, 38, 53, 58, 63, 100, 123, 166, 177, 183, 188, 208, 266)
	Janne Peters, Hamburg (S. 46, 185)
	Antje Plewinski, Berlin (S. 5, 11, 13, 27, 30, 43, 44, 65, 77, 78, 79, 85, 125, 141, 186, 202, 211, 256, 265)
	Christiane Pries (S. 170)
	Axel Struwe, Bielefeld (S. 32, 57, 67, 88, 91, 98, 111, 121, 128, 231, 238, 239, 280, 281)
	Norbert Toelle, Bielefeld (S. 144, 154, 207, 274)
	Brigitte Wegner, Bielefeld (S. 18, 23, 26, 31, 34, 35, 50, 56, 70, 73, 81, 84, 86, 87, 112, 122, 146, 155, 164, 171, 192, 197, 210, 214, 219, 229, 232, 250, 278)
	Winkler Studios, Bremen (S. 101, 172, 184, 243, 246, 251)
	Bernd Wohlgemuth, Hamburg (S. 175, 198, 222, 254, 279)
Rezeptberatung	Susanne Raht, Hamburg
Lektorat	no:vum, Susanne Noll, Leinfelden-Echterdingen
Nährwertberechnungen	Nutri Service, Hennef
Grafisches Konzept und Gestaltung	MDH Haselhorst, Bielefeld
Titelgestaltung	kontur:design GmbH, Bielefeld
Satz	MDH Haselhorst, Bielefeld
Druck und Bindung	Mohn media Mohndruck GmbH, Gütersloh

Die Autoren haben dieses Buch nach bestem Wissen und Gewissen erarbeitet. Alle Rezepte, Tipps und Ratschläge sind mit Sorgfalt ausgewählt und geprüft. Eine Haftung des Verlages und seiner Beauftragten für alle erdenklichen Schäden an Personen, Sach- und Vermögensgegenständen ist ausgeschlossen.

ISBN: 978–3–7670–0775–8